Das Erste Russische Lesebuch für Anfänger
Band 2

Vadim Zubakhin

Das Erste Russische Lesebuch für Anfänger
Band 2
Stufe A2
Zweisprachig mit Russisch-deutscher Übersetzung

Das Erste Russische Lesebuch für Anfänger
Band 2
von Vadim Zubakhin

Audiodateien: www.lppbooks.com/Russian/FirstRussianReaderVolume2_audio/
Homepage: www.audiolego.com

Umschlaggestaltung: Audiolego Design
Umschlagfoto: Canstockphoto

2. Ausgabe
Copyright © 2013 2017 Language Practice Publishing
Copyright © 2017 Audiolego
Alle Rechte vorbehalten. Das Werk ist urheberrechtlich geschützt.

Оглавление
Inhaltsverzeichnis

So steuern Sie die Geschwindigkeit der Audiodateien..7

Kapitel 1 Der kranke Kater..8

Kapitel 2 Der Hamster rettete sich selbst..11

Kapitel 3 Ein Retter..15

Kapitel 4 Ein Kindermädchen mit Schweif..18

Kapitel 5 Ein sprechender Kater..20

Kapitel 6 Schläfriger Gast..23

Kapitel 7 Der Hund ist nicht schuld..26

Kapitel 8 Die Koffer..29

Kapitel 9 Professor Leonidas..32

Kapitel 10 Beim Zahnarzt..35

Kapitel 11 Gerechtigkeit siegt..38

Kapitel 12 Wo ist das Meer?..42

Kapitel 13 Ein kleiner Job..46

Глава 14 Держи!..49

Глава 15 Чудесный подарок..52

Глава 16 Признание в конверте..55

Глава 17 Фирменное блюдо..60

Глава 18 Тюльпаны и яблоки..64

Глава 19 Тортик..68

Глава 20 Экзотический ужин..71

Глава 21 Высокое искусство..75

Глава 22 Генеральная уборка..79

Глава 23 Бежевое такси..82

Глава 24 Новогодняя ёлка..86

Глава 25 Пожар..90

Глава 26 Осторожно, злая собака!..93

Глава 27 Ошибка Марса..96

Глава 28 Без очереди..99

Глава 29 Место номер тринадцать..102

Глава 30 Домашнее задание **105**

Русско-немецкий Словарь **108**

Немецко-русский словарь **132**

Aspekte bei Verben **154**

Buchtipps **165**

So steuern Sie die Geschwindigkeit der Audiodateien

Das Buch ist mit den Audiodateien ausgestattet. Die Adresse der Homepage des Buches, wo Audiodateien zum Anhören und Herunterladen verfügbar sind, ist am Anfang des Buches auf der bibliographischen Beschreibung vor dem Copyright-Hinweis aufgeführt.

Wir empfehlen Ihnen, den kostenlosen VLC-Mediaplayer zu verwenden, die Software, die zur Steuerung der Wiedergabegeschwindigkeit aller Audioformate verwendet werden kann. Die Steuerung der Geschwindigkeit ist auch einfach und erfordert nur wenige Klicks oder Tastatureingaben.

Android: Nach der Installation vom VLC Media Player klicken Sie auf die Audiodatei am Anfang eines Kapitels oder auf der Homepage des Buches, wenn Sie ein Papierbuch lesen. Wählen Sie "Open with VLC". Wenn Sie Schwierigkeiten beim Öffnen von Audiodateien mit VLC haben, ändern Sie die Standard-App für den Musik-Player. Gehen Sie zu Einstellungen>Apps, wählen Sie VLC und klicken Sie auf "Open by default" oder "Set default".

Kindle Fire: Nach der Installation vom VLC Media Player klicken Sie auf eine Audiodatei am Anfang eines Kapitels oder auf der Homepage des Buches, wenn Sie ein Papierbuch lesen. Wählen Sie "Complete action using>VLC".

iOS: Nach der Installation vom VLC Media Player kopieren Sie den Link zu der Audiodatei am Anfang eines Kapitels oder auf der Homepage des Buches, wenn Sie ein Papierbuch lesen, und fügen Sie ihn in den Download-Bereich des VLC Media Players ein. Nachdem der Download abgeschlossen ist, gehen Sie zu "Alle Dateien" und starten Sie die Audiodatei.

Windows: Starten Sie den VLC Media Player und klicken Sie auf die Audiodatei am Anfang eines Kapitels oder auf der Homepage des Buches, wenn Sie ein Papierbuch lesen. Gehen Sie nun in die Wiedergabe (Playback) und navigieren Sie die Geschwindigkeit.

MacOS: Starten Sie den VLC Media Player und klicken Sie auf die Audiodatei am Anfang eines Kapitels oder auf der Homepage des Buches, wenn Sie ein Papierbuch lesen. Nun, navigieren Sie zum Playback und öffnen die Optionen von Geschwindigkeit. Navigieren Sie die Geschwindigkeit.

1

Больн**а**я к**о**шка
Der kranke Kater

A

Слов**а**
Vokabel

1. а - und
2. б**е**гать - rennen
3. больн**а**я - krank; больн**а** *(Kurzform)*
4. больш**а**я - groß
5. б**ы**ть - sein
6. в - in
7. В**а**м - Ihnen
8. весь - ganz
9. в**е**чером - am Abend
10. в**и**дит - merkt
11. внимательно - genau
12. все - alle
13. всё - alles
14. встаёт - steht auf
15. глаз - Auge
16. говор**и**т - sagt
17. гр**у**стно - traurig
18. дв**и**жется - bewegt sich
19. двум**я** - mit zwei
20. день - Tag
21. дов**о**лен - freut sich
22. дом**а**шний - Haus-
23. дом**о**й - nach Hause
24. друг**и**е - andere
25. д**ы**шит - atmet
26. ей - ihr
27. есть - haben, es gibt
28. же - *Interjektion*
29. жив**о**тные - Tiere
30. за**е**ду - werde vorbeikommen
31. зач**е**м - wofür, warum
32. звон**и**т - ruft an

33. здесь - hier
34. здорова - gesund
35. зоомагазин - Tierhandlung
36. и - und
37. играет - spielt; играть - spielen
38. игрушки - Spielzeuge
39. идёт - geht
40. иногда - manchmal
41. интересные - interessant
42. к - bei, zu
43. какая - welche
44. клетка - Käfig
45. когда - wenn
46. конечно - natürlich
47. кошка - Katze; кошкой *(inst)* - mit der Katze
48. крысы - Ratten; крысами - mit den Ratten
49. кухню - Küche
50. лежит - liegt; ложится - legt sich hin
51. магазина - Handlung
52. маленькая - klein
53. место - Ort
54. много - viel, viele
55. может - vielleicht
56. мышка - Maus
57. на - an
58. не - nicht; не сводит глаза - ohne einen Blick wenden; не волнуйтесь - keine Sorge
59. неделя - Woche
60. необходимый - vorgeschriebener
61. нет - nein
62. но - aber
63. ну - *Ausrufung*
64. один - ein
65. он - er
66. она - sie
67. о-о - oh
68. от - von
69. отвечает - antwortet
70. отлично - gut
71. очень - sehr
72. перед - vor; перед ней - vor ihr
73. поесть - fressen, essen
74. покупает - kauft
75. помню - erinnere mich
76. понятно - klar
77. посмотреть - nachsehen; посмотрю - ich werde nachsehen
78. потом - dann
79. почти - kaum, fast
80. правда - Wahrheit
81. практически - fast
82. предполагает - nimmt an
83. прививки - Impfungen
84. приезжает - kommt (mit dem Transport)
85. приходит - kommt
86. продавец - Verkäufer
87. просто - nur, einfach
88. прямо - gerade
89. радостная - fröhliche
90. расстроен - traurig
91. с - mit; с них - von ihnen
92. сама - freiwillig
93. самая интересная - interessanteste
94. сегодня - heute
95. сильно - sehr
96. случилось - passierte
97. смотрит - beobachtet
98. снова - wieder
99. совершенно - komplett
100. спит - schläft
101. стоит - steht
102. странно - seltsam
103. так - so
104. теперь - jetzt
105. тоже - auch
106. только - nur
107. у неё - sie hat
108. удивлён - überrascht
109. уйдёт - würde alleine lassen, wird weggehen
110. хозяин - Besitzer
111. через - in, через две недели - in zwei Wochen
112. что - was
113. шевелится - bewegt sich
114. эта - die
115. я - ich

Больная кошка

Роберт идёт в зоомагазин. Он покупает маленькую кошку. Он очень доволен. Но через неделю Роберт звонит в зоомагазин и говорит, что кошка больна. Она не бегает и не играет.
«Странно!» говорит продавец, «Кошка совершенно здорова. У неё есть все необходимые прививки! Я отлично помню, какая радостная эта кошка.»
«Я тоже очень удивлён!» говорит Роберт, «Но теперь она весь день лежит на одном месте и почти не движется.»
«Может быть, она много спит?» предполагает хозяин зоомагазина.
«Нет, она не спит,» грустно отвечает Роберт, «Она просто лежит и не шевелится. Только иногда приходит поесть на кухню. Но потом снова ложится и не встаёт.»
Хозяин магазина видит, что Роберт сильно расстроен.
«Не волнуйтесь. Сегодня я к вам заеду и посмотрю, что случилось с кошкой,» говорит он. Вечером он приезжает домой к Роберту посмотреть на кошку. Он видит, что Роберт говорит правду. Кошка не бегает, не играет. Она лежит и практически не шевелится... а прямо перед ней стоит большая клетка с двумя крысами - другими домашними животными Роберта. Кошка лежит и почти не дышит - так внимательно смотрит она на крыс и не сводит с них глаз.
«О-о,» говорит хозяин зоомагазина, «Конечно, теперь всё понятно. Зачем же ей бегать и играть, когда самые интересные игрушки у неё здесь. Ну, какая кошка сама уйдёт от мышки?»

Der kranke Kater

Robert geht in eine Tierhandlung. Er kauft einen kleinen Kater. Er freut sich sehr. Aber eine Woche später ruft Robert die Tierhandlung an und sagt, dass der Kater krank sei. Er renne nicht und spiele nicht.
„Das ist seltsam!", sagt der Verkäufer. „Der Kater ist komplett gesund. Er hat alle vorgeschriebenen Impfungen bekommen! Ich kann mich gut daran erinnern, was für ein fröhlicher Kater er war."
„Ich bin auch sehr überrascht!", sagt Robert. „Aber jetzt liegt er den ganzen Tag nur an einem Ort und bewegt sich kaum."
„Vielleicht schläft er viel?", nimmt der Besitzer der Tierhandlung an.
„Nein, er schläft nicht", antwortet Robert traurig. „Er liegt nur herum und bewegt sich nicht. Er kommt nur manchmal in die Küche um zu fressen. Aber dann legt er sich wieder hin und steht nicht auf."
Der Besitzer der Tierhandlung merkt, dass Robert sehr traurig ist.
„Keine Sorge. Ich werde heute bei Ihnen vorbeikommen und werde nachsehen, was mit dem Kater passiert ist", sagt er.
Er kommt am Abend zu Robert nach Hause und sieht sich den Kater an. Er sieht, dass Robert die Wahrheit sagt. Der Kater rennt nicht und spielt nicht. Er liegt nur herum und bewegt sich kaum... und vor ihm steht ein großer Käfig mit zwei Ratten - Roberts anderen Haustieren. Der Kater liegt am Boden und atmet kaum - er beobachtet die Ratten ganz genau, ohne seinen Blick von ihnen zu wenden.
„Oh", sagt der Besitzer der Tierhandlung. „Jetzt ist natürlich alles klar. Warum sollte er herumrennen und spielen, wenn das interessanteste Spielzeug gleich hier ist. Welcher Kater würde freiwillig eine Maus alleine lassen?"

2

Хомяк спасся
Der Hamster rettete sich selbst

A

Слова
Vokabel

1. аквариумный - Aquariums-
2. активная - aktiv
3. бег - Laufen
4. болеет - ist krank
5. боялся - hatte Angst
6. будет - wird
7. бы - würde
8. Ваша - Ihre
9. весёлая - fröhlich
10. визиты - Besuche
11. вода - Wasser
12. возле - neben
13. всегда - immer
14. всем - allen (dat)
15. всю - ganze
16. вы - Sie
17. выходит - kommt heraus
18. громко - laut
19. даже - sogar
20. два - zwei
21. для - für
22. добрый - gut
23. дома - zu Hause; в домике - im Käfig
24. друзья - Freunde; много друзей *(plr)* - viele Freunde
25. её - sie (akk)
26. ему - ihm
27. жалко - j-m leid tun
28. животные - Tiere
29. задумывается - denkt nach
30. засыпает - schläft ein
31. заходит - kommt herein
32. зверёк - Tier
33. здравствуйте - hallo
34. знает - weiß
35. знакомься - mach dich bekannt

36. зоомагазин - Tierhandlung
37. из - aus
38. или - oder
39. им - ihnen (dat)
40. история - Geschichte
41. каждый - jeder
42. кажется - Gefühl haben
43. как - wie
44. какой-нибудь - ein, irgendein
45. клетка - Käfig; клетку (dat)
46. колесо - Rad
47. комната - Zimmer
48. кот - Kater; коту - dem Kater
49. который - dass, welcher
50. кровать - Schlafplatz, Bett
51. купить - kaufen
52. лучше - besser
53. любит - gerne hat
54. маленькая - kleine
55. меня - mich; мне - mir
56. могу - ich kann
57. на улице - draußen
58. надеюсь - ich hoffe
59. намного - viel
60. наносит визит - besucht
61. настроение - Stimmung
62. начинает - beginnt
63. наши - unsere
64. новые - neue
65. ночь - Nacht
66. нравиться - mögen
67. нужно - brauchen
68. обижать - verletzen
69. обнимает - umarmt
70. общее - gemeinsames
71. обычно - normalerweise
72. остановиться - aufhören
73. отгоняет - verjagt
74. отдыхать - zu Bett gehen
75. падает - fällt um
76. питьё - Trink
77. подарить - schenken
78. подарки - Geschenke; подарок - Geschenk
79. поднять настроение - Stimmung aufhellen
80. подруга - Freundin
81. подходит к - geht zu

82. поздно - spät
83. показывает - zeigt
84. получить - bekommen
85. помочь - helfen
86. понимает - merkt
87. понравится - wird mögen
88. правы - haben recht
89. предложить - anbieten
90. привет - hallo
91. приносит - bringt
92. про - von, über
93. продавцу - dem Verkäufer
94. просыпается - wacht auf
95. пьёт - trinkt
96. рада - freut sich
97. раз - Mal
98. рассказывает - erzählt
99. рыбки - Fische
100. садится - setzt sich
101. своей (sing dat) - Reflexivpronomen
102. себя (acc) - Reflexivpronomen
103. сидит - sitzt
104. сладости - Süßigkeiten
105. слишком маленький - zu klein
106. случай (prep) - Fall
107. смеётся - lacht; смеяться - lachen
108. смотрел - hat beobachtet
109. спасибо - danke
110. спасся (masc) - rettete sich
111. спокойной ночи (gen) - schlaf gut
112. спокойные (plr) - leise, ruhige
113. сразу - sofort
114. также - auch
115. такой - so, dieser
116. тебе - dir; ты - du
117. удивить - überraschen; удивлённо - überrascht
118. уже - bereits
119. улыбается - lächelt
120. умывается - putzt sich
121. утром - am Morgen
122. уходит - geht weg
123. фрукты - Früchte
124. хомяк/хомячок - Hamster; хомячка (acc); хомячки (plr); хомячками (plr inst); много хомяков / хомячков (plr gen) - viele Hamster

125. хот<u>е</u>л - mochte; он х<u>о</u>чет - er möchte; я хоч<u>у</u> - ich möchte	129. что-то - etwas
126. цвет<u>ы</u> - Blumen	130. ч<u>у</u>вствуешь - füllst
127. ч<u>а</u>шка - Schale, Tasse	131. это *(neut)* - das, es
128. чем - wie, als	132. <u>э</u>тот *(masc)* - dieser
	133. <u>э</u>ту *(fem acc)* - diese

B

Хом<u>я</u>к спасс<u>я</u>   Der Hamster rettete sich selbst

<u>А</u>ня, подр<u>у</u>га Р<u>о</u>берта, бол<u>е</u>ет. Р<u>о</u>берт каждый день нан<u>о</u>сит виз<u>и</u>ты <u>А</u>не. Р<u>о</u>берт иногд<u>а</u> прин<u>о</u>сит <u>А</u>не под<u>а</u>рки. Об<u>ы</u>чно он прин<u>о</u>сит ей цвет<u>ы</u>, фр<u>у</u>кты <u>и</u>ли сл<u>а</u>дости. Но сег<u>о</u>дня он х<u>о</u>чет её удив<u>и</u>ть. Р<u>о</u>берт зн<u>а</u>ет, что <u>А</u>ня <u>о</u>чень л<u>ю</u>бит жив<u>о</u>тных. У <u>А</u>ни уж<u>е</u> есть кот Том. Но Том об<u>ы</u>чно на <u>у</u>лице. А Р<u>о</u>берт х<u>о</u>чет подар<u>и</u>ть <u>А</u>не так<u>о</u>го зверьк<u>а</u>, котор<u>ый</u> всегд<u>а</u> б<u>у</u>дет д<u>о</u>ма. Р<u>о</u>берт идёт в зоомагаз<u>и</u>н.
«Д<u>о</u>брый день,» говор<u>и</u>т Р<u>о</u>берт продавц<u>у</u> в зоомагаз<u>и</u>не.
«Здр<u>а</u>вствуйте,» отвеч<u>а</u>ет продав<u>е</u>ц, «Чем мог<u>у</u> Вам пом<u>о</u>чь?»
«Я бы хот<u>е</u>л куп<u>и</u>ть как<u>о</u>го-нибудь зверьк<u>а</u> сво<u>е</u>й подр<u>у</u>ге,» говор<u>и</u>т Р<u>о</u>берт. Продав<u>е</u>ц зад<u>у</u>мывается.
«Мог<u>у</u> предлож<u>и</u>ть Вам акв<u>а</u>риумных р<u>ы</u>бок,» говор<u>и</u>т продав<u>е</u>ц.
Р<u>о</u>берт см<u>о</u>трит на акв<u>а</u>риумных р<u>ы</u>бок.
«Нет. Р<u>ы</u>бки сл<u>и</u>шком спок<u>о</u>йные, а <u>А</u>ня - вес<u>ё</u>лая и акт<u>и</u>вная,» отвеч<u>а</u>ет Р<u>о</u>берт. Продав<u>е</u>ц улыб<u>а</u>ется.
«В так<u>о</u>м сл<u>у</u>чае, В<u>а</u>ша подр<u>у</u>га б<u>у</u>дет р<u>а</u>да получ<u>и</u>ть <u>э</u>того зверьк<u>а</u>,» говор<u>и</u>т продав<u>е</u>ц и пок<u>а</u>зывает м<u>а</u>леньких хомячк<u>о</u>в. Р<u>о</u>берт улыб<u>а</u>ется.
«Вы пр<u>а</u>вы,» говор<u>и</u>т Р<u>о</u>берт, «Это как раз то, что мне н<u>у</u>жно!»
Р<u>о</u>берт покуп<u>а</u>ет двух хомячк<u>о</u>в. Т<u>а</u>кже он покуп<u>а</u>ет им кл<u>е</u>тку. В д<u>о</u>мике для хом<u>я</u>ков есть всё - и ч<u>а</u>шка для пить<u>я</u>, и колес<u>о</u> для б<u>е</u>га и д<u>а</u>же м<u>а</u>ленькая кров<u>а</u>ть. В<u>е</u>чером Р<u>о</u>берт прих<u>о</u>дит к <u>А</u>не дом<u>о</u>й.
«<u>А</u>ня прив<u>е</u>т,» говор<u>и</u>т Р<u>о</u>берт, «Как ты себ<u>я</u> ч<u>у</u>вствуешь?»
«Прив<u>е</u>т Р<u>о</u>берт,» отвеч<u>а</u>ет <u>А</u>ня, «Сег<u>о</u>дня намн<u>о</u>го л<u>у</u>чше.»

Roberts Freundin Ann ist krank. Robert besucht Ann jeden Tag. Manchmal bringt Robert ihr Geschenke. Normalerweise bringt er ihr Blumen, Früchte oder Süßigkeiten. Aber heute möchte er sie überraschen. Robert weiß, dass Ann Tiere sehr gerne hat. Ann hat bereits einen Kater, der Tom heißt. Tom ist jedoch normalerweise draußen. Und Robert möchte Ann ein Tier schenken, dass immer zu Hause ist. Robert geht in eine Tierhandlung.
„Hallo", sagt Robert zu einem Verkäufer in der Tierhandlung.
„Hallo", antwortet der Verkäufer, „wie kann ich Ihnen helfen?"
„Ich würde gerne ein Tier für meine Freundin kaufen", sagt Robert. Der Verkäufer denkt nach.
„Ich kann Ihnen ein Aquarium mit Fischen anbieten", sagt der Verkäufer. Robert schaut das Aquarium mit den Fischen an.
„Nein. Ein Fisch ist zu leise, und Ann ist fröhlich und aktiv", antwortet Robert. Der Verkäufer lächelt.
„In diesem Fall wird sich Ihre Freundin über dieses Tier freuen", sagt der Verkäufer und zeigt einen kleinen Hamster. Robert lächelt.
„Sie haben recht", sagt Robert, „das ist genau was ich brauche!"
Robert kauft zwei Hamster. Er kauft auch einen Käfig. Im Hamsterkäfig gibt es alles - eine Trinkschale, ein Rad zum Laufen, und sogar einen kleinen Schlafplatz.
Am Abend geht Robert zu Ann.
„Hallo Ann", sagt Robert. „Wie geht es dir?"
„Hallo Robert", antwortet Ann. „Heute geht es mir schon viel besser."
„Ann, ich möchte wirklich gerne deine Stimmung aufhellen", sagt Robert. „Ich hoffe,

«Аня, я очень хочу поднять тебе настроение,» говорит Роберт, «Надеюсь, этот подарок тебе понравится.»
Аня удивлённо смотрит на Роберта. Роберт показывает Ане клетку с хомячками. Аня начинает смеяться. Она обнимает Роберта.
«Роберт, спасибо! Мне очень нравятся хомячки. Иногда мне кажется, что у них и у меня есть что-то общее,» говорит Аня. Роберт тоже смеётся. Поздно вечером Роберт уходит домой. Аня ложится отдыхать. В комнату к Ане заходит кот Том.
«Том, знакомься. Это наши новые друзья - хомячки Вилли и Долли,» говорит Аня коту. Том садится возле клетки и смотрит на хомячков. Долли уже спит, а Вилли бегает в колесе.
«Том, не обижай наших новых друзей. Спокойной ночи всем,» говорит Аня. Аня засыпает.
Утром Аня просыпается и видит, что Том сидит возле клетки. Долли умывается, а Вилли так и бегает в колесе. Аня понимает, что кот всю ночь сидел возле клетки и смотрел на Вилли. А Вилли боялся остановиться. Ане жалко Вилли. Она отгоняет Тома от клетки. Вилли выходит из колеса, подходит к чашке с водой и пьёт. Потом хомячок сразу падает и засыпает. Он спит весь день. Вечером приходит Роберт, и Аня рассказывает ему эту историю про хомячка. Роберт и Аня громко смеются, и хомячок Вилли просыпается и смотрит на них.

du magst dieses Geschenk."
Ann sieht Robert überrascht an. Robert zeigt Ann den Käfig mit den Hamstern. Ann beginnt zu lachen. Sie umarmt Robert.
„Danke, Robert!" Ich mag Hamster sehr.
„Manchmal habe ich das Gefühl, dass wir etwas gemeinsam haben", sagt Ann. Robert lacht auch. Spät am Abend geht Robert nach Hause. Ann geht zu Bett. Der Kater Tom kommt in Anns Zimmer.
„Tom, mach dich bekannt. Das sind unsere neuen Freunde - die Hamster Willy und Dolly", erzählt Ann dem Kater. Tom setzt sich neben den Käfig und starrt die Hamster an. Dolly schläft bereits und Willy rennt im Laufrad.
„Tom, tu unseren neuen Freunden nicht weh. Schlaft gut", sagt Ann. Ann geht schlafen.
Am nächsten Morgen wacht Ann auf und sieht, dass Tom neben dem Käfig sitzt. Dolly putzt sich und Willy rennt immer noch im Laufrad. Ann merkt, dass der Kater die ganze Nacht bei dem Käfig gesessen ist und Willy beobachtet hat. Und Willy hatte Angst aufzuhören zu rennen. Willy tut Ann leid. Sie verjagt Tom vom Käfig. Willy kommt aus dem Laufrad, geht zur Trinkschale und trinkt. Der Hamster fällt sofort danach um und schläft ein. Er schläft den ganzen Tag. Am Abend kommt Robert und Ann erzählt ihm die Geschichte vom Hamster. Robert und Ann lachen laut. Der Hamster Willy wacht auf und starrt sie an.

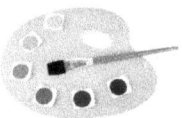

3

Спаситель
Ein Retter

 A

Слова
Vokabel

1. бежит - rennt
2. бешено - wild; бешеный *(adj)* - wütend
3. ближайший - nächste
4. большой *(inst fem)* - großer
5. бросается - greift an
6. быстро - schnell
7. Вас *(acc)* - Sie
8. ветка - Ast
9. вкусную *(fem acc)* - lecker
10. время - Zeit
11. гепарда *(gen)* - Geparden
12. голову *(acc)* - Kopf
13. гонится - jagt
14. девочка - Mädchen; девочке *(dat)*; девочки *(gen)*
15. дерево - Baum; на дереве *(prep)*; дерева *(gen)*; дереву *(dat)*
16. достать - erwischen
17. друга *(gen)* - Freundes
18. другому *(dat)* - dem anderen
19. дружок - buddy
20. думает - glaubt
21. дядя - Herr
22. его *(gen)* - sein
23. еду *(acc)* - Futter
24. за - hinter
25. заботишься - kümmerst dich
26. забывает - vergisst
27. залезает - klettert
28. зовут - heißt
29. извините - Entschuldigen Sie
30. колледжа *(gen)* - College
31. кота *(gen)* - seines Katers; о коте *(prep)*; котом *(inst)*
32. кричит - schreit
33. момент - Moment

34. моя - meine
35. на него (acc) - auf ihn
36. наблюдает - beobachtet
37. навстречу - entgegen
38. называет - nennt
39. наклонив - geneigt
40. нужна (fem) - brauchen
41. о - über
42. один раз - einmal
43. парк - Park; в парке (prep) - im Park
44. по - jeden; по утрам - jeden Morgen
45. поводок (prep) - Leine; на поводке (prep) - an der Leine
46. подбегает - rennt an etwas
47. помощь - Hilfe
48. после - nach
49. проблема - Problem
50. произошло - passierte; Что происходит? - What ist passiert?
51. прыгает - springt
52. родственник - Verwandte
53. рычанием (inst) - Knurren; рычит - knurrt
54. свой - *Reflexivpronomen*; своего (masc akk); своём (masc prep); своими (plr inst); свою (fem acc)
55. сейчас - gleich
56. скорость - Geschwindigkeit; скоростью (inst)
57. сначала - im ersten Moment
58. с / со - mit
59. собака - Hund; собакой (inst)
60. соседний - in der Nachbarschaft; соседнем (prep)
61. спаситель - Retter
62. спокойно - leise
63. спрашивает - fragt
64. спрыгивает - springt herab
65. сторона - Seite; сторону (akk)
66. супермаркет - Supermarkt
67. тогда - dann
68. убегает - rennt weg
69. удержать - aufhalten
70. укусит - wird beißen
71. утро - Morgen; по утрам (prep) - Morgens
72. хозяева (plr) - Besitzer
73. храбрый - tapfere; храброго (akk)

B

Спаситель

У друга Роберта Давида тоже есть кот. Он очень любит своего кота. Его кота зовут Марс. Давид называет его «дружок». Каждый день после колледжа Давид заходит в супермаркет и покупает коту вкусную еду. Один раз Роберт говорит Давиду: «Ты заботишься о своём коте, как о родственнике.»
Давид улыбается и рассказывает свою историю. Каждый день по утрам Давид бегает в соседнем парке. В это время в парке хозяева гуляют со своими домашними животными. Один раз Давид видит, что навстречу ему бежит маленькая девочка с большой собакой на поводке.
«Дядя, дядя!» кричит девочка. Давид думает, что у девочки проблема и ей нужна помощь.

Ein Retter

Roberts Freund David hat auch einen Kater. Er liebt seinen Kater sehr. Der Name seines Kater ist Mars. David nennt ihn „Buddy". David geht jeden Tag nach dem College in den Supermarkt, um leckeres Futter für den Kater zu kaufen. An einem Tag sagt Robert zu David: „Du kümmerst dich um deinen Kater, als ob du mit ihm verwandt wärst." David lächelt und erzählt ihm seine Geschichte. Jeden Morgen geht David im Park in der Nachbarschaft joggen. Zu dieser Zeit gehen die Haustierbesitzer mit ihren Haustieren im Park Gassi. Einmal sieht David ein kleines Mädchen auf ihn zurennen, das einen großen Hund an der Leine hat.
„Herr, Herr!", schreit das Mädchen. David glaubt, dass das Mädchen ein Problem hat und Hilfe braucht. Er geht schnell, um das Mädchen mit dem

Он быстро идёт навстречу девочке с собакой. «Что произошло?» спрашивает Давид. Девочка и собака подбегают к Давиду. «Извините, дядя, но моя собака сейчас Вас укусит! Я не могу её удержать,» говорит девочка. Давид сначала не понимает, что происходит. Но когда собака бросается на него и бешено рычит, Давид со скоростью гепарда бежит к ближайшему дереву. И в этот момент с дерева спрыгивает большой кот и убегает в сторону. Собака сразу забывает про Давида и гонится за котом с рычанием. Кот быстро подбегает к другому дереву и залезает на него. Собака с бешеным рычанием прыгает, но не может достать кота на дереве. Тогда кот спокойно ложится на ветке и, наклонив голову, спокойно наблюдает за собакой. Этого храброго кота теперь зовут Марс.

Hund zu treffen.
„Was ist passiert?" fragt David. Das Mädchen und der Hund rennen zu David.
„Entschuldigen Sie, Herr, aber mein Hund wird Sie gleich beißen! Ich kann ihn nicht aufhalten", sagt das Mädchen. Im ersten Moment versteht David nicht, was gerade passiert. Aber als der Hund ihn angreift und wild knurrt, rennt David mit der Geschwindigkeit eines Geparden zum nächsten Baum. In diesem Moment springt ein großer Kater aus dem Baum und rennt auf die Seite. Der Hund vergisst David sofort und jagt knurrend den Kater. Der Kater rennt schnell zu einem anderen Baum und klettert auf ihn. Der Hund springt mit einem wütenden Knurren, aber er kann den Kater im Baum nicht erwischen. Dann legt sich der Kater leise auf einen Ast und beobachtet, mit dem Kopf zur Seite geneigt, still den Hund. Der tapfere Kater heißt jetzt Mars.

4

Няня с хвостом
Ein Kindermädchen mit Schweif

 A

Слова
Vokabel

1. Ваш - Ihr
2. видишь ли - weisst du; видите ли - wissen Sie
3. вкусный - leckerer
4. возвращается - kommt zurük
5. гладит - streichelt
6. гостиная - Wohnzimmer; в гостиной *(prep)*
7. даёт - lässt, gibt
8. дверь - Tür
9. делает - macht
10. дела *(inst plr)* - Arbeit; делами *(inst plr)*
11. десятый - zehnte; на десятом *(prep)*
12. диван - Sofa; на диване *(prep)*
13. днём *(inst)* - am Tag
14. женщина - Frau; женщину *(acc)*; женщины *(gen)*
15. живёт - lebt
16. замечает - bemerkt
17. заниматься - machen
18. играла - spielte
19. к тому же - außerdem
20. каждый - jeder; каждым *(inst)*
21. квартира - Wohnung; квартиру *(acc)*
22. которая *(fem)* - die, welche
23. куда-то - irgendwohin
24. лестница - Treppe; лестнице *(prep)*
25. ли - ob
26. лифт - Aufzug; лифтом *(inst)*
27. ловит - fängt
28. маленький - kleiner
29. моет - wäscht auf
30. мой - mein; моим *(inst)*
31. молодая - junge; молодую *(acc fem)*
32. мыши - Mäuse; много/мало мышей *(acc)*
33. мяукает - miaut
34. неспокойный - unruhig
35. никогда - nie

36. ним *(inst)* - ihm
37. н́яня - Kindermädchen
38. об́ед - Mittagessen
39. однажды - eines Tage
40. пешком - zu Fuß
41. поднимается - geht hinauf
42. пол - Boden
43. получает - bekommt
44. пользуется - benutzt
45. помогает - hilft
46. последнее время - in letzter Zeit
47. послушный - gehorsam
48. постоянно - immer (wieder)
49. почему - warum

50. приоткрыта - einen Spalt offen
51. просит - bittet
52. простите - Entschuldigen Sie
53. птица - Vogel; птиц *(acc)*
54. ребёнок - Kind
55. соседняя - Nachbar-; соседнюю *(acc)*
56. спокойный - ruhig
57. становится - wird
58. сын - Sohn; сыном *(inst)*
59. толще - dicker
60. удовольствия *(gen)* - Vergnügen
61. хвост - Schweif; хвостом *(inst)*
62. хотя - obwohl
63. этаж - Stock; этаже *(prep)*

Няня с хвостом

Кот Марс очень послушный и спокойный. Хотя в последнее время он постоянно куда-то бегает. Давид замечает, что Марс с каждым днём становится толще. Давид думает, что кот ловит птиц и мышей. Однажды Давид возвращается домой. Он живёт на десятом этаже, но он никогда не пользуется лифтом. Он поднимается по лестнице пешком и видит, что дверь в соседнюю квартиру приоткрыта. Давид видит молодую женщину, которая моет пол в гостиной. Давид знает её. Её зовут Мария. На диване в гостиной сидит маленький ребёнок и гладит кота Марса. Марс мяукает от удовольствия.
«Добрый день, Мария. Простите, а что делает мой кот у вас?» спрашивает Давид у женщины.
«Добрый день, Давид. Видишь ли, мой ребёнок очень неспокойный. Он не даёт мне заниматься домашними делами. Мой сын все время просит, чтобы я с ним играла. Ваш кот помогает мне. Он играет с моим сыном,» отвечает Мария. Давид смеётся.
«К тому же он всегда получает от меня вкусный обед!» говорит женщина. Давид теперь понимает, почему его кот каждый день становится толще.

Ein Kindermädchen mit Schweif

Der Kater Mars ist sehr gehorsam und ruhig, obwohl er in letzter Zeit immer irgendwo hinrennt. David bemerkt, dass Mars jeden Tag dicker wird. David glaubt, dass der Kater Vögel und Mäuse fängt. Eines Tage kommt David nach Hause; er lebt im zehnten Stock, aber benutzt nie den Aufzug. Er geht die Treppe hinauf und sieht, dass die Tür zur Nachbarwohnung einen Spalt offen steht. David sieht eine junge Frau, die den Boden des Wohnzimmers aufwäscht. David kennt sie. Ihr Name ist Maria. Ein kleines Kind sitzt gerade auf dem Sofa im Wohnzimmer und streichelt den Kater Mars. Mars miaut mit Vergnügen.
„Guten Abend, Maria. Entschuldigen Sie bitte, was macht mein Kater in Ihrer Wohnung?", fragt David die Frau.
„Guten Tag, David. Wissen Sie, mein Kind ist sehr unruhig. Es lässt mich nicht die Hausarbeit machen. Mein Sohn bittet mich immer, mit ihm zu spielen. Ihr Kater hilft mir. Er spielt mit meinem Sohn", antwortet Maria. David lacht.
„Außerdem bekommt er immer ein leckeres Mittagessen von mir!", sagt die Frau. David versteht jetzt, warum sein Kater jeden Tag dicker und dicker wird.

5

Говор**я**щий кот
Ein sprechender Kater

Слов**а**
Vokabel

1. адекв**а**тна *(fem)* - ist ganz bei Verstand
2. берёт - nimmt heraus
3. б**о**льше - mehr
4. б**ы**ло - war
5. в том *(prep)* - in dem; в **э**том *(prep)* - in diesem
6. вдруг - plötzlich
7. в**е**чер - Abend; в**е**чера *(gen)*
8. вм**е**сте - bei
9. вот - hier
10. вск**а**кивает - springt auf
11. вс**я**кий - alle, jeder
12. говор**я**щий - sprechender
13. г**о**лос - Stimme; г**о**лосом *(inst)*
14. да ещё - und noch dazu
15. дай *(imp)* - gib
16. д**е**ти - Kinder; дет**е**й *(acc)*
17. до - bis
18. д**о**брая - nette
19. д**о**лго - lang
20. д**о**ма/в д**о**ме *(prep)* - zu Hause
21. ед**а** - Futter; ед**ы** *(gen)*
22. засып**а**ть - einschlaffen
23. игр**а** - Spiel; игр *(gen plr)*
24. игр**у**шечный *(adj)* - Puppen-; игр**у**шечной *(adj prep)*
25. тот же - gleiche, derselbe; из тог**о** же - von derselben
26. из угл**а** *(gen)* - aus der Ecke; в угл**у** *(prep)* - in der Ecke
27. **и**менно - so, genau, ausgerechnet
28. исп**у**ганно - verängstigt
29. к**а**к-то - irgendwie
30. к**о**мнаты *(gen)* - des Zimmers
31. кр**е**стится - bekreuzigt sich
32. кров**а**тка - Bettchen; кров**а**тке *(prep)*

33. кто-то - jemand
34. кукла - Puppe; куклу *(acc)*, куклы *(gen)*
35. кушать - essen
36. нажимает - drückt
37. нанять - einstellen
38. небольшая - kleine; небольшую *(acc)*
39. недовольно - unzufrieden
40. никто - niemand; никого *(gen)*
41. ними *(inst)* - ihnen
42. ничего - nichts
43. новая - neue
44. няня - Kindermädchen; няню *(acc)*
45. оглядывается - sieht sich um
46. одна - alein
47. они - sie *(plur)*
48. остаётся - bleibt
49. от неожиданности *(gen)* - überrascht
50. первый - erste
51. поворачивает - dreht sich um
52. повторяет - wiederholt
53. поглядывает - behält in den Augen
54. покушать - essen
55. поспать - schlaffen
56. правда - wahr
57. прилечь - sich niederlegen
58. приснилось - geträumt hat
59. прогулка - Spaziergang; прогулки *(gen)*
60. работа - Arbeit; работы *(gen)*
61. разговаривает - spricht
62. раздаётся - hört, ertönt
63. ребёнок - Kind; ребёнка *(gen)* - des Kindes; с ребёнком *(inst)* - mit dem Kind
64. решает - beschließt
65. с опаской *(inst)* - vorsichtig
66. случай - Fall
67. слышать - hören
68. сомневаться - zweifeln
69. спать - schlafen
70. старушка - alte Frau; старушке *(dat)* - der alten Frau
71. сторона - Seite; стороны *(gen)*
72. страшно - Angst haben
73. сытый - zufrieden, satt
74. та самая - die gleiche, dieselbe; ту самую *(acc)*
75. требовательный - fordernde; требует - fordert
76. та - die; ту *(acc)*
77. тут - da, sofort
78. убеждает - überzeugt
79. удивлена - überrascht
80. укладывает - bringt ins Bett
81. устала - ist müde
82. фраза - Satz; фразу *(acc)*
83. человеческий - menschliche; человеческим *(inst)*
84. чётко - deutlich

Говорящий кот

Как-то раз Мария решает нанять няню для своего ребёнка. Новая няня - добрая старушка. Она очень любит детей. В первый же день своей работы у Марии няня остаётся с ребёнком одна в доме. Вместе с ними только кот Марс. После прогулки и игр, няня укладывает ребёнка спать. Она устала и тоже решает прилечь поспать. Но как только она начинает засыпать, вдруг в углу комнаты кто-то громко говорит: «Дай покушать!» Няня вскакивает от неожиданности. Она оглядывается - никого нет. Только в углу лежит кот Марс в

Ein sprechender Kater

Eines Tages entscheidet sich Maria ein Kindermädchen für ihr Kind einzustellen. Das neue Kindermädchen ist eine nette alte Frau. Sie hat Kinder sehr gerne. Am ersten Tag, an dem sie bei Maria arbeitet, bleibt das Kindermädchen bei dem Kind zu Hause. Nur der Kater Mars ist bei ihnen. Nachdem sie spazieren waren und gespielt haben, bringt das Kindermädchen das Kind ins Bett. Sie ist müde und beschließt auch schlafen zu gehen. Aber sobald sie beginnt einzuschlafen, sagt plötzlich jemand laut in einer Ecke des Zimmers: „Füttere mich!" Das Kindermädchen springt überrascht auf. Sie sieht sich um - aber es ist niemand da. Nur der

кроватке для куклы. Кот Марс недовольно смотрит на няню. Няня решает, что ей это приснилось, и уже хочет прилечь снова. Но тут, из того же угла снова чётко раздаётся: «Я хочу кушать!» Няня поворачивает голову - кот внимательно и недовольно смотрит прямо на неё. Старушке становится страшно. Она долго смотрит на кота, и тут с его стороны снова раздаётся требовательный голос: «Дай покушать!» На всякий случай она крестится и идёт на кухню. Она даёт коту еды. До вечера она с опаской поглядывает на кота Марса. Но сытый кот спит и больше ничего не говорит.

Вечером Мария возвращается домой, и старушка испуганно рассказывает ей, что кот разговаривает человеческим голосом и требует еды. Мария очень удивлена. Она начинает сомневаться в том, что новая няня адекватна. Но няня убеждает её, что это правда.

«Именно так это и было!» говорит няня, «Вот в этом углу, на игрушечной кроватке, кот сидит и говорит мне «дай покушать»! Да ещё повторяет!» рассказывает няня.

И вдруг Мария понимает, что случилось. Она подходит к игрушечной кроватке и берёт с неё небольшую куклу. Мария нажимает на куклу, и они слышат ту самую фразу: «Я хочу кушать!»

Kater Mars liegt in der Ecke auf einem Puppenbett. Der Kater Mars sieht das Kindermädchen unzufrieden an. Das Kindermädchen beschließt, dass sie nur geträumt hat und will wieder schlafen gehen. Aber aus der gleichen Ecke hört sie wieder deutlich: „Ich möchte essen!" Das Kindermädchen dreht sich um - der Kater schaut aufmerksam und unzufrieden direkt in ihre Richtung. Die alte Frau bekommt Angst. Sie sieht den Kater eine Zeit lang an, als plötzlich wieder die fordernde Stimme von ihm kommt: „Gib mir etwas zu essen!" Sie bekreuzigt sich, für alle Fälle, und geht in die Küche. Sie gibt dem Kater etwas zu fressen. Sie ist vorsichtig und behält den Kater Mars bis zum Abend in den Augen. Aber der zufriedene Kater schläft und spricht nicht mehr.

Maria kommt am Abend zurück nach Hause und die alte Frau erzählt ihr mit verängstigter Stimme, dass der Kater mit einer menschlichen Stimme spreche und Futter fordere. Maria ist sehr überrascht. Sie beginnt daran zu zweifeln, dass das neue Kindermädchen ganz bei Verstand ist. Aber das Kindermädchen überzeugt sie davon, dass die Geschichte wahr ist.

„So war es!", sagt das Kindermädchen. „Hier in dieser Ecke, im Puppenbett, saß der Kater und sagte zu mir 'Gib mir etwas zu essen'! Und noch dazu hat er es wiederholt!", sagt das Kindermädchen.

Und plötzlich versteht Maria, was passiert war. Sie geht zum Puppenbett und nimmt eine kleine Puppe heraus. Maria drückt die Puppe und sie hören den gleichen Satz: „Ich möchte essen!"

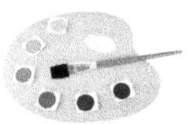

6

С**о**нный гость
Schläfriger Gast

A

Сл**о**ва
Vokabel

1. безд**о**мный - streunender
2. бук**е**т - Bund
3. в конц**е** конц**о**в - schließlich
4. весьм**а** - gut
5. в / во - in
6. возвращ**а**ться (дом**о**й) - sich auf den Heimweg machen
7. вслед - nach
8. в**ы**глядит - sieht aus
9. где - wo
10. где-ниб**у**дь - irgendwo
11. гость - Gast
12. дво**и**м *(dat)* - zwei
13. двор - Hof; во двор**е** *(prep)* - im Hof
14. дней *(gen)* - Tage
15. дом - Haus
16. друг**о**й - nächste, andere
17. жёлтый - gelb; жёлтых *(gen plr)*
18. з**а**втра - morgen
19. зап**и**ска - Notiz; зап**и**ску *(acc)*
20. знать - wissen
21. интер**е**сно - interessant, neugierig
22. к / ко - zu
23. к**о**лледж - Universität; к**о**лледже *(prep)*
24. кот**о**рый - der, welcher; кот**о**рых *(pl gen)*
25. кто - wer
26. год - Jahr; лет *(plr gen für Nummer 5 und weiter; von 2 bis 4 benutzt man* **г**о**да**)
27. л**и**стьев *(gen)* - Blätter
28. м**е**дленно - langsam
29. м**о**жно - kann, können
30. на голов**е** *(prep)* - am Kopf
31. на **у**лицу *(acc)* - draußen (Richtung)
32. над**е**т - trägt
33. н**а**до - brauchen, braucht
34. н**е**сколько - einige

35. опять - wieder
36. осень - Herbst; осени (gen)
37. ответ - Antwort
38. ошейник - Halsband; к ошейнику (dat) - am Hundehalsband
39. пёс - Hund; пса (gen)
40. погода - Wetter
41. погулять - spazieren
42. поэтому - so, deshalb
43. прекрасная - hervorragendene; прекрасной (gen)
44. приду - (ich) werde kommen
45. прикрепил - befestigte; прикреплен - ist befestigt
46. примерно - ungefähr
47. продолжалось - dauerte
48. пытается - versucht
49. растут - es gibt, wachsen
50. середина - Mitte
51. следующий - nächster; следующего (gen)
52. собаки (gen) - des Hundes
53. собрать - sammeln
54. содержание - Text; содержания (gen)
55. сонный - schläfriger
56. стало - wurde
57. старый - alter
58. три - drei; трёх (gen)
59. упитанный - gefüttert, fat
60. уставший - müde; уставшим (inst)
61. ухаживают - kümmern sich
62. учёба - Studium; учёбы (gen)
63. хорошая - schöne; хорошенько, хорошо - gut
64. хотелось бы - möchte
65. час - Stunde; три часа (gen) - drei Stunden
66. шестеро (für Leute) - sechs, шесть (für Sachen)
67. эта - diese; этой (gen)

Сонный гость

Как обычно, после учёбы в колледже, Роберт выходит на улицу погулять. Погода сегодня хорошая. Как раз середина осени. Роберт решает собрать букет из жёлтых листьев. Вдруг он видит, что во двор заходит старый пёс. Он выглядит очень уставшим. На него надет ошейник, и он весьма упитанный. Именно поэтому Роберт решает, что он не бездомный и за ним хорошо ухаживают. Пёс спокойно подходит к Роберту. Роберт гладит его по голове. Роберту надо уже возвращаться домой. Пёс идёт вслед за ним. Заходит в дом, медленно заходит в комнату Роберта. Потом ложится в углу и засыпает.
На следующий день пёс приходит снова. Он подходит к Роберту во дворе. Потом опять заходит в дом и засыпает на том же месте. Спит он примерно три часа. Потом встаёт и уходит куда-то.
Так продолжалось несколько дней. В конце концов, Роберту стало интересно, и он прикрепил к ошейнику пса записку следующего содержания: "Хотелось бы

Schläfriger Gast

Wie gewöhnlich geht Robert draußen spazieren, nachdem er in der Universität war. Das Wetter ist heute schön. Es ist mitten im Herbst. Robert entscheidet sich einen Bund gelber Blätter zu sammeln. Plötzlich sieht er einen alten Hund, der in den Hof kommt. Er sieht sehr müde aus. Er trägt ein Halsband und ist gut gefüttert. Also dachte sich Robert, dass es kein streunender Hund sei und dass man sich gut um ihn kümmere. Der Hund kommt leise auf Robert zu. Robert streichelt ihn am Kopf. Robert sollte sich schon auf den Heimweg machen. Der Hund folgt ihm. Er geht in das Haus; er geht langsam in Roberts Zimmer. Dann legt er sich in eine Ecke und schläft ein.
Am nächsten Tag kommt der Hund wieder. Er kommt Robert im Hof entgegen. Dann geht er wieder in das Haus und schläft am gleichen Platz ein. Er schläft ungefähr drei Stunden lang. Dann steht er auf und geht weg.
Das geht einige Tage so weiter. Schließlich wird Robert neugierig und befestigt eine Notiz mit folgendem Text am Hundehalsband: „Ich würde

знать, кто хозяин этой прекрасной собаки, и знает ли он, что пёс практически каждый день приходит ко мне поспать?"
На другой день пёс приходит снова, и к его ошейнику прикреплен следующий ответ: "Он живёт в доме, где растут шестеро детей, двоим из которых нет ещё и трёх лет. Он просто пытается где-нибудь хорошенько поспать. Можно я тоже приду к вам завтра?"

sehr gerne wissen, wer der Besitzer dieses hervorragenden Hundes ist, und, ob er weiß, dass der Hund beinahe jeden Tag zu mir kommt, um zu schlafen."
Am nächsten Tag kommt der Hund wieder und hat die folgende Antwort an seinem Halsband befestigt: „Er lebt in einem Haus, in dem es sechs Kinder gibt, und zwei davon sind noch keine drei Jahre alt. Er versucht nur irgendwo durchzuschlafen. Kann ich morgen auch zu Ihnen kommen?"

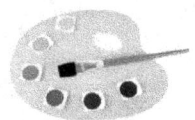

7

Собака не виноват**а**
Der Hund ist nicht schuld

A

Слов**а**
Vokabel

1. автомоб**и**ль - Auto; на автомоб**и**ле *(prep)*
2. архит**е**ктор - Architekt; архит**е**ктором *(inst)*
3. без - ohne
4. бер**у**т - nehmen
5. библиот**е**ка - Bibliothek; библиот**е**ку *(acc)*
6. больш**и**е *(plr)* - große
7. в**е**село - fröhlich
8. вечер**а**ми - abends
9. винов**а**та - ist schuld
10. вис**и**т - hängt
11. волнов**а**ться - sich Sorgen machen
12. в**о**семь - acht
13. воскрес**е**нье - Sonntag
14. все - alle; всех *(gen)*
15. встреч**а**ется - trifft
16. всё равн**о** - trotzdem, allerdings
17. выск**а**кивает - springt heraus
18. год - Jahr
19. гриб - Pilz; гриб**ы** - Pilze
20. два - zwei
21. д**о**лжен - soll / solltest; должн**ы** *(plr)* - müssen, sollen
22. друзь**я** - Freunde; друзь**я**ми *(inst)*
23. **е**дут - fahren
24. жен**и**лись - haben geheiratet
25. за рулём - fährt
26. замык**а**ют - sperren
27. зат**е**м - dann
28. идём - (wir) gehen; ид**у**т - (sie) gehen
29. иск**а**ть - suchen, sammeln

30. каб<u>и</u>на *(prep)* - Auto; в каб<u>и</u>не *(prep)* - im Auto
31. каф<u>е</u> - Café
32. кол<u>ё</u>са - Räder; без кол<u>ё</u>с *(gen)* - ohne Räder
33. корз<u>и</u>ны - Körbe
34. л<u>а</u>ет - bellt; ля<u>я</u>ла - hat gebellt
35. лес - Wald
36. м<u>а</u>ленькие *(plr)* - kleine
37. м<u>а</u>ма - Mutti
38. маш<u>и</u>на - Auto; маш<u>и</u>не *(prep)*; маш<u>и</u>ну *(acc)*; маш<u>и</u>ны *(gen)*
39. мл<u>а</u>дшая - jüngere; мл<u>а</u>дшей *(dat)*
40. м<u>о</u>жем - können
41. муж - Ehemann
42. м<u>у</u>зыка - Musik
43. мы - wir
44. на стекл<u>е</u> *(prep)* - am Fenster
45. наз<u>а</u>д - vor; пять лет назад - vor fünf Jahre
46. нас - uns
47. начин<u>а</u>ют - beginnen
48. нашл<u>а</u> - hat gefunden
49. окн<u>о</u> - Fenster; окн<u>а</u> *(gen)*
50. остан<u>а</u>вливается - bleibt stehen
51. ост<u>а</u>ться - bleiben
52. охран<u>я</u>ет - passt auf; охран<u>я</u>ть - aufpassen
53. п<u>а</u>па - Vati
54. подх<u>о</u>дят - kommen näher
55. по<u>ю</u>т - singen
56. пт<u>и</u>цы - Vögel
57. раб<u>о</u>тает - arbeitet
58. с аз<u>а</u>ртом - aufgeregt
59. св<u>е</u>тит - scheint
60. секрет<u>а</u>рь - Sekretärin; секретарём *(inst)* - als Sekretärin
61. семь<u>я</u> - Familie; семь<u>и</u> *(gen)*, семь<u>ю</u> *(acc)*
62. сестр<u>а</u> - Schwester; сестр<u>е</u> *(dat)*
63. скуч<u>а</u>ет - vermisst
64. см<u>е</u>лая *(fem)* - mütige
65. собир<u>а</u>ет - sammelt; собир<u>а</u>ть - sammeln; собир<u>а</u>ют *(plr)*
66. с<u>о</u>лнце - Sonne
67. ср<u>е</u>дние *(plr)* - mittlere
68. строи<u>и</u>тельной *(prep)* - Bau-
69. укр<u>а</u>ли - wurden gestohlen; укр<u>а</u>сть - stehlen
70. <u>у</u>чится - lernt
71. ф<u>и</u>рма - Firma; ф<u>и</u>рме *(prep)*
72. х<u>о</u>дит - geht
73. хор<u>о</u>шее - gute
74. чл<u>е</u>н - Mitglieder; чл<u>е</u>нов *(gen)*
75. шк<u>о</u>ла - Schule; шк<u>о</u>ле *(prep)*

B

Соб<u>а</u>ка не винов<u>а</u>та

Дав<u>и</u>д п<u>о</u>сле к<u>о</u>лледжа х<u>о</u>дит в библиот<u>е</u>ку. А вечер<u>а</u>ми встреч<u>а</u>ется с друзь<u>я</u>ми в каф<u>е</u>. Мл<u>а</u>дшей сестре Дав<u>и</u>да Н<u>э</u>нси в<u>о</u>семь лет. Он<u>а</u> <u>у</u>чится в шк<u>о</u>ле. М<u>а</u>ма Дав<u>и</u>да, Л<u>и</u>нда, раб<u>о</u>тает секретарём. Её муж, Кристи<u>а</u>н, раб<u>о</u>тает архит<u>е</u>ктором на строи<u>и</u>тельной ф<u>и</u>рме. Кристи<u>а</u>н и Л<u>и</u>нда жен<u>и</u>лись год наз<u>а</u>д. У Дав<u>и</u>да есть соб<u>а</u>ка Бар<u>о</u>н и кот Марс.
Сег<u>о</u>дня воскрес<u>е</u>нье. Дав<u>и</u>д, Н<u>э</u>нси, Л<u>и</u>нда, Кристи<u>а</u>н и Бар<u>о</u>н <u>е</u>дут в лес собир<u>а</u>ть гриб<u>ы</u>. Дав<u>и</u>д сид<u>и</u>т за рулём. В автомоб<u>и</u>ле игр<u>а</u>ет м<u>у</u>зыка. П<u>а</u>па и м<u>а</u>ма по<u>ю</u>т. Бар<u>о</u>н в<u>е</u>село л<u>а</u>ет.
Зат<u>е</u>м маш<u>и</u>на остан<u>а</u>вливается. Бар<u>о</u>н

Der Hund ist nicht schuld

David geht nach dem College in die Bibliothek. Abends trifft er seine Freunde in einem Café. Davids jüngere Schwester Nancy ist schon acht Jahre alt. Sie geht in die Schule. Davids Mutter, Linda, arbeitet als Sekretärin. Ihr Ehemann Christian arbeitet als Architekt für eine Baufirma. Christian und Linda haben vor einem Jahr geheiratet. David hat einen Kater, der Mars heißt, und einen Hund, der Baron heißt.
Heute ist Sonntag. David, Nancy, Linda, Christian und Baron gehen in den Wald um Pilze zu sammeln. David fährt. Im Auto spielt Musik. Der Vater und die Mutter singen. Baron bellt fröhlich. Dann bleibt das Auto stehen. Baron springt aus dem Auto und rennt in den Wald. Er springt und

выскакивает из машины и бежит в лес. Он прыгает и играет.

«Барон, ты должен остаться здесь,» говорит Давид, «Ты должен охранять машину. А мы идём в лес.»

Барон грустно смотрит на Давида, но идёт в машину всё равно. Его замыкают в машине. Мама, папа, Давид и Нэнси берут корзины и идут искать грибы. Барон смотрит из окна машины.

«Хорошо, что у нас есть Барон. Он охраняет машину, и мы можем не волноваться,» говорит папа.

«Барон - смелая собака,» говорит Давид.

«Погода хорошая сегодня,» говорит мама.

«Я нашла первый гриб!» кричит Нэнси. Все начинают с азартом собирать грибы. У всех членов семьи хорошее настроение. Поют птицы, светит солнце. Давид собирает только большие грибы. Мама маленькие и средние. Папа и Нэнси собирают и большие, и маленькие, и средние грибы. Они собирают грибы два часа.

«Мы должны возвращаться в машину. Барон скучает без нас,» говорит папа. Все идут к машине. Они подходят к машине.

«Что это?» кричит Нэнси. У машины нет колёс! Колёса украли! В кабине сидит пёс и испуганно смотрит на свою семью. На стекле висит записка: «Собака не виновата. Она лаяла!»

spielt.

„Baron, du solltest hier bleiben", sagt David. „Du sollst auf das Auto aufpassen. Und wir werden in den Wald gehen."

Baron sieht David traurig an, aber geht trotzdem zum Auto. Sie sperren ihn ins Auto. Die Mutter, der Vater, David und Nancy nehmen Körbe und gehen Pilze sammeln. Baron schaut durch das Autofenster hinaus.

„Es ist gut, dass wir Baron haben. Er passt auf das Auto auf und wir müssen uns keine Sorgen machen", sagt der Vater.

„Baron ist ein mutiger Hund", sagt David.

„Das Wetter ist heute gut", sagt die Mutter.

„Ich habe den ersten Pilz gefunden!" schreit Nancy. Jeder beginnt aufgeregt Pilze zu sammeln. Alle Familienmitglieder sind in einer guten Stimmung. Die Vögel singen, die Sonne scheint. David sammelt nur große Pilze. Die Mutter sammelt kleine und mittlere. Der Vater und Nancy sammeln große, mittlere und kleine Pilze. Sie sammeln zwei Stunden lang Pilze.

„Wir müssen zum Auto zurückgehen. Baron vermisst uns", sagt der Vater. Alle gehen zum Auto. Sie kommen näher zum Auto.

„Was ist das?" schreit Nancy. Dem Auto fehlen die Räder! Die Räder wurden gestohlen! Der Hund sitzt im Auto und sieht die Familie mit einem verängstigten Blick an. Eine Notiz hängt am Fenster: „Ihr Hund ist nicht schuld. Er hat gebellt!"

8

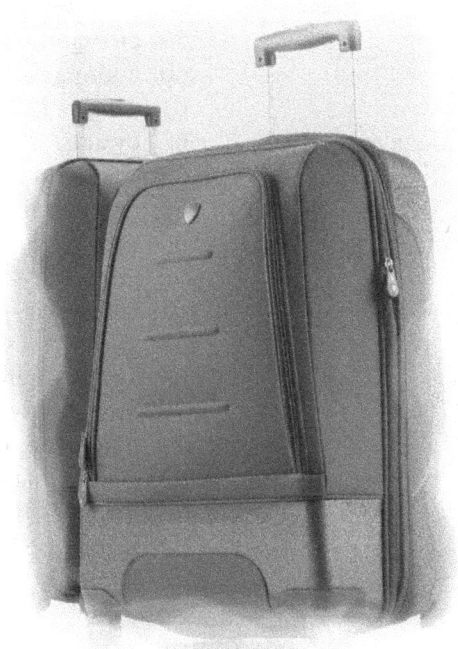

Чемода́ны
Die Koffer

Сло́ва
Vokabel

1. авто́бус - Bus; авто́бусе *(prep)*
2. бага́жное отделе́ние - Gepäckraum
3. бесе́дуют - sprechen, unterhalten sich
4. бы́ли - waren
5. ва́ши - Ihre
6. ведь - denn *(Interjection)*
7. везу́т - fahren
8. ве́чер - Abend
9. вече́рний - abends; вече́рнему *(adj prep)*
10. ве́щи - Gepäck
11. ви́дят - sehen
12. вокза́л - Bahnhof
13. вызыва́ют - rufen
14. го́род - Stadt; в го́роде *(prep)* - in der Stadt; по го́роду *(prep)* - durch die Stadt
15. гру́стные - traurige
16. далеко́ - weit
17. две - zwei
18. де́вушки - Mädchen; де́вушкам *(dat)*; де́вушкой *(inst)*
19. де́лать - machen
20. довезти́ - herantragen, heranfahren
21. достава́ла/доста́ла - nahm heraus
22. ду́мала - dachte
23. дя́дя - Onkel; дя́де *(dat)*, дя́ди *(gen)*
24. е́хать - fahren
25. живёшь - lebst
26. жизнь - Leben; жи́зни *(gen)*
27. забра́ть - holen
28. забу́дьте *(imp)* - vergessen Sie

29. знакомит - stellt j-n vor; знакомится - lernt j-n kennen
30. история - Geschichte; истории *(gen)*
31. их - ihre
32. книги - Bücher
33. летом - im Sommer
34. ловить - fischen
35. месяц - Monat
36. на продажу - zum Verkauf
37. несёт - trägt
38. обед - Mittagessen, Mittag; обеда *(gen)*
39. объясняет - erklärt
40. овощи - Gemüse
41. отвезти - bringen mit Transport
42. отдыхает - macht eine Pause
43. перрон - Bussteig; на перроне *(prep)*
44. плоды - Obst
45. подумал/подумала - dachte
46. поеду - werde fahren
47. помог - hat geholfen
48. пора - es ist Zeit
49. приезжают - heranfahren
50. приходят - herankommen
51. проведу - werde begleiten
52. рано - früh
53. ре(ч)ка - Fluss; речку *(acc)*
54. рыба - Fisch; рыбу *(acc)*
55. рядом - nebenan
56. сад - Garten; в саду *(prep)* - im Garten
57. свои *(pl)* - *Reflexivpronomen*
58. семьдесят - siebzig
59. ситуация - Situation; ситуацию *(acc)*
60. собираться - sich bereitmachen
61. стоят - stehen
62. сумка - Tasche; сумку *(acc)*
63. такси - Taxi
64. твои - deine
65. тебя *(acc)* - dich
66. уверены - sicher
67. ужинают - essen zu Abend
68. уходить - weggehen
69. ходят - gehen
70. хотите - wollen (Sie)
71. чай - Tee; чаю *(gen)*
72. чемоданы - Koffer; чемодана *(gen)*
73. читает - liest
74. этот - dieser; этим *(inst)*

Чемоданы

Каждый год летом Давид ездит к дяде Филиппу. Дядя Филипп живёт один. Ему семьдесят лет. Обычно рано утром Давид и дядя Филипп ходят на речку ловить рыбу. Потом Давид помогает дяде собирать фрукты и овощи в саду. После обеда Давид отдыхает и читает книги. Вечером обычно Давид и дядя Филипп везут плоды на продажу. Потом они ужинают и беседуют. Дядя Филипп рассказывает Давиду истории из своей жизни. Давид обычно живёт у дяди Филиппа месяц и потом возвращается домой.
Этим летом Давид едет домой на автобусе от дяди Филиппа. В автобусе он сидит рядом с девушкой. Давид знакомится с девушкой. Её зовут Аня. Аня живёт в том же городе, что и Давид. Но Аня живёт далеко от его дома.

Die Koffer

Jeden Sommer besucht David seinen Onkel Philippe. Onkel Philippe lebt allein. Er ist siebzig Jahre alt. David und Onkel Philippe gehen normalerweise früh am Morgen am Fluss fischen. Dann hilft David Onkel Philippe Obst und Gemüse im Garten zu sammeln. Nach dem Mittagessen macht David eine Pause und liest Bücher. David und Onkel Philippe gehen am Abend das Obst verkaufen. Dann essen sie zu Abend und reden. Onkel Philippe erzählt David Geschichten aus seinem Leben. Normalerweise bleibt David ein Monat bei Onkel Philippe und fährt danach wieder nach Hause.
David fährt diesen Sommer von Onkel Philippe mit dem Bus nach Hause. Im Bus sitzt er neben einem Mädchen. David lernt das Mädchen kennen. Ihr Name ist Ann. Ann lebt in der gleichen Stadt wie David. Aber Ann lebt weit entfernt von seinem

Они приезжают в город. Давид помогает Ане забрать её вещи из багажного отделения. Аня достаёт два чемодана. Давид помогает ей и берёт чемоданы.

«Аня, я проведу тебя домой,» говорит Давид

«Хорошо. Но ведь ты живёшь далеко от меня,» отвечает Аня.

«Ничего, я поеду домой на такси,» отвечает он. Давид и Аня идут по вечернему городу и беседуют. Они приходят к Ане домой. Давид несёт вещи в дом. Аня знакомит Давида с мамой.

«Мама, это Давид. Давид помог мне довезти вещи,» говорит Аня.

«Добрый вечер,» говорит Давид.

«Здравствуйте,» отвечает мама Ани, «Хотите чаю?»

«Нет, спасибо. Мне пора уходить,» говорит Давид. Он собирается уходить.

«Давид, не забудьте свои чемоданы,» говорит мама Ани. Давид удивлённо смотрит на Аню и на её маму.

«Как? Это не твои чемоданы?» спрашивает Давид у Ани.

«Я думала, что это твои чемоданы,» отвечает Аня. Когда Аня доставала свою сумку из багажного отделения, она достала два чемодана. Давид подумал, что это чемоданы Ани. А Аня подумала, что это чемоданы Давида.

«Что же делать?» говорит Давид.

«Надо ехать на вокзал,» отвечает Аня, «И отвезти назад чемоданы.»

Аня и Давид вызывают такси и приезжают на вокзал. Они видят, что на перроне стоят две грустные девушки. Давид и Аня подходят к девушкам.

«Простите, это ваши чемоданы?» спрашивает Давид и объясняет им всю ситуацию. Девушки смеются. Ведь они были уверены, что их чемоданы украли.

Haus. Sie kommen in der Stadt an. David hilft Ann ihr Gepäck aus dem Gepäckraum zu holen. Man gibt Ann zwei Koffer. David hilft ihr und nimmt die Koffer.

„Ann, ich werde dich nach Hause begleiten", sagt David.

„Ok. Aber du lebst weit entfernt von mir", antwortet Ann.

„Egal, dann nehme ich ein Taxi", antwortet David. Es ist schon abends und David und Ann gehen durch die Stadt und reden. Sie kommen zu Anns Haus. David trägt das Gepäck ins Haus. Ann stellt David ihrer Mutter vor.

„Mama, das ist David. David hat mir geholfen, das Gepäck zu tragen", sagt Ann.

„Guten Abend", sagt David.

„Guten Abend", antwortet Anns Mutter. „Möchtest du etwas Tee?"

„Nein, danke. Ich muss gehen", sagt David. Er macht sich auf um zu gehen.

„David, vergiss deine Koffer nicht", sagt Anns Mutter. David sieht Ann und deren Mutter überrascht an.

„Wie ist das möglich? Sind das nicht deine Koffer?", fragt David Ann.

Ich dachte, das wären deine Koffer", antwortet Ann. Als Ann ihr Gepäck aus dem Gepäckraum bekam, nahm sie die zwei Koffer. David dachte, dass es Anns Koffer wären. Und Ann dachte, dass es Davids Koffer wären.

„Was machen wir denn jetzt?", sagt David.

„Wir sollten zum Busbahnhof gehen", antwortet Ann, „und die Koffer zurückbringen."

Ann und David rufen ein Taxi und fahren zum Busbahnhof. Dort sehen sie zwei traurige Mädchen am Bussteig. David und Ann gehen zu den Mädchen.

„Entschuldigung, sind das eure Koffer?", fragt David und erklärt ihnen die ganze Situation. Die Mädchen lachen. Sie waren sich sicher, dass jemand ihre Koffer gestohlen hatte.

9

Профессор Леонидас
Professor Leonidas

A

Слова
Vokabel

1. блюдо - Gericht
2. Бог - Gott; Богом *(inst)*
3. был - war
4. великий - großer; великим *(inst)*
5. волосы - Haar
6. вопросы - Fragen
7. выучила - hat gelernt
8. главный - wichtige, Haupt-; главным *(inst)*
9. глаза - Augen
10. готовит - macht; готовлю - mache
11. грек - Grieche; греков *(gen plr)*; греком *(inst sng)*
12. Греция - Griechenland; Греции *(gen)*
13. греческий - griechisch; греческим *(inst)*
14. громче - lauter
15. девушка - Mädchen; девушку *(acc)*
16. длинные - lange
17. если - wenn
18. ждёт - wartet
19. журналистика - Journalismus; журналистики *(gen)*
20. задание - Aufgabe
21. Зевс - Zeus
22. известный - berühmt; известных *(gen plr)*
23. имеет - hat
24. иметь в виду - meinen; имеешь в виду - meinst
25. имена - Namen; имя - Name
26. кабинет - Arbeitszimmer

27. как<u>о</u>й-ниб<u>у</u>дь - irgendein, irgendwelcher, beliebiger
28. кл<u>и</u>чка - Spitzname; кл<u>и</u>чку *(acc)*
29. колл<u>е</u>гам *(dat)* - Kollegen
30. к<u>у</u>хня - Küche; на к<u>у</u>хне *(prep)* - in der Küche
31. л<u>е</u>кции - Vorlesungen
32. лиц<u>о</u> - Gesicht; лиц<u>о</u>м *(inst)*
33. мо<u>и</u> - meine
34. молч<u>и</u>т - ist still, schweigt
35. м<u>ы</u>сли - Gedanken; м<u>ы</u>слями *(inst)*
36. нав<u>е</u>рно - wahrscheinlich
37. нахм<u>у</u>ренный - Stirnrunzeln; нахм<u>у</u>ренным *(inst)*
38. национ<u>а</u>льное - National-; национ<u>а</u>льность - Nazionalität
39. отв<u>е</u>ты - Antworten
40. оц<u>е</u>нки - Noten
41. <u>о</u>чередь - Reihe
42. п<u>а</u>лец - Finger; п<u>а</u>льцем *(inst)* - mit Finger
43. п<u>а</u>рта - Schulbank; на п<u>а</u>рте *(prep)*
44. п<u>е</u>рвая - erste; на п<u>е</u>рвой *(prep)*
45. подсказ<u>а</u>ть - einen Hinweis geben
46. полюб<u>и</u>ла - verliebte sich
47. п<u>о</u>мнит - erinnert sich
48. потол<u>о</u>к - Decke
49. потом<u>у</u> что - weil
50. предм<u>е</u>т - Unterrichtsfach
51. предположение - Vermutung, Versuch
52. прекр<u>а</u>сно - gut
53. преподаёт - unterrichtet
54. пров<u>е</u>рить - prüfen
55. проф<u>е</u>ссор - Professor; проф<u>е</u>ссора *(gen)*; проф<u>е</u>ссору *(dat)*
56. п<u>ы</u>шные - großartige
57. р<u>е</u>дко - selten
58. с<u>а</u>мые - meist; с<u>а</u>мых *(gen)*
59. сво<u>и</u>м *(dat)* - *Reflexivpronomen*
60. стол - Tisch; стол<u>у</u> *(dat)*
61. студ<u>е</u>нтка *(fem)* - Studentin; студ<u>е</u>нты - Studenten
62. стул - Stuhl
63. тайк<u>о</u>м - heimlich
64. тест - Test; т<u>е</u>стовое *(adj)* - Test-
65. тр<u>у</u>дные - schwierige
66. факульт<u>е</u>т - Fakultät, Institut; факульт<u>е</u>те *(prep)*
67. хор<u>о</u>шие - gute
68. царь - König; цар<u>я</u> *(acc)*
69. чёрные - schwarze
70. ч<u>у</u>вствую - fühle
71. эмоцион<u>а</u>льно - emotional
72. явл<u>я</u>ется - ist

B

Проф<u>е</u>ссор Леон<u>и</u>дас   Professor Leonidas

Дав<u>и</u>д <u>у</u>чится в к<u>о</u>лледже на факульт<u>е</u>те журнал<u>и</u>стики. На факульт<u>е</u>те журнал<u>и</u>стики преподаёт проф<u>е</u>ссор Леон<u>и</u>дас. Он грек по национ<u>а</u>льности и преподаёт ист<u>о</u>рию. Проф<u>е</u>ссор Леон<u>и</u>дас им<u>е</u>ет кл<u>и</u>чку Зевс, потом<u>у</u> что он <u>о</u>чень эмоцион<u>а</u>льно чит<u>а</u>ет л<u>е</u>кции и им<u>е</u>ет п<u>ы</u>шные дл<u>и</u>нные в<u>о</u>лосы и больш<u>и</u>е чёрные глаз<u>а</u>.
Сег<u>о</u>дня у Дав<u>и</u>да тест по ист<u>о</u>рии. Он л<u>ю</u>бит <u>э</u>тот предм<u>е</u>т. Он мн<u>о</u>го чит<u>а</u>ет и всегд<u>а</u> получ<u>а</u>ет хор<u>о</u>шие оц<u>е</u>нки.
Дав<u>и</u>д зах<u>о</u>дит в кабин<u>е</u>т и берёт т<u>е</u>стовое зад<u>а</u>ние. Он сад<u>и</u>тся за стол и гот<u>о</u>вит зад<u>а</u>ние. Вопр<u>о</u>сы не тр<u>у</u>дные. Р<u>я</u>дом с Дав<u>и</u>дом сид<u>и</u>т Л<u>е</u>на. Л<u>е</u>на р<u>е</u>дко х<u>о</u>дит на

David studiert im College, er ist am Institut für Journalismus. Professor Leonidas unterrichtet am Institut für Journalismus. Er ist Grieche und unterrichtet Geschichte. Professor Leonidas hat den Spitznamen Zeus, weil er beim Unterrichten sehr emotional wird, großartige lange Haare und große schwarze Augen hat.

Heute hat David einen Geschichtstest. Er mag das Unterrichtsfach. Er liest viel und bekommt immer gute Noten.
David betritt das Zimmer und nimmt die Testaufgaben. Er setzt sich an den Tisch und macht die Aufgaben. Die Fragen sind nicht schwer. Lena sitzt neben David. Lena kommt nur selten zu den

лекции профессора Леонидаса. Лена не любит историю. Она ждёт своей очереди. Затем Лена подходит к столу профессора Леонидаса и садится на стул.

«Это мои ответы на вопросы,» говорит Лена профессору и даёт ему тестовое задание. «Хорошо,» профессор смотрит на Лену. Он прекрасно помнит, что Лена не ходит на его лекции, «Наверно, Лена хорошая студентка и хорошо учится,» думает профессор Леонидас. Но всё равно он хочет проверить девушку.

«Лена, кто главный греческий бог?» спрашивает профессор. Лена молчит. Она не знает. Профессор Леонидас ждёт. На первой парте сидит Юля. Юля хочет подсказать ей. Лена смотрит на Юлю. А Юля тайком показывает пальцем на профессора Леонидаса.

«Леонидас - главный греческий бог,» говорит Лена. Студенты смеются. Профессор Леонидас с нахмуренным лицом смотрит на неё. Потом он смотрит в потолок и собирается с мыслями.

«Если ты имеешь в виду царя Спарты Леонидаса, то богом он не был. Хотя он и был великим греком. Если ты имеешь в виду меня, то я чувствую себя богом, только когда у себя на кухне готовлю какое-нибудь национальное греческое блюдо,» профессор Леонидас внимательно смотрит на Лену, «Но всё равно спасибо за смелое предположение.»

Через несколько дней профессор Леонидас рассказывает своим коллегам, что он является главным греческим богом. Профессор смеётся громче всех. А Лена выучила имена всех самых известных греков и полюбила историю Греции.

Vorlesungen von Professor Leonidas. Lena mag Geschichte nicht. Sie wartet darauf, dass sie an der Reihe ist. Dann geht Lena zu Professor Leonidas Tisch und setzt sich auf einen Stuhl.

„Das sind meine Antworten auf die Fragen", sagt Lena zum Professor und gibt ihm die Testaufgaben. „Gut", der Professor sieht Lena an. Er kann sich gut daran erinnern, dass Lena seine Vorlesungen nicht besucht. „Lena ist wahrscheinlich auch eine gute Studentin und lernt gut", denkt Professor Leonidas. Aber er möchte das Mädchen trotzdem abprüfen.

„Lena, wer ist der wichtigste griechische Gott?", fragt der Professor. Lena ist still. Sie weiß es nicht. Professor Leonidas wartet. Julia sitzt am Tisch in der ersten Reihe. Sie möchte ihr einen Hinweis geben. Lena sieht Julia an. Und Julia zeigt heimlich mit dem Finger auf Professor Leonidas.

„Leonidas ist der wichtigste griechische Gott", sagt Lena. Die Studenten lachen. Professor Leonidas sieht sie mit einem Stirnrunzeln an. Dann schaut er auf die Decke und sammelt seine Gedanken.

„Vielleicht meinst du Leonidas, den König von Sparta, aber das war kein Gott. Obwohl er auch ein großer Grieche war. Vielleicht meinst du mich, aber ich fühle mich nur wie ein Gott, wenn ich in meiner Küche stehe und ein griechisches Nationalgericht zubereite", sagt Professor Leonidas und sieht Lena aufmerksam an. „Danke trotzdem für den gewagten Versuch."

Professor Leonidas erzählt seinen Kollegen einige Tage später, dass er der wichtigste griechische Gott ist. Der Professor lacht am lautesten von allen. Und Lena hat die Namen aller berühmtesten Griechen gelernt und hat sich dabei in die Geschichte Griechenlands verliebt.

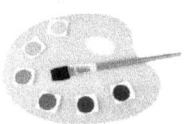

10

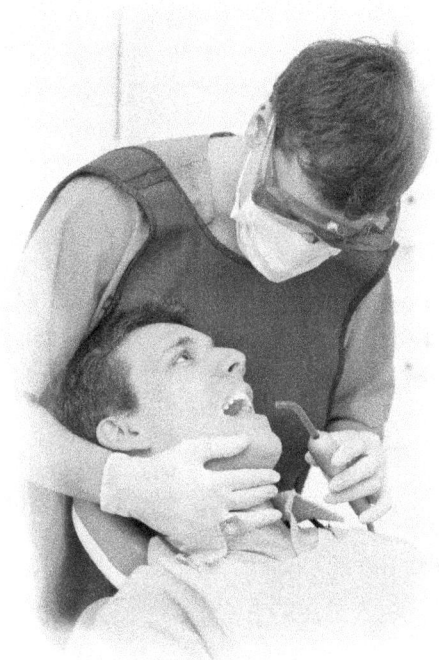

У стоматолога
Beim Zahnarzt

Слова
Vokabel

1. благодарит - bedankt
2. болит - schmerzt
3. больница - Spital; больницу *(acc)*
4. бьёт - klopft
5. вами *(inst sng)* - bei/mit ihnen
6. вечерний *(adj)* - Abend-; вечернюю *(acc)*
7. вещь - Sache
8. возможно - vielleicht
9. время - Zeit; времени *(gen)*
10. вспоминает - erinnert sich
11. встречались - haben getroffen
12. где-то - irgendwo
13. готовится - bereitet sich
14. давно - vor langer Zeit
15. двери - Türen
16. делаете - (Sie) machen
17. день - Tag; два дня *(pl gen)* - zwei Tage
18. довольно / довольный - zufrieden
19. доктор - Arzt; доктора *(gen)*; доктору *(dat)*
20. друг - Freund; дружат - sind befreudet
21. закрывается - schließt; закрываются - schließen
22. здоров - gesund
23. зуб - Zahn
24. исправить - reparieren; исправляет - репарирт
25. квартира - Wohnung; в квартирах *(prep)*
26. клиент - Kunde; клиентом *(inst)*
27. колледж - College

28. курсы - Unterricht
29. лечит - behandelt
30. называется - heisst
31. начальник - Chef; начальника *(acc)*
32. не расстраивайтесь *(imp)* - machen Sie sich keinen Kopf
33. недоработка - Defekt; недоработку *(acc)*
34. неправильно - schlecht, falsch
35. обращайтесь *(imp)* - kommen Sie wieder
36. окно - Fenster
37. открывает - öffnet; открытым *(inst)*
38. отпустить - gehen zu lassen
39. пишет - schreibt
40. пожалуйста - bitte
41. понимаю - verstehe
42. поставил - installierte; поставлю - werde installieren
43. поступать - sich bewerben
44. потеря - Verlust
45. правильно - richtig
46. проходит - geht
47. работу *(acc)* - Arbeit
48. раньше - früher
49. рот - Mund; ртом *(inst)* - mit Mund

50. руки - Hände
51. свободны - frei
52. сказать - sagen
53. слегка - ein wenig
54. смогу - kann
55. соглашается - ist einverstanden
56. стоматолог - Zahnarzt; стоматолога *(gen)*
57. строители - Bauarbeiter; строителей *(gen)*
58. строительная - Bau-; строительной *(adj prep)*
59. счастливый - glücklich; счастливым *(inst)*
60. устанавливает - installiert
61. устранять - beheben
62. фирма - Firma; фирмы *(gen)*
63. человек - Mann; человеком *(inst)*
64. челюсть - Kiefer
65. чувствует - fühlt
66. широко - weit
67. школа - Schule; школу *(acc)*
68. язык - Sprache; на немецком языке *(prep)* - auf Deutsch

В

У стоматолога

У Давида есть друг Виктор. Давид и Виктор дружат давно. Виктор работает на строительной фирме. Он устанавливает двери в новых квартирах. Виктор не любит свою работу. Он тоже хочет учиться в колледже. Виктор уходит раньше с работы, потому что ходит в вечернюю школу. Он готовится поступать в колледж. Но сегодня Виктор просит своего начальника отпустить его не на курсы, а в больницу. У Виктора болит зуб. Зуб болит уже два дня. Он приходит в больницу и заходит в кабинет стоматолога.
«Здравствуйте, доктор!» говорит Виктор.
«Здравствуйте!» отвечает доктор.
«Доктор, мне кажется, мы с Вами где-то встречались,» говорит Виктор.
«Возможно,» отвечает доктор. Виктор садится на стул и широко открывает рот. Доктор лечит

Beim Zahnarzt

David hat einen Freund, der Victor heißt. David und Victor sind seit einer langen Zeit befreundet. Victor arbeitet bei einer Baufirma. Er installiert Türen in neuen Wohnungen. Victor mag seinen Job nicht. Er möchte auch am College studieren. Victor geht früh von der Arbeit, weil er eine Abendschule besucht. Er bereitet sich darauf vor, sich an einem College zu bewerben. Aber Victor bittet seinen Chef heute nicht, ihn zum Unterricht gehen zu lassen, sondern ins Spital. Victor hat Zahnschmerzen. Er hat seit zwei Tagen Zahnschmerzen. Er geht in das Spital, in die Zahnklinik.
„Hallo, Herr Doktor!" sagt Victor.
„Hallo!", antwortet der Arzt.
„Herr Doktor, ich glaube, dass wir uns schon irgendwo einmal getroffen haben", sagt Victor.
„Vielleicht", antwortet der Arzt. Victor setzt sich

Виктору зуб. Все проходит хорошо. Доктор моет руки и говорит: «Ваш зуб теперь здоров. Вы свободны.»
Но Виктор не может ничего сказать, потому что его рот не закрывается. Виктор показывает на рот.
«Понимаю Вас,» говорит доктор, «Не расстраивайтесь. На языке строителей эта вещь называется недоработка. Я смогу исправить эту недоработку завтра,» отвечает доктор.
В этот момент Виктор вспоминает, что доктор является клиентом их фирмы. Виктор неправильно поставил доктору двери. Двери доктора не закрываются. Виктор пишет доктору записку: «Я сейчас же поеду к Вам домой и правильно поставлю двери». Доктор соглашается. Виктор и доктор берут такси. Виктор сидит в такси с открытым ртом и смотрит грустно в окно машины. Они приезжают домой к доктору. Виктор с открытым ртом исправляет недоработку. Доктор не благодарит Виктора. Он слегка бьёт Виктора по челюсти, и рот закрывается. Виктор чувствует себя счастливым человеком. «Спасибо, доктор!» говорит он доктору, «Вы устраняете недоработки лучше строителей. Вы это делаете без потери времени,» говорит Виктор.
«Пожалуйста,» отвечает доктор довольно, «Обращайтесь, когда нужна помощь, пожалуйста.»

in einen Stuhl und öffnet seinen Mund weit. Der Arzt behandelt Victors Zahn. Alles geht gut. Der Arzt wäscht seine Hände und sagt: „Ihr Zahn ist jetzt gesund. Sie können gehen."
Aber Victor kann nichts antworten, weil er seinen Mund nicht schließen kann. Victor zeigt auf den Mund.
„Ich verstehe", sagt der Arzt, „mach dir nichts daraus! Auch ein Bauarbeiter würde das einen Defekt nennen. Ich kann den Defekt morgen reparieren", antwortet er Arzt.
In diesem Moment erinnert sich Victor daran, dass der Arzt ein Kunde seiner Firma ist. Victor hat die Tür im Haus des Arztes schlecht installiert. Die Tür des Arztes lässt sich nicht schließen. Victor schreibt dem Arzt eine Notiz: „Ich werde sofort zu Ihnen fahren und die Tür richtig installieren."
Der Arzt ist einverstanden. Victor und der Arzt nehmen ein Taxi. Victor sitzt mit offenem Mund im Taxi und schaut traurig durch das Autofenster. Sie kommen zum Haus des Arztes. Victor behebt den Fehler mit offenem Mund. Der Arzt bedankt sich nicht bei Victor. Er klopft Victor ein wenig auf den Kiefer und der Mund schließt sich. Victor ist glücklich.
„Danke, Herr Doktor!", sagt er zum Arzt, „Sie beheben Fehler besser als Bauarbeiter. Sie machen es, ohne Zeit zu verlieren", sagt Victor.
„Gern geschehen", sagt der Arzt zufrieden, „du kannst gerne wiederkommen, wenn du Hilfe brauchst."

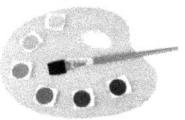

11

Справедл<u>и</u>вость торжеств<u>у</u>ет!
Gerechtigkeit siegt

Слов<u>а</u>
Vokabel

1. <u>а</u>втор - Autor; <u>а</u>втора *(acc, gen)*
2. англ<u>и</u>йская - englische
3. аудит<u>о</u>рия - Klassenzimmer; аудит<u>о</u>рию *(acc)*
4. безд<u>у</u>мно - gedankenlos
5. в общеж<u>и</u>тии *(prep)* - im Studentenwohnheim
6. в<u>а</u>ше - ihre; в<u>а</u>шими *(inst)* - mit ihren
7. впечатлён - beeindruckt
8. вх<u>о</u>дит - betritt
9. в<u>ы</u>сшая *(fem)* - beste; в<u>ы</u>сшую *(fem acc)*; в<u>ы</u>сшей *(fem gen)*
10. в<u>ы</u>шли - haben verlassen
11. глаз<u>а</u> - Augen
12. гл<u>я</u>дя - blickend
13. говор<u>я</u>т - (sie) sagen
14. дом<u>а</u>шние - Haus-
15. дор<u>о</u>гой - Lieber
16. друг<u>и</u>е - andere; друг<u>и</u>х *(gen plr)*; друг<u>и</u>м *(dat plr)*
17. дух - Stimmung
18. жил - wohnte, lebte
19. зак<u>а</u>нчивает - abschließt
20. замеч<u>а</u>ть - bemerken
21. заслу<u>ж</u>ивает - verdient
22. знал - wusste; зн<u>а</u>ют - wissen
23. ид<u>е</u>я - Konzept
24. ид<u>и</u> *(imp)* - geh

25. изуч<u>а</u>ют - studieren
26. иск<u>а</u>л - suchte
27. исп<u>о</u>ртить - ruinieren
28. класс - Klassenzimmer
29. компет<u>е</u>нтное - kompetent
30. контр<u>о</u>льные - die Tests
31. лёгкий - verständlicher; легк<u>о</u> - einfach
32. лен<u>и</u>вый - faul
33. литерат<u>у</u>ра - Literatur
34. л<u>у</u>чший - bester; л<u>у</u>чшей *(fem gen)*; л<u>у</u>чшего *(masc gen)*
35. льст<u>и</u>шь - schmeichelst
36. л<u>ю</u>бят - mögen
37. м<u>а</u>ло - reicht nicht aus, wenig
38. мен<u>я</u>ть - ändern
39. нап<u>и</u>санное - geschrieben
40. напомин<u>а</u>ет - erinnert
41. немн<u>о</u>го - ein wenig
42. нереш<u>и</u>тельно - zögerlich
43. неум<u>е</u>ло - schlecht, ungeschickt
44. н<u>и</u>зкую *(acc)* - niedrige
45. обм<u>а</u>нешь - wirst mogeln
46. он<u>о</u> - es, das
47. ос<u>о</u>бенно - besonders
48. откр<u>ы</u>ть - öffnen
49. отн<u>о</u>сятся - sich stellen
50. оц<u>е</u>нка - Note; оц<u>е</u>нку *(acc)*
51. п<u>а</u>рень - Junge
52. пис<u>а</u>тель - Schriftsteller
53. подойд<u>и</u>те *(imp)* - kommen Sie
54. п<u>о</u>лностью - alles, ganz
55. получ<u>и</u>л - bekam
56. п<u>о</u>мни *(imp)* - merk sich
57. понр<u>а</u>вилась - mag
58. пост<u>а</u>вили оц<u>е</u>нку - haben die Note gegeben
59. поч<u>у</u>вствовать - spüren, fühlen
60. появ<u>и</u>ться - erscheinen
61. превосх<u>о</u>дная - großartige
62. пр<u>е</u>жний - früheren; пр<u>е</u>жних *(gen plr)*
63. преподав<u>а</u>тели - die Lehrer; преподав<u>а</u>тель - der Lehrer; преподав<u>а</u>телю *(dat)* - dem Lehrer
64. призн<u>а</u>юсь - gebe zu
65. приключ<u>е</u>ние - Abenteuer
66. продолж<u>а</u>ет - spricht weiter
67. произвед<u>е</u>ние - Werk; произвед<u>е</u>ния *(pl)*; произвед<u>е</u>ниями *(inst plr)*
68. просл<u>а</u>вился - wurde berühmt
69. раб<u>о</u>та - Arbeit; на раб<u>о</u>тах *(plr prep)*
70. р<u>а</u>достно - fröhlich
71. раздаёт - verteilt
72. реш<u>и</u>л - hat beschloßen
73. р<u>у</u>ки - Hände; на рук<u>а</u>х *(plr prep)*
74. сад<u>и</u>тесь *(imp)* - setzt euch, setzen Sie sich
75. сд<u>е</u>лали - machten
76. серьёзно - ernst
77. совс<u>е</u>м - nur; ganz
78. сочин<u>е</u>ние - das schriftliche Werk
79. спис<u>а</u>ли *(plr)* - kopierten, abschrieben
80. справедл<u>и</u>вость - Gerechtigkeit
81. стар<u>а</u>тельно - genau, sorgfältig
82. стиль - Stil
83. страх - Angst
84. стр<u>о</u>же - strenger
85. студ<u>е</u>нты - Studenten; студ<u>е</u>нтов *(gen)*; студ<u>е</u>нтам *(dat)*
86. студ<u>е</u>нческие - Studenten-
87. так<u>и</u>е - solche
88. тв<u>о</u>рчество - Arbeit, Schaffen
89. т<u>е</u>ма - Thema
90. торжеств<u>у</u>ет - siegt, triumphiert
91. удивл<u>е</u>ние - Erstaunen; удивл<u>е</u>ния *(gen)*
92. ум - Intelligenz; ум<u>а</u> *(gen)*
93. <u>у</u>мный - intelligent
94. <u>у</u>ровень - Niveau; <u>у</u>ровнем *(inst)*
95. ур<u>о</u>к - Unterricht; ур<u>о</u>ка *(gen)*
96. уч<u>и</u>лся - studierte
97. уч<u>и</u>тель - Lehrer; уч<u>и</u>телю *(dat)*
98. хв<u>а</u>лит - lobt
99. х<u>и</u>тро - verschmitzt
100. хор<u>о</u>ший - guter
101. ч<u>а</u>сто - oft
102. чем-то - mit etwas; auf gewisse Art
103. ч<u>е</u>стно - ehrlich
104. чит<u>а</u>л - las
105. чуж<u>о</u>е - fremd
106. шед<u>е</u>вр - Meisterwerk

Справедливость торжествует!

Роберт живёт в общежитии. У него много друзей. Его любят все студенты. Но преподаватели знают, что Роберт иногда ленивый. Поэтому они относятся к Роберту, строже, чем к другим студентам.
Сегодня первый урок у Роберта английская литература. Студенты старательно изучают творчество Чарльза Диккенса. Этот писатель прославился такими произведениями, как: «Приключения Оливера Твиста», «Домби и сын», «Дэвид Копперфильд»...
Сегодня преподаватель должен проверить домашние сочинения. Учитель входит в аудиторию. В его руках студенческие работы.
«Добрый день. Садитесь, пожалуйста,» говорит преподаватель, «Я доволен вашими сочинениями. Особенно мне понравилась работа Роберта. Признаюсь вам честно, что лучшего произведения о Диккенсе я не читал. Превосходная идея, компетентное написание, лёгкий стиль. Тут даже высшей оценки мало.»
Студенты открыли рты от удивления. Такое про Роберта говорят не часто. Затем преподаватель говорит о других работах, но никого больше так же не хвалит. Потом он раздаёт студентам работы. Когда он проходит возле Роберта, то говорит ему: «Подойдите ко мне, пожалуйста, после урока.»
Роберт удивлён. После урока он подходит к преподавателю. Студенты уже вышли из класса.
«Роберт, вы умный и хороший парень,» говорит преподаватель, «Вы даже чем-то напоминаете меня. Я тоже учился в этом колледже. И жил в том же общежитии, что и вы.»
Роберт не понимает, что хочет сказать преподаватель. Но преподаватель хитро смотрит и продолжает: «Я тоже искал контрольные работы прежних студентов. Но

Gerechtigkeit siegt!

Robert wohnt im Studentenwohnheim. Er hat viele Freunde. Alle Studenten mögen ihn. Aber die Lehrer wissen, dass Robert manchmal faul ist. Deshalb behandeln sie Robert strenger, als andere Studenten.
Roberts erster Unterricht heute ist englische Literatur. Die Studierenden beschäftigen sich genau mit der Arbeit von Charles Dickens. Dieser Schriftsteller wurde durch Bücher wie die Abenteuer von Oliver Twist, Dombey und Sohn, David Copperfield und andere berühmt.
Der Lehrer muss heute die Essays, die Hausaufgabe waren, korrigiert zurückgeben. Der Lehrer betritt das Klassenzimmer. Er hält die Arbeiten der Studenten in seinen Händen.
„Hallo. Setzt euch, bitte", sagt der Lehrer. „Ich bin mit euren Essays zufrieden. Ganz besonders mag ich Roberts Arbeit. Ich gebe ehrlich zu, dass ich noch nie eine bessere Arbeit über Dickens gelesen habe. Ein großartiges Konzept, kompetent geschrieben und ein verständlicher Stil. Sogar die beste Note reicht hier nicht aus."
Die Studenten staunen mit offenem Mund. Leute sagen solche Dinge nicht oft über Robert. Dann spricht der Lehrer über andere Arbeiten, aber er lobt niemanden auf die gleiche Art. Dann verteilt er die Arbeiten an die Studenten. Als er bei Robert vorbeikommt, sagt er zu ihm: „Komm nach dem Unterricht bitte zu mir."
Robert ist überrascht. Nach dem Unterricht geht er zum Lehrer. Die anderen Studenten haben das Klassenzimmer schon verlassen.
„Robert, du bist ein intelligenter und guter Junge", sagt der Lehrer, „du erinnerst mich sogar auf gewisse Art an mich selbst. Ich habe auch an diesem College studiert. Und ich habe im gleichen Studentenwohnheim gewohnt wie du."
Robert versteht nicht, was der Lehrer sagen will. Aber der Lehrer sieht ihn verschmitzt an und spricht weiter: „Ich habe mir auch die Tests der früheren Studenten angesehen. Aber ich habe von ihnen nur ein wenig abgeschrieben, um die Stimmung eines Themas zu spüren. Und ich habe

я списывал с них совсем немного, чтобы почувствовать дух темы. И я никогда не списывал работу бездумно и полностью, как это сделали Вы.»
В глазах Роберта появился страх.
«Именно так, дорогой мой. Вы не просто списали чужое произведение. Вы списали произведение, написанное мной много времени назад,» продолжает преподаватель.
«Так почему вы поставили мне высшую оценку?» нерешительно спрашивает Роберт.
«А потому что тогда я получил за него низкую оценку! И я всегда знал, что оно заслуживает намного лучшей оценки! И вот теперь справедливость торжествует!!» радостно смеётся преподаватель.
«Когда я списывал Ваше сочинение, я был впечатлён уровнем ума автора,» говорит Роберт, «Поэтому я решил ничего не менять, чтобы не испортить этот шедевр, учитель,» Роберт смотрит в глаза учителю.
«Ты очень неумело льстишь, Роберт,» отвечает учитель, серьёзно глядя на Роберта, «Иди и помни, что каждый раз, когда ты обманешь, я легко это замечу! Это понятно?» заканчивает учитель.

nie alles so gedankenlos abgeschrieben wie du."
In Roberts Augen wird Angst sichtbar.
„Das ist es, mein Lieber. Du hast nicht nur die Arbeit von jemand anderem abgeschrieben, du hast eine Arbeit abgeschrieben, die ich selbst vor einer langen Zeit verfasst habe", spricht der Lehrer weiter.
„Aber warum haben Sie mir dann die beste Note gegeben, Professor?", fragt Robert zögerlich.
„Weil ich damals eine schlechte Note dafür bekommen habe! Und ich wusste immer, dass ich eine viel bessere Note verdient hätte! Jetzt siegt die Gerechtigkeit!!", sagt der Lehrer und lacht fröhlich.
„Als ich ihren Aufsatz abgeschrieben habe, war ich vom Intelligenzniveau des Autors beeindruckt", sagt Robert. „Deshalb habe ich beschlossen nichts zu ändern, um dieses Meisterwerk nicht zu ruinieren, Herr Professor", sagt Robert und sieht dem Lehrer in die Augen.
„Du schmeichelst sehr schlecht, Robert", antwortet der Lehrer und sieht Robert ernst an. „Geh jetzt und merk dir, dass ich dich jedes Mal ganz einfach erwischen werde, wenn du mogelst, weil ich sehr viel Erfahrung habe. Ist das klar?", sagt der Lehrer abschließend.

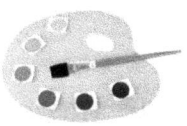

12

Где м<u>о</u>ре?
Wo ist das Meer?

 A

Слов<u>а</u>
Vokabel

1. англ<u>и</u>йский - Englisch; на англ<u>и</u>йском *(prep)* - auf Englisch
2. бо<u>и</u>тся - hat Angst
3. вед<u>ё</u>т - führt
4. в<u>и</u>дела - hat gesehen
5. возьм<u>у</u> - werde nehmen
6. вокр<u>у</u>г - herum
7. врач - Arzt
8. вся - ganze; для всей - für ganze
9. вт<u>о</u>рник - Dienstag
10. в<u>ы</u>глядеть - aussehen
11. выходн<u>ы</u>е - Wochenende
12. вых<u>о</u>дят - verlassen
13. голов<u>а</u> - Kopf; голов<u>о</u>й *(inst)*
14. город<u>о</u>к - eine kleine Stadt
15. г<u>о</u>сти - Gäste
16. дав<u>а</u>й - lass uns
17. д<u>а</u>льше - weiter
18. дв<u>а</u>дцать - zwanzig
19. д<u>е</u>вушка - Mädchen; д<u>е</u>вушки *(pl)*
20. д<u>е</u>лал *(sng)* - hat gemacht; д<u>е</u>лали *(plr)* - haben gemacht
21. д<u>е</u>сять - zehn
22. дойт<u>и</u> - kommen zu
23. дор<u>о</u>га - Weg; по дор<u>о</u>ге *(prep)*; дор<u>о</u>гу *(acc)*

24. дочь - Tochter
25. думали - dachten
26. дядя - Onkel; дядей (inst)
27. живут - (sie) leben
28. заблудиться - verlaufen
29. загорать - in der Sonne liegen
30. звонок - Anruf
31. иврит - Hebräisch; на иврите (prep) - auf Hebräisch
32. идите (imp) - geht; идти - gehen
33. Израиль - Israel
34. имя - Name
35. каждые - jede
36. кивает - nickt
37. комплимент - Kompliment; два комплимента (gen plr) - zwei Kompliment; несколько комплиментов (gen plr) - einige Kompliment
38. конец - Ende; до конца (gen)
39. которая - die, welche; которой (prep)
40. купальник - Badeanzug; купаться - schwimmen
41. мимо - vorbei
42. минута - Minute; минут (gen)
43. мобильный - Handy
44. море - Meer; морю (dat); моря (gen)
45. мужчина - Mann
46. название - Namen; названием (inst)
47. найдём - (wir) werden finden
48. направо - rechts
49. неплохо - ganz gut
50. никто - niemand
51. нравится - gefallen
52. одинаковые - gleiche; много одинаковых (gen plr)
53. оказывается - es stellt sich heraus
54. отвозит - bringt mit Transport
55. отель - Hotel; отеля (gen)
56. отец - Vater; отца (gen)
57. отсюда - von hier
58. парк - Park
59. перекрёсток - Kreuzung; возле перекрёстка (prep)
60. по сторонам смотреть - sich umsehen
61. по-английски - auf Englisch
62. поверните (imp) - biegt
63. подожди (imp) - warte
64. по-другому - anders
65. пойдём - lass uns gehen; пойти - gehen
66. полотенце - Handtuch
67. полчаса - eine halbe Stunde
68. предлагает - schlägt vor
69. приехала - besuchte, ankam (mit Transport)
70. пришла - ankam (zu Fuß); пришли (plr)
71. приятно - angenehm
72. продавца (acc) - den Verkäufer
73. проходят - gehen vorbei
74. рассказать - erzählen
75. рынок - Markt; рынка (gen)
76. с папой (inst) - mit Vater
77. с тобой (prep) - mit dir
78. садятся - setzen sich
79. самый - meist-
80. свернёте - (Sie) werden biegen
81. свой - *Reflexivpronomen*; своему (dat)
82. скажите (imp) - sagen Sie
83. скамейка - Bank; скамейку (acc)
84. слева - links
85. слушает - hört zu; слышит - hört
86. смотрят - sehen
87. сосед - Nachbar
88. справа - rechts
89. спросим - (wir) werden fragen
90. столица - Hauptstadt
91. там - dort
92. твоя - deine
93. телефон - Handy
94. Тель-Авив - Tel Aviv
95. тётя - Tante; тёте (dat); тётей (inst); тётю (acc)
96. удачи - viel Glück
97. удивлены - sind überrascht
98. узнаю - erkenne
99. улицы - Straßen
100. ходили - gingen
101. час - Stunde

B

Где море?

Аня, подруга Давида, этим летом приезжает в гости к своим тёте и дяде в Израиль. Тётю зовут Яэль, а имя дяди - Натан. У них есть сын Рами. Натан, Яэль и Рами живут в Тель-Авиве. Тель-Авив - это столица и самый большой город в Израиле. Ане очень нравится здесь. Каждые выходные она с дядей и тётей ходят к морю. Аня любит купаться и загорать.

Сегодня вторник. Дядя Натан идёт на работу. Он врач. Тётя Яэль готовит еду для всей семьи. Аня очень хочет пойти к морю, но боится идти одна. Она хорошо знает английский, но совсем не знает иврит. Аня боится заблудиться. Она слышит звонок в дверь.

«Это твоя подруга Нина,» говорит тётя Яэль. Аня очень рада, что к ней пришла подруга. Нина живёт в Киеве. Сейчас она приехала в гости к своему отцу. Её отец - сосед дяди Натана. Нина неплохо говорит по-английски.

«Пойдём к морю,» предлагает Нина.

«А как мы найдём дорогу?» спрашивает Аня.

«Это Израиль. Здесь почти все говорят по-английски,» отвечает Нина.

«Подожди, я возьму купальник и полотенце,» просит Аня. Через десять минут девушки выходят на улицу. Им навстречу идёт мужчина с ребёнком.

«Простите, как пройти к морю?» спрашивает у него Аня на английском.

«Дочь моря?» спрашивает мужчина. Ане приятно, что мужчина делает ей комплимент. Она кивает головой.

«Это довольно далеко. Идите до конца улицы, там свернёте направо. Когда дойдёте до перекрёстка, снова поверните направо. Удачи,» говорит мужчина.

Аня и Нина идут двадцать минут. Они проходят мимо рынка. Затем они проходят мимо отеля.

«Я не узнаю этот отель. Когда мы с папой ходили к морю, я его не видела,» говорит

Wo ist das Meer?

Anna, eine Freundin von David, reist diesen Sommer nach Israel, um ihre Tante und ihren Onkel zu besuchen. Ihre Tante heißt Yael und der Name ihres Onkels ist Nathan. Sie haben einen Sohn, der Ramy heißt. Nathan, Yael und Ramy leben in Jerusalem. Jerusalem ist die Hauptstadt und die größte Stadt Israels. Anna ist gerne dort. Jedes Wochenende geht sie mit ihrem Onkel und ihrer Tante ans Meer. Anna schwimmt gerne und liegt gerne in der Sonne.

Heute ist Dienstag. Onkel Nathan geht arbeiten. Er ist Arzt. Tante Yael kocht für die ganze Familie Essen. Anna möchte sehr gerne zum Meer gehen, aber sie hat Angst alleine zu gehen. Sie kann gut Englisch, aber sie spricht überhaupt kein Hebräisch. Anna hat Angst sich zu verlaufen. Sie hört, dass es an der Tür klingelt.

„Es ist deine Freundin Nina", sagt Tante Yael. Anna freut sich sehr, dass ihre Freundin sie besuchen gekommen ist. Nina lebt in Kiev. Sie besucht gerade ihren Vater. Ihr Vater ist der Nachbar von Onkel Nathan. Nina spricht ganz gut Englisch.

„Lass uns zum Meer gehen", schlägt Nina vor.

„Wie werden wir den Weg finden?", fragt Anna.

„Das ist Israel. Fast jeder hier spricht Englisch", antwortet Nina.

„Warte kurz, ich nehme einen Badeanzug und ein Handtuch mit", sagt Anna. Zehn Minuten später verlassen die Mädchen das Haus. Ein Mann mit einem Kind kommt ihnen entgegen.

„Entschuldigen Sie, wie kommen wir ans Meer?", fragt ihn Anna auf Englisch.

„Tochter des Meeres?", fragt der Mann. Anna freut sich, dass der Mann ihr ein Kompliment macht. Sie nickt.

„Es ist ziemlich weit entfernt. Geht bis zum Ende der Straße und biegt dann rechts ab. Wenn ihr zur Kreuzung kommt, biegt ihr noch einmal rechts ab. Viel Glück", sagt der Mann.

Anna und Nina gehen zwanzig Minuten lang. Sie gehen an einem Markt vorbei. Dann gehen sie an einem Hotel vorbei.

Нина.

«Давай снова спросим дорогу,» предлагает Аня.

«Эта дорога ведёт к морю, не так ли?» спрашивает Нина у продавца из магазина.

«Да, Дочь моря,» кивает продавец.

«Это очень странно. Сегодня нам с тобой сделали два одинаковых комплимента,» говорит Аня Нине. Девушки удивлены. Они идут дальше по дороге полчаса.

«Мне кажется, что мы уже были на улице с таким названием,» говорит Аня.

«Да, но дома вокруг выглядят совсем по-другому,» отвечает Нина.

«Скажите, как далеко отсюда идти до моря?» спрашивает Нина у женщины с собакой.

«Дочь моря?» спрашивает женщина. Нина удивляется. Раньше женщины никогда не делали ей комплиментов. Нина кивает головой.

«Вы уже на месте,» отвечает женщина и идёт дальше. Аня и Нина смотрят по сторонам. Справа от них дома. Слева - дорога, по которой едут машины.

«Где же здесь море?» спрашивает Аня. Нина не отвечает. Она достаёт свой мобильный телефон и звонит своему отцу. Отец просит Нину рассказать всю историю. Девушка рассказывает ему всё, затем слушает отца и смеётся.

«Аня, папа говорит, что мы пришли в другой город. Оказывается, никто не делал нам комплиментов. Они думали, что мы идём в маленький городок, который называется Дочь Моря. Это Бат-Ям на иврите,» говорит Нина. Теперь и Аня тоже смеётся. Девушки идут в парк и садятся на скамейку. Через час на машине приезжает отец Нины и отвозит их к морю.

„Ich erkenne das Hotel nicht wieder. Als wir mit meinem Vater ans Meer gefahren sind, habe ich es nicht gesehen", sagt Nina.

„Lass uns noch einmal nach dem Weg fragen", schlägt Anna vor.

„Dieser Weg führt ans Meer, oder?", fragt Nina einen Verkäufer in einem Laden.

„Ja, Tochter des Meeres", nickt der Verkäufer.

„Das ist sehr seltsam. Sie haben dir und mir heute zwei Mal das gleiche Kompliment gemacht", sagt Anna zu Nina. Die Mädchen sind überrascht. Sie gehen eine halbe Stunde die Straße entlang.

„Ich glaube, dass wir schon in einer Straße mit dem gleichen Namen gewesen sind", sagt Anna.

„Ja, aber die Häuser hier sehen ganz anders aus", antwortet Nina.

„Könnten Sie uns sagen, wie lange es dauert, von hier zum Meer zu gehen?", fragt Nina eine Frau mit einem Hund.

„Tochter des Meeres?", fragt die Frau. Nina ist überrascht. Sie hat noch nie zuvor Komplimente von Frauen bekommen. Sie nickt.

„Ihr seid schon hier", sagt die Frau und geht weiter. Anna und Nina sehen sich um. Rechts stehen einige Häuser. Links ist eine Straße.

„Wo ist hier das Meer?", fragt Anna. Nina antwortet nicht. Sie nimmt ihr Handy heraus und ruft ihren Vater an. Der Vater bittet Nina ihm die ganze Geschichte zu erzählen. Das Mädchen erzählt ihm alles, dann hört sie ihrem Vater zu und lacht.

„Anna, mein Vater sagt, dass wir in eine andere Stadt gegangen sind. Am Ende hat uns doch niemand irgendwelche Komplimente gemacht. Sie dachten, dass wir in eine kleine Stadt wollten, die Tochter des Meeres heißt. Bat Yam auf Hebräisch", sagt Nina. Jetzt lacht auch Anna. Die Mädchen gehen in einen Park und setzten sich auf eine Bank. Eine Stunde später kommt Ninas Vater und bringt sie ans Meer.

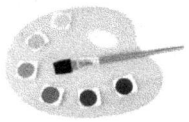

13

Маленькая работа
Ein kleiner Job

Слова
Vokabel

1. вместо - anstatt
2. внимание - Aufmerksamkeit
3. вода - Wasser; воду *(acc)*
4. вспомнить - sich erinnern
5. вторая - zweite
6. выставка - Ausstellung; выставку *(acc)*
7. гулять - spazieren; гуляют - spazieren
8. дали - gaben
9. заняты - beschäftigt
10. звать - rufen; зовёт - ruft
11. играют - spielen
12. имя - Name
13. история - Geschichte
14. каждая - jede; каждую *(acc)*; каждой *(dat)*
15. какую *(acc)* - welche
16. капризная - launisch
17. кис-кис - miez-miez
18. клетка - Käfig
19. комната - Zimmer; в комнате *(prep)*
20. кошки - Katzen; кошек *(acc)*; кошками *(inst)*
21. красивая - schöne
22. крокодил - Krokodil
23. кусает - beißt; кусачая - bissige
24. легче - einfacher
25. любую *(acc)* - zufällige
26. милая - großartige, nette
27. мяч - Ball; мячом *(inst)*
28. написать - schreiben
29. настоящий - wirklicher
30. неизвестно - es ist unbekannt
31. некому *(dat)* - niemanden
32. нельзя - kann nicht
33. нога - Bein; ногу *(acc)*
34. обращают внимание - beachten
35. остальные - andere
36. осторожно - Achtung

37. ответственное - wichtige
38. отворачиваются - drehen sich weg
39. отгадать - erraten
40. охранял - bewachte
41. первая - erste
42. перепутал - verwechselte
43. плохая - böse
44. подписывать - aufschreiben
45. подработать - ein wenig Geld verdienen
46. попить - trinken
47. посадить - sperren, setzen
48. пошли - gingen
49. придумать - erfinden
50. произошла - passierte
51. пятая - fünfte; пятую (acc)
52. роняет - lässt fallen
53. сдать экзамен - eine Prüfung bestehen
54. сзади - hinten
55. сидят - sitzen
56. сотрудница - Angestellte
57. сторож - Wächter; сторожем (inst)
58. третья - dritte
59. укусила - biss
60. уходят - gehen weg; ушли - sind weggegangen
61. хитрая - verschmitzt
62. чай - Tee
63. чашка - Tasse; чашку (acc)
64. четвёртая - vierte
65. экзамен - Prüfung
66. эти - diese; этих (acc)

B

Маленькая работа

Весёлая история произошла с Робертом летом. Вот как всё было. Решил Роберт летом подработать сторожем. Он охранял выставку кошек. Однажды Роберту дали ответственное задание. Он должен был посадить кошек в клетки. Также на каждой клетке он должен был написать имя кошки.
«Хорошо,» говорит Роберт, «Как зовут этих милых кошек?»
«Кошка слева - Том, рядом с ней - Джерри, сзади - Микки, справа - Сникерс и Барон,» объясняет ему сотрудница выставки. Все уходят, и остаётся Роберт с кошками один. Он хочет попить чай. Он пьёт чай и смотрит на кошек. Первая кошка умывается. Вторая в окно смотрит. Третья и четвёртая кошки по комнате гуляют. А пятая кошка подходит к Роберту. Вдруг она кусает его за ногу. Роберт роняет чашку. Нога у него сильно болит.
«Плохая кошка, очень плохая!» кричит он, «Ты не кошка. Ты же настоящий крокодил! Нельзя так делать. Ты Том или Джерри? Нет, ты Микки! Или Сникерс? Или может быть Барон?» тут Роберт

Ein kleiner Job

Diesen Sommer ist Robert etwas Lustiges passiert. Und zwar folgendes. Robert beschloss während des Sommers ein wenig Geld als Wächter zu verdienen. Er bewachte eine Katzenausstellung. Einmal bekam Robert eine wichtige Aufgabe übertragen. Er musste die Katzen in die Käfige sperren. Er musste auch den Namen jeder Katze auf den jeweiligen Käfig schreiben.
„In Ordnung", sagt Robert, „wie heißen diese großartigen Katzen?"
„Die Katze links ist Tom, neben ihm ist Jerry, Mickey sitzt hinten, Snickers und Baron sind rechts", erklärt ihm ein Angestellter der Ausstellung. Alle gehen und Robert bleibt mit den Katzen alleine. Er möchte Tee trinken. Er trinkt Tee und schaut die Katzen an. Die erste Katze putzt sich gerade. Die zweite schaut aus dem Fenster. Die dritte und vierte gehen durch das Zimmer. Die fünfte kommt auf Robert zu. Plötzlich beißt sie ihn in das Bein. Robert lässt die Tasse fallen. Sein Bein tut sehr weh.
„Du bist eine böse Katze, sehr böse!", schreit er, „Du bist keine Katze. Du bist wirklich ein Krokodil! Das kannst du nicht machen. Bist du Tom oder Jerry? Nein, du bist Mickey! Oder Snickers? Oder vielleicht Baron?", dann bemerkt Robert plötzlich, dass er die Katzen verwechselt. Er weiß die Namen der Katzen

понимает, что перепутал кошек. Не знает, какую кошку, как зовут, и не может посадить каждую в свою клетку. Роберт начинает кошек по имени звать.
«Том! Джерри! Микки! Сникерс, Барон!» но кошки не обращают внимания. Они заняты своими делами. Две играют с мячом. Одна воду пьет. А остальные пошли кушать. Как вспомнить, как зовут каждую кошку? И помочь Роберту некому. Все уже домой ушли. Тут Роберт зовёт: «Кис-кис-кис». Все кошки сразу смотрят на Роберта. Что теперь делать? Все кошки смотрят на Роберта, потом отворачиваются и садятся у окна. Они сидят и смотрят в окно.
Все они сидят тут, и неизвестно как их зовут. Роберт не может ничего придумать. Легче экзамен сдать, чем отгадать имя каждой кошки.
Тогда решает Роберт посадить каждую из кошек в любую клетку. Он пишет на клетках вместо имени вот что - Красивая, Смелая, Хитрая, Капризная. Пятую кошку, которая укусила Роберта, подписывает так - Осторожно! Кусачая кошка!

nicht und kann sie nicht in die richtigen Käfige sperren. Robert beginnt, die Namen der Katzen zu rufen.
"Tom! Jerry! Mickey! Snickers, Baron!", aber die Katzen beachten ihn nicht. Sie sind mit sich selbst beschäftigt. Zwei Katzen spielen mit einem Ball. Eine andere trinkt gerade Wasser. Und die anderen fressen gerade etwas. Wie soll er sich jetzt an die Namen der Katzen erinnern? Und es gibt niemanden, der Robert helfen könnte. Alle sind schon nach Hause gegangen. Dann schreit Robert „Miez, miez!". Alle Katzen drehen sich sofort zu Robert um. Und was jetzt? Alle Katzen schauen Robert an, drehen sich dann um und setzten sich neben das Fenster. Sie sitzen und schauen aus dem Fenster.
Sie sitzen alle dort und man weiß nicht, wie sie heißen. Robert fällt keine Lösung ein. Es ist einfacher, eine Prüfung zu bestehen, als die Namen der Katzen zu erraten.
Dann beschließt Robert jede Katze in irgendeinen Käfig zu sperren. Anstatt ihrer Namen, schreibt er folgendes an die Käfige: Schön, tapfer, schlau, launisch. Robert benennt die fünfte Katze, diejenige, die ihn gebissen hat, folgendermaßen „Achtung! Bissige Katze."

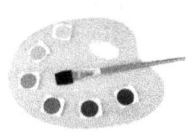

14

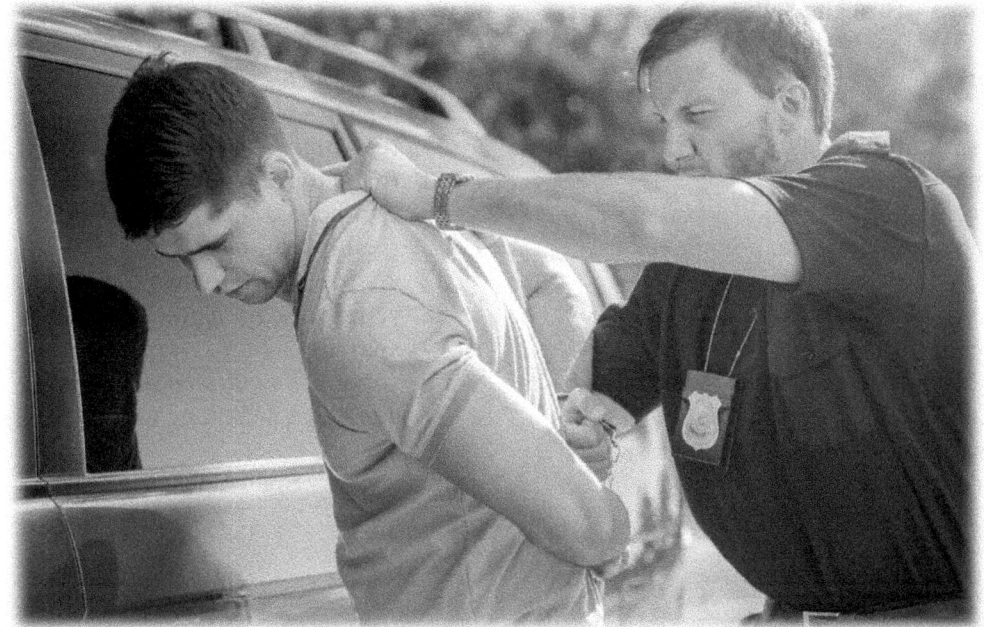

Держи!
Halt!

Слова
Vokabel

1. автобус - Bus; автобуса *(gen)*; автобусу *(dat)*
2. бассейн - Schwimmbad
3. бежать - rennen
4. библиотека - Bibliothek; библиотеки *(gen)*
5. благополучно - wohlbehalten
6. в ремонте *(prep)* - wird repariert
7. водитель - Fahrer; водителя *(acc)*
8. выполняет - erledigt
9. высокая - hohe
10. газеты - Zeitungen
11. городской - öffentliche; на городском *(prep)*
12. держи *(imp)* - halt auf; держит - hält; держу - halte
13. дорога - Weg; дороги *(gen)*
14. ждать - warten
15. журналы - Zeitschriften
16. задания - Aufgaben
17. задержать - festnehmen
18. занятия - Unterricht; занятий *(gen)*
19. зарплата - Gehalt; зарплату *(acc)*
20. классный - erstklassig; классным *(inst)*
21. который - der, welche; которым *(prep)*
22. крепко - fest
23. лекции - Vorlesungen; лекций *(gen)*
24. либо - oder
25. любопытство - Interesse; любопытством *(inst)*
26. мадам - Madame
27. метро - U-Bahn

28. негодя́й - Schurke; негодя́я *(acc)*
29. недалеко́ - nicht weit
30. но́мер - Ausgabe, Nummer
31. обгоня́ет - überholt
32. обе́дать - zu Mittag essen; обе́дом *(inst)*
33. опа́здывает - kommt spät
34. остано́вка - Bushaltestelle; остано́вке *(prep)*
35. остаю́тся - bleiben
36. отдыха́ют - erholen sich
37. отправля́ющийся - abfahrender; отправля́ющегося *(gen)*
38. пожила́я - alte
39. полице́йский - Polizist; полице́йского *(acc)*
40. получа́ть - verdienen
41. попроси́л - bat
42. прово́дит вре́мя - verbringt Zeit
43. пя́тница - Freitag; пя́тницу *(acc)*
44. разгова́ривают - (sie) unterhalten sich
45. све́жий - neueste
46. секу́нды - Sekunden; секу́нд *(gen)*
47. со́бственная - eigene; со́бственной *(prep)*
48. специали́ст - Fachmann; специали́стом *(inst)*
49. специа́льность - Arbeitsbereich, Beruf; специа́льности *(prep)*
50. спешу́ - habe es eilig
51. спуска́ется - geht runter
52. среда́ - Mittwoch; в сре́ду *(acc)*
53. стара́ться - sich bemühen
54. теря́ть - verlieren
55. тра́нспорт - Verkehrsmittel; на тра́нспорте *(prep)*
56. трениро́ванный - trainierter; трениро́ванным *(inst)*
57. уйди́те *(imp)* - gehen Sie Weg
58. успева́ть - zurechtkommen
59. хвата́ет - fängt
60. хоро́ший - gut; хоро́шим *(inst)*
61. челове́к - Mann; челове́ка *(acc)*
62. четы́ре - vier
63. шу́тят - Spaß machen

В

Держи́!   Halt!

Дави́д у́чится в ко́лледже. Обы́чно Дави́д е́здит в ко́лледж на со́бственной маши́не. Но сейча́с его́ маши́на в ремо́нте. Поэ́тому Дави́д е́здит в ко́лледж на городско́м тра́нспорте - снача́ла на авто́бусе, а пото́м в метро́. По́сле ле́кций Дави́д идёт с друзья́ми в кафе́ обе́дать. За обе́дом друзья́ разгова́ривают, шу́тят и отдыха́ют от заня́тий. Пото́м Дави́д идёт в библиоте́ку и прово́дит там четы́ре часа́. Он выполня́ет зада́ния, чита́ет но́вые кни́ги и журна́лы по свое́й специа́льности. Дави́д стара́ется и хорошо́ у́чится. Он хо́чет быть кла́ссным специали́стом и получа́ть высо́кую зарпла́ту. В сре́ду и пя́тницу Дави́д ухо́дит из библиоте́ки на два часа́ ра́ньше и идёт в бассе́йн. Дави́д хо́чет быть не то́лько хоро́шим специали́стом, но и трениро́ванным челове́ком. Ве́чером Дави́д ли́бо встреча́ется с друзья́ми, ли́бо сра́зу е́дет домо́й.
Сего́дня, по доро́ге домо́й, он покупа́ет све́жий

David studiert am College. Normalerweise fährt David mit seinem eigenen Auto zum College. Aber jetzt wird sein Auto gerade repariert. Also nimmt David die öffentlichen Verkehrsmittel, um zum College zu gelangen - erst den Bus, dann die U-Bahn. Nach den Vorlesungen geht David mit seinen Freunden in ein Café um Mittag zu essen. Während des Mittagessens unterhalten sich die Freunde, sie machen Späße und erholen sich vom Unterricht. Dann geht David in die Bibliothek und verbringt dort vier Stunden. Er beendet einige Aufgaben und liest neue Bücher und Zeitschriften aus seinem Arbeitsbereich. David ist gewissenhaft und lernt gut. Er möchte ein erstklassiger Fachmann werden und ein gutes Gehalt verdienen. Am Mittwoch und am Freitag verlässt David die Bibliothek zwei Stunden früher und geht ins Schwimmbad. David möchte nicht nur ein guter Fachmann werden, sondern auch ein gut trainierter Mann sein. Am Abend trifft David

номер газеты и спускается в метро. Давид выходит из метро и видит, что его автобус уже стоит на остановке. Давид понимает, что опаздывает на этот автобус. Он видит, что к автобусу бежит пожилая женщина. Давид тоже начинает бежать. Он обгоняет женщину и бежит дальше. Женщина тоже видит, что не успевает. Она тоже не хочет терять время и ждать следующий автобус. Она кричит Давиду: «Держи его!» Женщина хочет, чтобы Давид попросил водителя задержать автобус на несколько секунд. Недалеко от автобуса стоит полицейский. Он слышит, что кричит женщина. Полицейский думает, что задержать нужно человека, за которым бежит женщина. Он хватает Давида и крепко его держит. Женщина подбегает к автобусу.
«Мадам, я держу этого негодяя!» говорит полицейский. Женщина удивлённо смотрит на полицейского и говорит: «Уйдите с дороги, пожалуйста! Я спешу.» Она благополучно заходит в автобус и двери закрываются. На остановке остаются Давид и полицейский. А женщина смотрит на них с любопытством из окна отправляющегося автобуса.

seine Freunde oder geht direkt nach Hause. Heute kauft er auf dem Heimweg die neueste Ausgabe der Zeitung und geht hinunter zur U-Bahn. David verlässt die U-Bahn und sieht, dass der Bus bereits an der Bushaltestelle steht. Er merkt, dass er zu spät zum Bus kommt. Er sieht eine alte Frau, die zum Bus rennt. David beginnt auch zu rennen. Er überholt die Frau und rennt weiter. Die Frau merkt auch, dass sie spät dran ist. Sie möchte keine Zeit verlieren und nicht auf den nächsten Bus waren. Sie schreit zu David: „Halt ihn auf!" Die Frau möchte, dass David den Fahrer bittet, den Bus einige Sekunden länger anzuhalten. Ein Polizist ist nicht weit enfernt vom Bus. Er hört, dass die Frau schreit. Der Polizist denkt, dass er den Mann festnehmen muss, dem die Frau nachrennt. Er fängt David und hält ihn fest. Die Frau rennt zum Bus.
„Madame, ich habe diesen Schurken gefasst", sagt der Polizist. Die Frau sieht den Polizisten überrascht an und sagt: „Gehen Sie mir aus dem Weg, bitte! Ich habe es eilig!"
Sie steigt glücklich in den Bus und die Türen schließen. David und der Polizist bleiben an der Bushaltestelle. Und die Frau sieht ihnen aus dem Fenster des abfahrenden Busses interessiert nach.

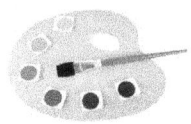

15

Чудесный подарок
Ein wunderbares Geschenk

A

Слова
Vokabel

1. аквариум - Aquarium; в аквариуме *(prep)*
2. багажник - Kofferraum
3. Библия - Bibel; Библию *(acc)*
4. в котором - in dem
5. верёвка - Seil; верёвки *(gen)*; верёвку *(acc)*
6. ветка - Ast
7. влетает - fliegt herein
8. вниз - runter
9. дарит - schenkt
10. двигается - bewegt sich
11. детский сад - Kindergarten
12. дети - Kinder; детям *(dat)*
13. длинная - lang; длинную *(acc)*
14. дом - Haus; дому *(dat)*
15. другая - andere; другую *(acc)*
16. заводит - startet
17. закрывает - schließt
18. заставить - zwingen
19. значит - dann, also
20. знаю - (ich) weiß
21. золотые - Gold-; золотыми *(inst)*; золотых *(gen)*
22. какой-то - ein, beliebige, jede
23. конец - Ende

24. котёнок - Kätzchen; котёнка *(gen)*; котёнком *(inst)*
25. летит - fliegt
26. мама - Mutter; мамы *(gen)*; маме *(dat)*
27. мечтает - träumt
28. молиться *(imp)* - beten
29. мотор - Motor
30. мурлычет - schnurrt
31. на пороге *(prep)* - an der Tür
32. на цыпочках - auf Zehenspitzen
33. наклоняется - biegt sich
34. натягивает - zieht
35. нашёл - hat gefunden
36. нежно - sanft
37. ниже - niedriger, nach unten
38. об - über
39. ой - oh
40. окно - Fenster; окном *(inst)*
41. опускаться - absinken
42. отъезжает - fährt ab
43. паркует - parkt
44. подарки - Geschenke; подарков *(gen)*
45. послушная - obedient
46. привязывает к… - bindet an…
47. проезжает - fährt vorbei
48. протягивает - streckt aus
49. пять - fünf
50. рвётся - reißt
51. рисовать - malen
52. рождество - Weihnachten; рождеству *(dat)*
53. рука - Hand; рукой *(inst)*; руку *(acc)*
54. рыбки - Fischen; рыбками *(plr inst)*; о рыбках *(plr prep)*
55. святой - heilige; святому *(dat)*
56. себе *(dat)* - *Reflexivpronomen*
57. скоро - bald
58. слезай *(imp)* - komm herunter
59. смотри *(imp)* - schau
60. снег - Schnee
61. соседка - Nachbarin; соседский / соседний - Nachbar-; соседского *(gen)*; соседскому *(dat)*
62. спуститься - runterkommen
63. стол - Tisch; за столом *(prep)*
64. темно - dunkel
65. чудесный - wunderbar
66. чуть-чуть - ein bisschen

B

Чудесный подарок

Тина - соседка Давида и Нэнси. Она - маленькая девочка. Тине пять лет. Она ходит в детский сад. Тина любит рисовать. Она - послушная девочка. Скоро Рождество и Тина ждёт подарков. Она хочет аквариум с золотыми рыбками.
«Мама, я хочу к Рождеству золотых рыбок,» говорит Тина маме.
«Молись святому Николаю. Он всегда приносит подарки хорошим детям,» отвечает её мама. Тина смотрит в окно. На улице темно и идёт снег. Тина закрывает глаза и мечтает об аквариуме и золотых рыбках.
Под окном проезжает машина. Она останавливается возле соседского дома. За рулём сидит Давид. Он живёт в соседнем доме. Он паркует машину, выходит из неё и идёт домой. Вдруг он видит, что на дереве

Ein wunderbares Geschenk

Tina ist die Nachbarin von David und Nancy. Sie ist ein kleines Mädchen. Tina ist fünf Jahre alt. Sie geht in den Kindergarten. Tina malt gerne. Sie ist ein folgsames Mädchen. Weihnachten kommt bald und Tina wartet auf die Geschenke. Sie möchte ein Aquarium mit Goldfischen.
„Mama, ich hätte gerne Goldfische zu Weihnachten", sagt Tina zu ihrer Mutter.
„Dann musst du zum Hl. Nikolaus beten. Er bringt guten Kindern immer Geschenke", antwortet ihre Mutter.
Tina schaut aus dem Fenster. Draußen ist es dunkel und es schneit. Tina schließt ihre Augen und beginnt von dem Aquarium mit Goldfischen zu träumen.
Ein Auto fährt am Haus vorbei. Es bleibt beim Haus nebenan stehen. David fährt es. Er lebt im Haus nebenan. Er parkt das Auto, steigt aus und

сидит какой-то котёнок и громко кричит. «Слезай вниз! Кис-кис,» говорит Давид. Но котёнок не двигается. «Что же делать?» думает Давид.

«Я знаю, как заставить тебя спуститься вниз,» говорит Давид. Он открывает багажник и достаёт длинную верёвку. Затем он привязывает верёвку к ветке, на которой сидит котёнок. Другой конец верёвки он привязывает к машине. Давид садится в машину, заводит мотор и чуть-чуть отъезжает. Ветка наклоняется и опускается ниже. Давид подходит к ветке и пытается достать до котёнка. Он уже почти достаёт до него. Давид чуть-чуть натягивает верёвку рукой, и ветка опускается ещё ниже. Давид встаёт на цыпочки и протягивает руку. Но в этот момент верёвка рвётся, и котёнок летит в другую сторону.

«Ой!» кричит Давид. Котёнок летит к соседскому дому, в котором живёт Тина. Давид бежит за котёнком.

В это время Тина сидит с мамой за столом. Мама читает Библию, а Тина внимательно слушает. Вдруг в окно влетает котёнок. Тина кричит от неожиданности.

«Смотри, мама! Святой Николай дарит мне котёнка!» радостно говорит Тина. Она берёт котёнка на руки и нежно гладит его. Раздаётся звонок. Мама открывает дверь. На пороге стоит Давид.

«Добрый вечер! Котёнок не у вас?» спрашивает Давид у мамы Тины.

«Да, он здесь,» отвечает Тина. Котёнок сидит у неё на руках и мурлычет. Давид видит, что девочка очень рада.

«Очень хорошо. Значит, он нашёл свой дом,» улыбается Давид и уходит к себе домой.

geht nach Hause. Plötzlich sieht er, dass ein Kätzchen in einem Baum sitzt und laut miaut. „Komm runter! Miez, miez!", sagt David. Aber das Kätzchen bewegt sich nicht. „Was soll ich jetzt machen?", denkt David.

„Ich weiß, wie ich es schaffe, dass du herunterkommst", sagt David. Er öffnet den Kofferraum und nimmt ein langes Seil heraus. Dann bindet er das Seil an den Ast, auf dem das Kätzchen sitzt. Das andere Ende des Seils bindet er an sein Auto. David setzt sich in das Auto, startet den Motor und fährt ein kleines Stück. Der Ast biegt sich weiter nach unten. David geht zu dem Ast und versucht das Kätzchen zu erreichen. Er erreicht es beinahe. David zieht leicht mit seiner Hand am Seil und der Ast biegt sich noch weiter nach unten. David steht auf seinen Zehenspitzen und streckt seine Hand aus. Aber in diesem Moment reißt das Seil auseinander und das Kätzchen fliegt auf die andere Seite.

„Oh oh!", schreit David. Das Kätzchen fliegt zum Nachbarhaus, in dem Tina lebt. David rennt dem Kätzchen nach.

Zu diesem Zeitpunkt sitzt Tina mit ihrer Mutter am Tisch. Die Mutter liest aus der Bibel vor und Tina hört aufmerksam zu. Plötzlich fliegt das Kätzchen durch das Fenster. Tina schreit überrascht.

„Schau, Mama! Der Hl. Nikolaus schenkt mir ein Kätzchen!", schreit Tina vergnügt. Sie nimmt das Kätzchen in ihre Hände und streichelt es sanft. Es klingelt an der Tür. Die Mutter öffnet die Tür. David ist an der Tür.

„Guten Abend! Ist das Kätzchen bei Ihnen?", fragt David Tinas Mutter.

„Ja, es ist hier", antwortet Tina. Das Kätzchen sitzt in ihren Armen und schnurrt. David sieht, dass sich das Mädchen sehr freut.

„Sehr gut. Dann hat es sein zu Hause gefunden", sagt David lächelnd und geht zurück nach Hause.

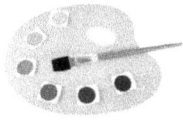

16

Признание в конверте
Geständnisse in einem Briefkuvert

Слова
Vokabel

1. билет - Ticket, Fahrkarte
2. бывать - sein, besuchen
3. виделись - haben sich gesehen
4. восхитительно - toll; восхищается - bewundert
5. впечатления - Eindrücke
6. встретимся - werden uns treffen; встретиться - sich treffen
7. вызывает - ruft
8. глупые - blöde
9. говорила - hat gesprochen
10. город - Stadt; города *(gen)*
11. гостиница - Hotel; гостиницы *(gen)*; гостинице *(prep)*
12. готовы - sind bereit
13. действительно - wirklich
14. длинное - langes
15. доброе - gutes
16. достопримечательности - Sehenswürdigkeiten
17. друг - Freund; другом *(inst)*
18. она - sie; ею *(inst)*
19. жаль - schade
20. ждут - warten
21. запечатывает - verschließt
22. захочет - will
23. здания - Gebäude; зданий *(gen)*
24. здоровается - begrüßt
25. Интернет - Internet; в Интернете *(prep)*
26. июль - Juli; восьмое июля *(gen)* - achte Juli
27. к нему *(prep)* - zu ihm
28. какое-то - ein, irgendein
29. какой - wie, welcher
30. какой-нибудь - einer, jeder
31. каникулы - Urlaub; на каникулах *(prep)*
32. кладёт - legt
33. конверт - Briefkuvert; конверте *(prep)*; конверты - die Briefkuverts
34. кофе - Kaffee
35. красив *(short form)* - schön

36. красне́я - errötend; кра́сный - rot; кра́сном (prep)
37. куда́ - wohin
38. купи́ла - hat gekauft
39. курье́р - Bote, Zustelldienst; курье́ра (acc)
40. ли́чно - persönlich
41. любо́вь - Liebe; без/для/в/о любви́ (prep)
42. люби́тели - Fans; люби́телей (gen)
43. любо́вное (adj) - Liebes-
44. магази́н - Laden; в магази́не (prep)
45. места́ - Orte, Plätze
46. ме́стные (plr) - lokale, einheimische
47. моё - mein
48. молчи́шь - sagst nichts, schweigest
49. наде́ется - hofft
50. написа́л - hat geschrieben
51. нача́ло - Anfang; в нача́ле (prep) - Anfangs
52. неподходя́щий - nicht passend; неподходя́щим (inst)
53. неравноду́шна - nicht gleichgültig
54. обая́тельная - bezaubernde
55. обстано́вка - Umgebung; обстано́вку (acc)
56. обща́ются - (sie) chatten
57. обяза́тельно - auf jeden Fall
58. оста́вила - hat gelassen; оставля́ет - lässt bleiben
59. отдаёт - gibt
60. откры́тки - Postkarten
61. отноше́ния - Beziehungen, Bindungen, Verhältnisse
62. отправля́ть - senden
63. отреаги́ровать - reagieren
64. отча́яние - Verzweiflung; в отча́янии (prep)
65. очаро́ван - ist entzückt
66. очарова́тельная - bezaubernde
67. переда́м - werde ausrichten
68. пережива́ет - macht sich Sorgen
69. перекуси́ть - essen
70. письмо́ - Brief; в письме́ (prep) - im Brief
71. по рабо́те (prep) - geschäftlich
72. поблагодари́ (imp) - bedanke dich
73. пове́рить - glauben
74. погуля́ем - (wir) werden spazieren gehen
75. пое́хать - fahren

76. по́лдень - Mittag
77. получи́ла - kriegte
78. по́нял - verstand
79. посети́ть - besuchen, besichtigen
80. поскоре́е - schneller; früher, eher
81. посове́товала - riet
82. поэ́зия - Poesie; поэ́зией (inst); поэ́зии (gen); поэ́зию (acc)
83. поэти́ческие - Poesien-
84. приглаша́ет - lädt ein
85. прие́зд - Ankunft; прие́зда (gen)
86. призна́ние - Geständnis
87. пройти́сь - spazieren
88. прочита́ть - lesen
89. пусть - lass
90. ра́дость - Vergnügen; с ра́достью (inst)
91. разли́чные - verschiedene
92. разноцве́тные - farbige
93. рассве́т - Tagesanbruch; на рассве́те (prep)
94. ре́зко - schroff
95. рейс - Flug
96. рекоменду́ет - empfiehlt
97. реши́ла - entschied
98. ро́бко - schüchtern
99. родно́й - Heimat-
100. романти́чный - romantisch; романти́чной (gen)
101. руга́ть - kritisieren
102. самолёт - Flugzeug
103. сде́лать - machen
104. сего́дняшний - heutige
105. серди́та - wütend; се́рдится - wird wütend
106. сестра́ - Schwester
107. сказа́ла - sagte
108. слы́шать - hören
109. смени́ть - wechseln
110. собо́р - Kathedrale
111. сове́т - Ratschlang; сове́тует - empfiehlt
112. совреме́нная - modern; совреме́нной (gen)
113. сочиня́ет - verfasst
114. стари́нные - alte; стари́нных (gen)
115. стихи́ - Gedichte; стиха́ми (inst)
116. стол - Tisch; возле стола́ (gen); на/в столе́ (prep)

117.	страсть - Leidenschaft; со страстью *(inst)*	129.	форум - Forum; на форуме *(prep)*; форумы - Foren
118.	счастлив - freut sich	130.	холодно - kalt
119.	такой - solche	131.	центр - Zentrum
120.	твоём *(prep)* - deinem	132.	чаты - Chats
121.	трубка - Hörer; трубку *(acc)*	133.	чемодан - Koffer
122.	туда - dorthin	134.	чтобы - so dass
123.	убить - töten	135.	чувства - Gefühle; о чувствах *(prep)*
124.	увлекается - interessiert sich für	136.	шутки - Scherze
125.	уехала - verließ	137.	электронная почта - E-Mail; по электронной почте *(prep)*
126.	ужасно - fürchterlich; ужасный - fürchterliche	138.	этот - dieser; этому *(dat)*
127.	улетаю - fliege weg	139.	ярко-красные - leuchtend rote
128.	утро - Morgen		

Признание в конверте

Роберт увлекается современной поэзией. Каждый день он много времени проводит в Интернете. Там он часто посещает различные поэтические форумы и чаты. На форуме любителей поэзии он знакомится с Еленой. Она тоже любит поэзию. Она пишет хорошие стихи. Роберт восхищается её стихами. Но сама Елена ему тоже очень нравится. Она - студентка. Роберту очень жаль, что она живёт в другом городе. Они общаются в Интернете каждый день, но никогда не виделись. Роберт мечтает о том, чтобы встретиться с Еленой. Однажды Елена пишет ему, что на каникулах хочет поехать в какой-нибудь другой город. Она говорит, что хочет сменить обстановку и получить новые впечатления. Роберт с радостью приглашает её в гости. Елена соглашается.
Она приезжает в начале июля и останавливается в гостинице. Роберт очарован ею. Елена - действительно очаровательная девушка. В день приезда Роберт показывает ей местные достопримечательности.
«Это самый старый собор в городе. Мне нравится здесь бывать», говорит Роберт.
«О, здесь просто восхитительно!», отвечает Елена.
«А в твоём родном городе есть интересные

Geständnisse in einem Briefkuvert

Robert interessiert sich für moderne Poesie. Er verbringt täglich viel Zeit im Internet. Er besucht oft verschiedene Foren und Chats über Poesie. In einem Forum für Poesieliebhaber trifft er Elena. Sie mag Poesie auch. Sie schreibt gute Gedichte. Robert bewundert ihre Gedichte. Und er mag auch Elena sehr gerne. Sie ist eine Studentin. Es ist schade, dass sie in einer anderen Stadt wohnt. Sie chatten jeden Tag im Internet, aber sie haben sich noch nie gesehen. Robert träumt davon, Elena zu treffen.
Eines Tages schreibt ihm Elena, dass sie in einer anderen Stadt Urlaub machen möchte. Sie sagt, dass sie einen Umgebungswechsel will und neue Eindrücke sammeln möchte. Robert lädt sie mit Vergnügen ein. Elena stimmt zu.
Sie kommt Anfang Juli an und übernachtet in einem Hotel. Robert ist von ihr entzückt. Elena ist wirklich ein bezauberndes Mädchen. Am Tag ihrer Ankunft zeigt Robert ihr die lokalen Sehenswürdigkeiten.
„Das ist die älteste Kathedrale in der Stadt. Ich komme hier gerne her", sagt Robert.
„Oh, hier ist es einfach toll!", antwortet Elena.
„Gibt es interessante Orte in deiner Heimatstadt?", fragt Robert. „Meine Schwester Gabi wird geschäftlich in einigen Tagen dorthin fliegen. Sie bittet dich, ihr einige Orte dort zu

места?» спрашивает Роберт, «Моя сестра Габи на днях летит туда по работе. Она просит, чтобы ты посоветовала, куда ей пойти,» говорит он.

«Центр города очень красив,» рекомендует Елена, «Там много старинных зданий. Но если она захочет перекусить, пусть не заходит в кафе «Большой Билл». Там ужасный кофе!»

«Я ей обязательно это передам,» смеётся Роберт.

Вечером Роберт проводит Елену до гостиницы. Потом всю дорогу домой он думает, как ему быть. Он хочет рассказать Елене о своих чувствах, но не знает, как это сделать. Она ведёт себя с ним как с другом, и он не знает, как она может отреагировать на его признание. Он чувствует себя робко рядом с ней. Поэтому, в конце концов, он решает написать ей любовное признание в письме. Но он не хочет отправлять письмо по электронной почте. Это кажется ему неподходящим для такой романтичной девушки, как Елена. Недалеко от дома он видит в магазине открытки и разноцветные конверты. Роберту нравятся ярко-красные конверты, и он покупает один. Он надеется, что Елене это тоже понравится. Вечером пришла Габи, сестра Роберта.

«Ну, как, тебе понравилась Елена?» спрашивает она.

«Да, она очень обаятельная девушка,» отвечает Роберт.

«Я рада это слышать. Завтра в полдень я улетаю в её город. Я уже купила билет,» продолжает Габи.

«Она советует тебе посетить центр города,» говорит Роберт.

«Хорошо. Поблагодари её за совет, пожалуйста,» отвечает Габи.

Роберт всю ночь сидит за столом в гостиной и сочиняет любовное признание для Елены. Он пишет ей длинное признание в любви. На рассвете он запечатывает письмо в красный конверт и оставляет его на столе. Утром он вызывает курьера и отдаёт ему письмо. Он хочет, чтобы Елена получила его любовное признание поскорее. Роберт очень переживает и выходит на улицу, пройтись. Через час он

empfehlen", sagt er.

„Das Stadtzentrum ist sehr schön", empfiehlt Elena. „Dort gibt es sehr viele alte Gebäude. Aber wenn sie einen kleinen Snack essen will, sollte sie nicht in das Kaffeehaus 'Big Bill' gehen. Der Kaffee ist dort grauenvoll!"

„Das werde ich ihr auf jeden Fall ausrichten", sagt Robert und lacht.

Am Abend begleitet Robert Elena bis zum Hotel. Auf dem ganzen Weg nach Hause denkt er dann darüber nach, was er tun soll. Er möchte Elena von seinen Gefühlen erzählen, aber er weiß nicht, wie er es machen soll. Sie verhält sich wie eine gute Freundin und er weiß nicht, wie sie auf sein Geständnis reagieren würde. In ihrer Nähe ist er schüchtern. Deshalb entscheidet er sich schließlich ihr seine Liebe in einem Brief zu gestehen. Aber er möchte ihr die Botschaft nicht per E-Mail senden. Das scheint ihm nicht passend für so ein romantisches Mädchen wie Elena. In einem Laden in der Nähe von zu Hause sieht er Postkarten und farbige Briefkuverts. Robert mag leuchtend rote Briefkuverts und er kauft eines. Er hofft, dass Elena es auch mögen wird. Roberts Schwester Gabi kommt am Abend.

„Und, magst du Elena?", fragt sie.

„Ja, sie ist ein sehr bezauberndes Mädchen", antwortet Robert.

„Ich freue mich das zu hören. Ich werde morgen Mittag in ihre Stadt fliegen. Ich habe das Ticket schon gekauft", redet Gabi weiter.

„Sie empfiehlt dir, das Stadtzentrum zu besichtigen", sagt Robert.

„In Ordnung. Bedanke dich bitte bei ihr für den Ratschlag", antwortet Gabi.

Robert sitzt die ganze Nacht am Tisch im Wohnzimmer und verfasst sein Liebesgeständnis an Elena. Er schreibt ihr ein langes Liebesgeständnis. Bei Tagesanbruch verschließt er den Brief im roten Umschlag und lässt ihn auf dem Tisch liegen. Am Morgen ruft er einen Zustelldienst und gibt ihm den Brief. Er möchte, dass Elena sein Liebesgeständnis so bald wie möglich erhält. Robert macht sich viele Sorgen und deshalb geht er spazieren. Er ruft Elena eine Stunde später an.

„Guten Morgen, Lena", begrüßt er sie.

„Guten Morgen, Robert", antwortet sie ihm.

звонит Елене.
«Доброе утро, Лена,» здоровается он.
«Доброе утро, Роберт,» отвечает она ему.
«Ты уже получила моё письмо?» спрашивает он, краснея.
«Да,» сказала она холодно.
«Может быть, давай встретимся и погуляем..» говорит он робко.
«Нет. Мне нужно собирать чемодан. Меня уже ждут дома,» говорит она резко и кладёт трубку. Роберт просто в отчаянии. Он не знает, что делать. Он начинает ругать себя за то, что написал своё признание в любви. В этот момент ему звонит сестра. Она ужасно сердита.
«Роберт, где мой билет на самолёт? Я оставила его на столе в гостиной! Он был в красном конверте. Но теперь его нет! Там лежит какое-то письмо! Что это за глупые шутки?!» кричит Габи.
Роберт не может этому поверить. Теперь он всё понимает. Елена получила от курьера билет на сегодняшний рейс в её город. Она решила, что она не нравится Роберту и что он хочет, чтобы она уехала.
«Роберт, почему ты молчишь?» сердится Габи, «Где же мой билет?»
Роберт понял, что сегодня сразу две женщины готовы убить его. Но он счастлив, потому что Елена неравнодушна к нему. С какой страстью она говорила с ним! У неё тоже есть чувства по отношению к нему! Он радостно бежит домой, хватает признание в любви со стола и бежит к Елене, чтобы лично прочитать его ей.

„Hast du meinen Brief schon bekommen?", fragt er und errötet.
„Ja, habe ich", sagt sie kalt.
„Vielleicht können wir uns treffen und spazieren gehen...", sagt er schüchtern.
„Nein. Ich muss meinen Koffer packen. Zu Hause warten sie schon auf mich", sagt sie schroff und legt auf. Robert ist einfach verzweifelt. Er weiß nicht, was er tun soll. Er beginnt, sich selbst zu kritisieren, weil er das Liebesgeständnis geschrieben hat. In diesem Moment ruft ihn seine Schwester an. Sie ist fürchterlich wütend.
„Robert, wo ist mein Flugticket? Ich habe es auf dem Tisch im Wohnzimmer liegen gelassen! Es war in einem roten Briefkuvert. Aber jetzt ist es weg! Es ist nur ein Brief im Kuvert! Was soll dieser blöde Scherz?!", schreit Gabi.
Robert kann es nicht glauben. Jetzt versteht er alles. Elena hat vom Zustelldienst ein Ticket für den heutigen Flug in ihre Stadt bekommen. Sie war überzeugt davon, dass Robert sie nicht mag und dass er möchte, dass sie die Stadt verlässt.
„Robert, warum sagst du nichts?", sagt Gabi wütend, „wo ist mein Ticket?".
Robert versteht, dass heute zwei Frauen auf einmal bereit sind, ihn zu töten. Aber er freut sich, dass er Elena nicht gleichgültig ist. Wie leidenschaftlich sie mit ihm gesprochen hat! Sie hat auch Gefühle für ihn! Er rennt vergnügt nach Hause, nimmt das Liebesgeständnis vom Tisch und rennt zu Elena, um es ihr persönlich vorzulesen.

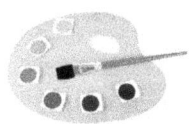

17

Фирменное блюдо
Eine Spezialität des Hauses

Слова
Vokabel

1. аппетитно - verlockend
2. блюдо - Gericht, Schüssel; с блюдом *(inst)*
3. большие - große; большими *(inst plr)*
4. брызгает - bespritzt
5. будете - (Sie) werden
6. важный - wichtige; важному *(dat)*
7. вкусная *(fem)* - lecker; вкусной *(inst)*; вкусно *(adv)*
8. вовремя - rechtzeitig
9. выходной - frei Tag
10. вязка - Paarung; для вязки *(gen)*
11. глазами *(inst)* - mit Augen
12. говоришь - sagst
13. готова - fertig, bereit
14. девушка - junge Frau; девушке *(dat)*
15. по делам / по работе - geschäftlich
16. деликатес - köstliches Gericht
17. должна - soll
18. духовка - Backrohr; в духовке *(prep)*
19. жарить - braten
20. заберёт - wird abholen
21. забыла - hat vergessen
22. заверну - werde einpacken; заворачивает - packt ein
23. зажаренное - gebratenes; зажарить - braten; зажарила - hat gebraten
24. зайти - vorbeikommen

25. звонить - anrufen
26. здорово - toll
27. кулинарка - Köchin
28. курица - Hähnchen; курицей *(inst)*; курицу *(acc)*
29. ладно - in Ordnung
30. лапки - Beine; лапками *(inst)*
31. наконец - endlich
32. наш - unser; нашему *(dat)*
33. не беспокойся *(imp sng)* - mach keine Sorge
34. недавно - vor kurzem
35. ненадолго - auf kurze Zeit
36. няня - Kindermädchen; няне *(dat)*; няней *(inst)*
37. обморок - Ohnmacht
38. оборачивается - dreht sich um
39. обрадовать - Freude machen
40. овощи - Gemüse; овощами *(inst)*
41. остывает - wird kalt
42. отдать - weggeben
43. отличная - hervorragende
44. пакет - Packung
45. перебивает - unterbricht
46. пикник - Picknick
47. получилось - ist geworden, klappte
48. предупредить - warnen, Bescheid sagen
49. приготовила - machte, kochte
50. придёт - wird kommen
51. приехать - vorbeikommen (mit Transport)
52. приносила - brachte
53. просят - sie bitten
54. рады - freuen sich
55. сам - selbst
56. сделаю - werde machen
57. следом - hinterher
58. сложное - komplizierte
59. согласен - ist einverstanden
60. срочно - dringend
61. старая - alte
62. торчащие - hervorstehende; торчащими *(inst)*
63. ужас - Schreck
64. уйти - weggehen
65. упала - ohnmächtig geworden, fiel
66. успевать - zurechtkommen, Zeit haben
67. фирменное - Spezialität
68. фольга - Folie; фольгу *(acc)*
69. хотели - wollten
70. часы - Uhr, Stunde
71. шум - Lärm

B

Фирменное блюдо

Габи очень здорово готовит курицу с овощами. Это её фирменное блюдо. И вот однажды Роберт просит её приготовить для него этот деликатес. Роберт собирается на пикник с друзьями. Он хочет обрадовать своих друзей вкусным блюдом. Он хочет, чтобы Габи не зажарила курицу, а приготовила в духовке. Но Габи предлагает ему быстро зажарить её, потому что у неё мало времени. Роберт согласен и на это.
«Габи, я сам не успеваю зайти и забрать у тебя курицу вовремя,» говорит ей Роберт, «К тебе зайдёт Елена и заберёт курицу. Ладно?»
«Хорошо,» говорит Габи, «Я передам её Елене.»

Eine Spezialität des Hauses

Gabi kocht sehr gutes Hähnchen mit Gemüse. Es ist ihre Spezialität. Eines Tages bittet Robert sie, ihm dieses köstliche Gericht zu kochen. Robert wird mit seinen Freunden ein Picknick machen. Er möchte seinen Freunden mit einem leckeren Gericht eine Freude machen. Er will, dass Gabi das Hähnchen nicht brät, sondern im Backrohr bäckt. Aber Gabi bietet ihm an, es schnell zu braten, weil sie nicht genug Zeit hat. Robert ist einverstanden.
„Gabi, ich habe keine Zeit um vorbeizukommen und das Hähnchen rechtzeitig abzuholen", sagt Robert zu ihr, „Elena wird zu dir kommen und das Hähnchen abholen. In Ordnung?"
„In Ordnung", sagt Gabi, „ich werde es Elena geben."
Gabi bemüht sich sehr, das Hähnchen mit Gemüse

Габи очень старается, чтобы приготовить курицу с овощами хорошо. Это довольно сложное блюдо. Но Габи - отличная кулинарка. Наконец, курица готова. Блюдо выглядит очень аппетитно. Габи смотрит на часы. Скоро должна прийти Елена. Но вдруг Габи звонят с работы. У Габи сегодня выходной, но на работе её просят приехать ненадолго по важному делу. Она должна срочно ехать. Дома есть ещё старая няня с ребёнком. Няня работает у них недавно.
«Мне нужно ненадолго уйти по делам,» говорит Габи няне, «Минут через десять придёт девушка за курицей. Сейчас курица остывает. Нужно будет завернуть её в фольгу и отдать этой девушке. Хорошо?» просит она.
«Хорошо,» отвечает няня, «Не беспокойся, Габи, я всё сделаю, как ты говоришь.»
«Спасибо!» благодарит Габи няню и быстро уходит по делам. Минут через 10 приходит девушка.
«Здравствуйте. Я пришла у вас забрать..» говорит она.
«Знаю, знаю,» перебивает её няня, «Мы её уже зажарили.»
«Зажарили?» девушка смотрит большими глазами на няню.
«Я знаю, что Вы не хотели её жарить. Но не беспокойтесь, мы зажарили как надо. Получилось очень вкусно! Сейчас я вам заверну,» говорит няня и идёт на кухню. Девушка медленно идёт на кухню следом за няней.
"Зачем вы её зажарили?" опять спрашивает девушка.
«Я знаю, что Вы не хотели этого. Но не беспокойтесь,» отвечает няня, «Она действительно очень вкусная. Вы будете рады.»
Девушка видит, как старушка заворачивает в пакет что-то зажаренное, с торчащими лапками. Вдруг старушка слышит шум и оборачивается. Она видит, что девушка упала в обморок.
«О, какой ужас!» кричит старушка, «Что же мне теперь делать?» Она брызгает на девушку воду, и девушка медленно

gut zu kochen. Es ist ein ziemlich kompliziertes Gericht. Aber Gabi ist eine hervorragende Köchin. Das Hähnchen ist endlich fertig. Das Gericht sieht sehr verlockend aus. Gabi sieht auf die Uhr. Elena sollte bald kommen. Aber plötzlich wird Gabi aus der Arbeit angerufen. Heute hat Gabi frei, aber Leute in ihrer Arbeit bitten sie, wegen eines wichtigen Problems kurz vorbeizukommen. Sie sollte dringend hinfahren. Es ist auch ein altes Kindermädchen und ein Kind zu Hause. Das Kindermädchen hat erst vor kurzem angefangen, bei ihnen zu arbeiten.
„Ich muss kurz beruflich weggehen", sagt Gabi zu dem Kindermädchen. „Eine junge Frau wird das Hähnchen in zehn Minuten abholen. Das Hähnchen wird jetzt schon kalt. Sie müssen es in Folie einpacken und der jungen Frau geben. In Ordnung?", fragt sie.
„In Ordnung", antwortet das Kindermädchen. „Machen Sie sich keine Sorgen, Gabi. Ich werde es genau so machen."
„Danke!", bedankt sich Gabi bei dem Kindermädchen und geht aus beruflichen Gründen weg. Zehn Minuten später kommt eine junge Frau.
„Hallo. Ich komme um...", sagt sie.
„Ich weiß, ich weiß", unterbricht sie das Kindermädchen, „wir haben es schon gebraten."
„Sie haben es gebraten?", die junge Frau starrt das Kindermädchen mit großen Augen an.
„Ich weiß, dass sie es nicht braten wollten. Aber keine Sorge, wir haben es gut gebraten. Es ist sehr lecker geworden. Ich werde es für Sie einpacken", sagt das Kindermädchen und geht in die Küche. Die junge Frau folgt dem Kindermädchen langsam in die Küche.
„Warum haben Sie es gebraten?", fragt die junge Frau noch einmal.
„Ich weiß, dass sie es nicht so haben wollten. Aber keine Sorge", antwortet das Kindermädchen, „es ist sehr lecker. Sie werden sich freuen."
Die junge Frau sieht, dass die alte Frau etwas Gebratenes einpackt. Die Beine stehen hervor. Plötzlich hört die alte Frau einen Lärm und dreht sich um. Sie sieht, dass die junge Frau ohnmächtig geworden ist.
„Oh, wie schrecklich!", schreit die alte Frau, „was soll ich jetzt machen?" Sie bespritzt die junge Frau mit Wasser und die junge Frau kommt langsam zu sich. In diesem Moment kommt Gabi zurück nach

приходит в себя. И в этот момент домой возвращается Габи.

«О, я вас забыла предупредить,» говорит Габи няне, «Это моя подруга пришла забрать свою кошку. Она приносила её к нашему коту для вязки. А что тут случилось?»

Hause.

„Oh, ich habe vergessen, Ihnen Bescheid zu sagen", sagt Gabi zu dem Kindermädchen, „das ist meine Freundin, die gekommen ist um ihre Katze wieder abzuholen. Sie hat sie zu unserem Kater gebracht, damit sie sich paaren können. Und was ist hier passiert?"

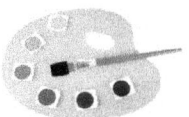

18

Тюльпаны и яблоки
Tulpen und Äpfel

Слова
Vokabel

1. бл<u>и</u>зко - nah(e)
2. весн<u>о</u>й - im Frühling
3. в<u>е</u>тки - Äste
4. в<u>и</u>дите - sehen Sie, wissen Sie
5. включ<u>а</u>ть - einschalten
6. вспомин<u>а</u>ют - sich erinnern
7. господ<u>и</u>н - Herr
8. дискут<u>и</u>руют - diskutieren
9. д<u>и</u>спут - Streit
10. док<u>а</u>зывают - beweisen
11. друг<u>и</u>е - andere; друг<u>о</u>го *(sng masc gen)*
12. д<u>у</u>мать - nachdenken
13. заб<u>о</u>р - Zaun; заб<u>о</u>ра *(gen)*
14. задаёт задачи *(gen)* - stellt Aufgaben
15. зад<u>а</u>ча - die Aufgabe; зад<u>а</u>че *(prep)*; зад<u>а</u>чу *(acc)*
16. зак<u>а</u>нчивается - geht zu Ende
17. зак<u>о</u>н - Gesetz; зак<u>о</u>нов *(plr gen)*; зак<u>о</u>ны - Gesetze
18. зак<u>о</u>нчить - beenden
19. зан<u>я</u>тие - Vorlesung
20. здр<u>а</u>вый - gesunde
21. зн<u>а</u>ем - wir kennen
22. интер<u>е</u>сную *(fem acc)* - interessante
23. кабин<u>е</u>т - Klassenzimmer; в кабин<u>е</u>те *(prep)*
24. к<u>а</u>ждого *(gen / acc)* - jeden
25. как<u>о</u>е - welche

26. кач<u>а</u>ет голов<u>о</u>й - schüttelt den Kopf
27. кейс - Koffer
28. кл<u>у</u>мба - Blumenbeet; кл<u>у</u>мбу *(acc)*
29. контр<u>о</u>льная - Test; мн<u>о</u>го контр<u>о</u>льных *(plr gen)*
30. кот<u>о</u>рые - die, welche
31. лом<u>а</u>ют - zerstören
32. люб<u>и</u>мых *(plr gen)* - liebsten
33. мн<u>е</u>ние - Meinung
34. м<u>о</u>гут - können
35. нам *(dat)* - uns
36. напис<u>а</u>ли - schrieben
37. нах<u>о</u>дится - befindet sich
38. недост<u>а</u>точно - nicht genug, reicht nicht aus
39. непр<u>а</u>вильные - falsche
40. н<u>и</u>зкие оценки - schlechte Noten
41. одн<u>и</u> - einige; Одн<u>и</u> плачут, а другие смеются. - Einige weinen, und andere lachen.
42. одн<u>у</u> *(acc)* - eine
43. опиш<u>и</u>те *(imp)* - beschreiben Sie
44. <u>о</u>сенью - im Herbst
45. ост<u>а</u>ться - bleiben
46. откр<u>о</u>йте *(imp)* - öffnet / öffnen Sie
47. п<u>а</u>дать - fallen
48. п<u>и</u>шут - schreiben
49. подр<u>о</u>бно - im Detail
50. пожил<u>о</u>й - älterer
51. пол<u>у</u>чат - sie werden bekommen
52. поним<u>а</u>ют - begreifen
53. прав (он) - (er) hat recht
54. пр<u>а</u>вильное/пр<u>а</u>вильный - richtige
55. правов<u>е</u>дение - Rechtswissenschaft; правов<u>е</u>дению *(dat)*; правов<u>е</u>дения *(gen)*
56. правот<u>а</u> - Richtigkeit; правот<u>у</u> *(acc)*
57. предм<u>е</u>ты - Fächer; мн<u>о</u>го предм<u>е</u>тов *(gen)*
58. принадлеж<u>и</u>т - gehört
59. провест<u>и</u> - machen, ausführen
60. произойт<u>и</u> - stattfinden
61. раб<u>о</u>ты *(pl)* - Arbeiten
62. раздел<u>я</u>ет - steht dazwischen
63. р<u>а</u>зные - verschiedene
64. разреш<u>и</u>т - wird lassen
65. расс<u>у</u>док - Menschenverstand
66. раст<u>ё</u>т - wächst
67. реш<u>е</u>ние - Lösung
68. свис<u>а</u>ют - hängen
69. ситу<u>а</u>ция - Situation
70. скл<u>а</u>дывать - einsteckten, zusammenlegen
71. сл<u>о</u>жные - schwierige, komplizierte
72. сос<u>е</u>д - Nachbar; сос<u>е</u>да *(gen)*; сос<u>е</u>ду *(dat)*; сос<u>е</u>ди - Nachbarn; о сос<u>е</u>дях *(pl prep)*
73. спор - Streit
74. ст<u>а</u>вить (оценки) - Noten geben
75. стать<u>я</u> - Paragraf; в стать<u>я</u>х *(pl prep)*
76. сторон<u>а</u> - Seite; в сторон<u>е</u> *(prep)*
77. стр<u>о</u>гий - strenger
78. суд - Gericht; в суд<u>е</u> *(prep)*
79. судь<u>я</u> - Richter
80. счит<u>а</u>ют - glauben
81. так<u>а</u>я - diese, so
82. тетр<u>а</u>ди - Notizbücher; в тетр<u>а</u>дях *(prep)*
83. т<u>и</u>хо - still
84. тюльп<u>а</u>ны - Tulpen; тюльп<u>а</u>нами *(inst)*; тюльп<u>а</u>нов *(gen)*
85. увлеч<u>ё</u>нно - enthusiastisch
86. уч<u>и</u>ться - studiert
87. хоз<u>я</u>ин - Besitzer; хоз<u>я</u>ина *(gen)*
88. хот<u>и</u>м - wir wollen
89. цвет<u>у</u>т - blühen
90. <u>я</u>блоки - Äpfel
91. <u>я</u>блоня - Apfelbaum; <u>я</u>блони *(gen)*

B

Тюльп<u>а</u>ны и <u>я</u>блоки

Р<u>о</u>берту нравится уч<u>и</u>ться. И один из его люб<u>и</u>мых предм<u>е</u>тов - правов<u>е</u>дение. Преподав<u>а</u>тель правов<u>е</u>дения - пожил<u>о</u>й профессор. Он <u>о</u>чень стр<u>о</u>гий и ч<u>а</u>сто даёт

Tulpen und Äpfel

Robert studiert gerne. Und eines seiner liebsten Fächer ist Rechtswissenschaft. Der Lehrer der Rechtswissenschaft ist ein älterer Professor. Er ist sehr streng und gibt seinen Studenten oft

студентам сложные задания.
И вот однажды профессор решает провести контрольную работу. Он задаёт студентам интересную задачу о двух соседях. Соседи живут очень близко. Их разделяет только забор. По одну сторону забора растёт яблоня. С другой стороны забора находится клумба с тюльпанами. Клумба принадлежит другому соседу. Но яблоня очень большая. Её ветки свисают через забор в сад другого соседа. Яблоки падают с неё прямо на клумбу с тюльпанами и ломают цветы. Профессор спрашивает студентов, как судья в суде разрешит этот спор.
Одни студенты считают, что прав хозяин тюльпанов. Другие говорят, что закон на стороне хозяина яблони. Они вспоминают разные законы, которые доказывают их правоту. Студенты увлечённо дискутируют друг с другом об этой задаче. Но тут профессор просит их закончить диспут.
«У каждого из вас есть своё мнение,» говорит профессор, «Теперь откройте ваши тетради для контрольных работ и подробно опишите своё решение задачи, пожалуйста.»
В кабинете становится тихо. Все пишут свои ответы в тетрадях. Роберт пишет, что прав хозяин тюльпанов, и подробно объясняет своё мнение.
Через час занятие заканчивается, и профессор собирает у студентов работы. Он складывает контрольные в свой кейс и собирается уйти. Но студенты просят его остаться ненадолго. Им интересно, какое решение задачи правильное.
«Господин профессор, так какой же правильный ответ?» спрашивает Роберт, «Мы все хотим это знать!»
Профессор хитро улыбается.
«Видите ли,» отвечает профессор, «Всё очень просто. Тюльпаны цветут весной. А яблоки падают только осенью. Поэтому яблоки не могут падать на тюльпаны. Такая ситуация не может произойти.»
Студенты удивлённо понимают, что он прав. И это значит, что их ответы неправильные, и контрольные работы получат низкие оценки.
«Но господин профессор, ведь мы написали

schwierige Aufgaben.
Eines Tages beschließt der Professor einen Test zu machen. Er stellt eine interessante Aufgabe über zwei Nachbarn. Die Nachbarn leben sehr nahe beieinander. Es steht nur ein Zaun zwischen ihren Grundstücken. Auf der einen Seite des Zauns wächst ein Apfelbaum. Es gibt ein Blumenbeet mit Tulpen auf der anderen Seite des Zauns. Das Blumenbeet gehört dem anderen Nachbarn. Aber der Apfelbaum ist sehr groß. Seine Äste hängen über den Zaun in den Garten des anderen Nachbars. Die Äpfel fallen genau in das Blumenbeet und zerstören die Blumen. Der Professor fragt die Studenten, wie ein Richter im Gericht diesen Streit lösen würde.
Einige Studenten glauben, dass der Besitzer der Tulpen recht hat. Andere sagen, dass der Besitzer des Apfelbaumes recht hat. Sie nennen verschiedene Gesetze, die beweisen, dass sie recht haben. Die Studenten diskutieren enthusiastisch die Aufgabe untereinander. Aber an dieser Stelle bittet sie der Professor, den Streit zu beenden.
„Jeder von euch hat seine eigene Meinung", sagt der Professor. „Öffnet jetzt bitte eure Notizbücher für den Test und schreibt bitte eure Lösung für diese Aufgabe im Detail auf."
Es wird still im Klassenzimmer. Alle schreiben ihre Antworten in die Notizbücher. Robert schreibt, dass der Besitzer der Tulpen recht hat und erkärt seine Meinung im Detail.
In einer Stunde geht die Vorlesung zu Ende und der Professor sammelt die Arbeiten der Studenten ein. Er steckt alle Tests zusammen in seinen Koffer und ist kurz davor wegzugehen. Aber die Studenten bitten ihn, noch eine kurze Weile zu bleiben. Sie sind daran interessiert zu wissen, welche Lösung der Aufgabe die richtige ist.
„Herr Professor, was war die richtige Antwort?", fragt Robert, „wir wollen es alle wissen!"
Der Professor lacht verschmitzt.
„Wisst ihr", antwortet der Professor, „es ist sehr einfach. Tulpen blühen im Frühling. Und Äpfel fallen nur im Herbst vom Baum. Aus diesem Grund können die Äpfel nicht auf die Tulpen fallen. Diese Situation kann nicht stattfinden."
Die Studenten begreifen erstaunt, dass er recht hat. Und das bedeutet, dass ihre Antworten falsch sind und sie schlechte Noten auf ihre Tests bekommen

контрольные работы очень хорошо,» говорит один из студентов, «Мы неплохо знаем законы. Нельзя ставить нам низкие оценки только из-за тюльпанов.»
Но профессор качает головой.
«Знать законы недостаточно,» объясняет он, «Вы должны сначала включать здравый рассудок, и только после этого думать о статьях законов!»

werden.
„Aber Herr Professor, wir haben trotz allem sehr gute Tests geschrieben", sagt einer der Studenten, „wir kennen die Gesetze ziemlich gut. Sie können uns nicht nur wegen der Tulpen schlechte Noten geben."
Aber der Professor schüttelt seinen Kopf.
„Es reicht nicht, die Gesetze zu kennen", erklärt er, „ihr solltet erst euren gesunden Menschenverstand einschalten und erst dann über die Gesetzesparagrafen nachdenken!"

19

Тортик
Torte

A

Слова
Vokabel

1. брат - Bruder; братом *(inst)*
2. важно - wichtig
3. варить - kochen
4. взрыв - Explosion
5. возвращаются - kommen zurück
6. не волнуйся *(imp)* - keine Sorge
7. восьмилетняя - achtjährige
8. вроде - es scheint
9. вся - ganze
10. выпекаться - backen
11. главное - das wichtigste
12. гордиться - stolz sein
13. готовить - kochen; vorbereiten
14. дверца - Tür
15. день рождения - Geburtstag
16. допёкся - war gebacken
17. дочь - Tochter; дочери *(dat)*
18. духовка - Backrohr; духовку *(acc)*
19. дым - Rauch; в дыму *(prep)*
20. забрызгана - bespritzt
21. запах - Geruch
22. игра - Spiel; игру *(acc)*
23. испечь - backen
24. клей - Kleber; Klebstoff; клеем *(inst)*; клея *(gen)*
25. кожа - Leder; кожи *(gen)*
26. компьютерная - Computer-; компьютерную *(adj acc)*
27. крем - Creme; кремом *(inst)*

28. кулинарный - kulinarischer; кулинарного (gen); кулинарным (inst)
29. кулинар - Koch / Köchin; кулинаром (inst)
30. кухня - Küche; кухни (gen)
31. кухонные - Küchen-; кухонных (plr adj gen)
32. мазать - einfetten
33. мелкий - klein
34. надпись - Aufschrift; надписью (inst)
35. настоящий - wirkliche; настоящим (inst)
36. находит - findet
37. нижний - unter-
38. омлет - Omelett
39. опасный - gefährlicher
40. ответить - antworten
41. папе (dat) - dem Vater
42. пахнет - duftet
43. подходящий - geeignete
44. положила - hinlegte
45. получается - es klappt
46. продукты - Essen; много продуктов (gen)
47. прочитала - hat gelesen
48. разные - viel; много разных (gen)
49. растерянность - Verwirrung; в растерянности (prep) - verwirrt
50. рецепт - Rezept; в рецепте (prep); рецепту (dat)
51. родители - Eltern
52. самый - der Superlativ; в самом нижнем ящичке - in der untersten Schublade
53. сделанный - gemacht; сделанных (pl gen)
54. сестричка - Schwesterchen
55. склеивание - Kleben; для склеивания (gen)
56. следует - folgt
57. слово - Wort; слова нет (gen)
58. слышен - vernehmbar
59. смазать - einfetten
60. сорок - vierzig
61. справляться - zurechtkommen
62. ставит - stellt
63. строго - streng
64. суп - Suppe
65. считает себя - hält sich
66. талант - Talent
67. твой - dein
68. текст - Druck
69. тесто - Teig; тестом (inst)
70. торт - Torte; торта (gen); тортик- Törtchen
71. требуется - braucht, nötig
72. тюбик - Tube
73. удивлённый - Überrascht
74. умеет - kann
75. упаковка - Packung; на упаковке (prep)
76. фарфор - Porzellan; из фарфора (gen) - aus Porzellan
77. холодильник - Kühlschrank; в холодильнике (prep)
78. хотела - wollte
79. шкафы - Schränke; в/на шкафах (prep)
80. ящичек - Schubladchen; в ящичке (prep)

Тортик

Восьмилетняя Нэнси очень любит готовить. Она умеет варить вкусный суп и жарить омлет. Линда иногда помогает дочери, но Нэнси и сама справляется довольно неплохо. Все говорят, что у девочки кулинарный талант. Нэнси этим очень гордится. Она считает себя настоящим кулинаром. И вот однажды она решает приготовить подарок папе Кристиану на день рождения. Она хочет испечь для него вкусный торт. Нэнси

Torte

Die achtjährige Nancy kocht sehr gerne. Sie kann eine köstliche Suppe und ein Omelett zubereiten. Linda hilft ihrer Tochter manchmal, aber Nancy kommt auch ganz gut alleine zurecht. Alle sagen, dass das Mädchen ein kulinarisches Talent besitzt. Nancy ist sehr stolz darauf. Sie hält sich selbst für eine echte Köchin. Daher beschließt sie eines Tages, für ihren Vater Christian ein Geschenk zu seinem Geburtstag zuzubereiten. Sie möchte ihm eine köstliche Torte backen. Nancy findet ein

находит подходящий рецепт торта. Родители уходят на работу, и Нэнси остаётся с братом дома. Но Дэвид не смотрит за ней. Он играет в компьютерную игру у себя в комнате. Нэнси начинает готовить торт. Она строго следует рецепту, и вроде бы у неё всё получается. Но вдруг она читает в рецепте: «Смазать тесто кулинарным клеем». Нэнси в растерянности. В холодильнике много разных продуктов, но кулинарного клея там нет. Она начинает искать в кухонных шкафах, и вдруг в самом нижнем ящичке находит тюбик с надписью «Клей». Правда, слова «кулинарный» на упаковке нет. Но Нэнси решает, что это не так важно. Ведь главное, что это клей. Правда, этот клей для склеивания предметов сделанных из дерева, кожи и фарфора. Но этот мелкий текст Нэнси не прочитала. Она мажет тесто клеем, как это требуется по рецепту. Затем она ставит тесто в духовку и уходит из кухни. Торт должен выпекаться сорок минут. Проходит минут двадцать, и домой возвращаются родители.
«Что это так вкусно пахнет из кухни?» спрашивает Кристиан.
Нэнси собирается ему ответить, но вдруг в кухне слышен взрыв! Удивлённый Кристиан открывает двери в кухню, и они видят, что вся кухня в дыму, дверца духовки забрызгана тестом, и стоит ужасный запах. Кристиан и Линда удивлённо переводят глаза на свою дочь.
«Ну, я хотела испечь для папы торт с вкусным кремом...» тихо говорит Нэнси.
«Что же ты туда положила?» спрашивает брат, «Ты не волнуйся, сестричка! Если твой торт такой опасный, то может быть лучше, что он не допёкся.»

geeignetes Rezept für eine Torte. Ihre Eltern gehen arbeiten und Nancy bleibt mit ihrem Bruder zu Hause. Aber David passt nicht auf sie auf. Er spielt gerade in seinem Zimmer ein Computerspiel. Nancy beginnt, die Torte zuzubereiten. Sie folgt streng dem Rezept und es scheint, als könne sie alles machen. Als sie plötzlich folgendes im Rezept liest: „Fetten Sie den Teig mit kulinarischem Kleber ein." Nancy ist verwirrt. Es gibt sehr viel Essen im Kühlschrank, aber keinen Klebstoff. Sie beginnt in den Küchenschränken zu suchen, als sie plötzlich in der untersten Schublade eine Tube mit der Aufschrift 'Kleber' findet. Das Wort 'kulinarisch' steht jedoch nicht auf der Packung. Aber Nancy beschließt, dass das nicht so wichtig ist. Das wichtigste ist ja schließlich, dass es Klebstoff ist. Dieser Kleber ist jedoch dazu da, um Gegenstände aus Holz, Leder oder Porzellan zusammenzukleben. Aber Nancy hat das Kleingedruckte nicht gelesen. Sie fettet den Teig entsprechend dem Rezept mit dem Kleber ein. Dann stellt sie den Teig in das Backrohr und verlässt die Küche. Die Torte sollte vierzig Minuten lang backen.
Zwanzig Minuten später kommen ihre Eltern zurück nach Hause.
„Was kommt da für ein köstlicher Geruch aus der Küche?", fragt Christian.
Nancy will ihm gerade antworten, aber plötzlich hören sie eine Explosion in der Küche! Überrascht öffnet Christian die Tür zur Küche und sieht, dass die ganze Küche voller Rauch ist. Die Tür des Backrohrs ist mit Teig bespritzt und es stinkt fürchterlich. Christian und Linda sehen ihre Tochter überrascht an.
„Nun ja, ich wollte eine Torte mit einer leckeren Creme für Papa backen ...", sagt Nancy leise.
„Was hast du hineingetan?", fragt ihr Bruder.
„Mach dir keine Sorgen, Schwesterherz! Wenn deine Torte so gefährlich ist, ist es vielleicht besser, dass sie nicht fertig gebacken wurde."

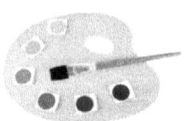

20

Экзотический ужин
Exotisches Abendessen

Слова
Vokabel

1. азиатская - asiatische; азиатскую *(acc)*
2. английский - englische; английского *(gen)*
3. бледнеет - wird bleich; бледный - bleich
4. блюда - Gerichte; несколько блюд *(plr gen)*; на/в блюде *(prep)*
5. варвар - Barbar; с варваром *(inst)*
6. вариант - Alternative
7. вилка - Gabel; вилку *(acc)*
8. вкусные - köstlichste
9. выносит - bringt heraus
10. выращивают - anbauen
11. гусеница - Raupe; гусеницу *(acc)*; гусеницы *(gen)*
12. двести - zweihundert
13. деликатес - Delikatesse; деликатесом *(inst)*
14. денег - Geld; сколько/много/мало денег *(gen)*
15. деревня - Stadt; в деревне *(prep)*
16. дикость - unzivilisierte
17. длина - Länge; метр в длину *(prep)* - ein Meter lang
18. доллары - Dollar; несколько долларов *(gen)*
19. дорогая - teuere; дорогую *(fem acc)*; дорогим *(masc inst)*; дорогих *(plr gen)*
20. едят - sie essen
21. живая - lebendig
22. знаете - wissen Sie
23. знакомиться - kennenlernen
24. известный - berühmte
25. интересуется - interessiert sich für
26. кричать - schreien
27. крышка - Deckel; крышку *(acc)*

28. кухни - Küchen; кухнями (inst plr)
29. листать - blättern; листают - sie blättern
30. листья - Blätter
31. ломаный - schlechte; на ломаном немецком (prep) - gebrochenes Deutsch sprechen
32. лучший - bester
33. меню - Speisekarte
34. местный - örtlicher; местного (gen)
35. множество - viel
36. молча - schweigsam
37. накалывает - spießt auf
38. нарезанные - geschnittene; нарезанных (gen)
39. невероятно - unglaublich
40. неловкая пауза - anstrengender Moment
41. необычные - ungewöhnliche; необычными (inst)
42. непонятный - unverständlicher; на непонятном (prep)
43. обычаи - Bräuche; обычаями (inst)
44. овощи - Gemüse; овощей (gen)
45. огромная - riesige
46. одно (neut) - ein; одной (fem prep)
47. оживить - wiederbeleben
48. ожидали - erwarteten
49. отличный - hervorragender
50. официант - Kellner
51. пауза - Pause
52. перевод - Übersetzung; перевода (gen)
53. переглядываются - sie tauschen Blicke aus
54. повар - Koch
55. ползти - kriechen
56. понимаете - verstehen Sie; понять - verstehen
57. попробовать - versuchen, probieren
58. посередине - in der Mitte
59. появляться - aufkommen, auftauchen
60. путешествовать - verreisen
61. пять - fünf; пяти (gen)
62. пятнадцать - fünfzehn
63. размер - Größe; размера (gen)
64. растерянно - verlegen
65. редкая - selten; редкую (acc)
66. ресторан - Restaurant; ресторана (gen)
67. решают - sie entscheiden sich
68. сантиметр - Zentimeter; несколько сантиметров (pl gen)
69. север - Norden; на севере (prep)
70. сильный - starker
71. снимает - nimmt ab
72. согласиться - einverstanden sein
73. столик - Tischlein; столика (gen)
74. страны (plr) - Länder; стран (plr gen); страну (sng acc); страны (sng gen)
75. сумма - Betrag; сумму (acc)
76. счёт - Rechnung; счёта (gen)
77. считаются - sie gelten
78. съесть - essen; съедает - isst
79. такую (acc) - diese
80. тем временем - inzwischen
81. толстая - fette
82. традиции (pl) - Traditionen; традициями (pl inst)
83. убили - töteten; убитую (fem acc) - getötete
84. ужасная - fürchterliche
85. фекалии - Exkremente
86. хотят - wollen
87. шаман - Schamane
88. шеф-повар - Koch
89. экзотический - exotischer
90. языка - Sprache; языка (gen)

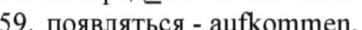

B

Экзотический ужин

Роберт и Елена едут отдыхать в одну азиатскую страну. Им очень нравится путешествовать. Роберт интересуется необычными традициями и обычаями. И, конечно, им нравится знакомиться с кухнями

Exotisches Abendessen

Robert und Elena machen in einem asiatischen Land Urlaub. Sie verreisen sehr gerne. Robert interessiert sich für ungewöhnliche Traditionen und Bräuche. Und sie lernen natürlich auch gerne etwas über die Küchen der verschiedenen Länder. Also

разных стран. Поэтому и на этот раз они решают зайти в самый лучший и известный местный ресторан. Это довольно дорогой ресторан, но они хотят попробовать самые вкусные и интересные блюда, и им не жалко на это денег. Они долго листают меню. В меню нет английского перевода. Но местного языка они совсем не знают, поэтому ничего не могут понять. Роберт выбирает одно из самых дорогих блюд - оно стоит двести двадцать долларов.
Это дорогое блюдо им выносит сам шеф-повар. Он снимает крышку - и на блюде они видят множество нарезанных овощей и листьев. А посередине лежит огромная толстая гусеница, сантиметров пятнадцать в длину. Гусеница не только огромная - она ещё и живая! Елена и Роберт растерянно смотрят на неё. Гусеница, тем временем, начинает медленно ползти и есть листья на блюде вокруг себя. Конечно, Елена и Роберт такого совершенно не ожидали! Шеф-повар и официант тоже смотрят на гусеницу и не уходят. Получается неловкая пауза. Тогда Роберт берёт вилку и накалывает ею гусеницу. Он решает её съесть, наконец. Повар видит это и падает в обморок! А официант начинает громко кричать на непонятном им языке. Роберт ничего не понимает. Тут к ним из-за соседнего столика подходит другой гость ресторана. Он объясняет Роберту на ломаном английском, что эту гусеницу не едят. Она невероятно дорогая, и до такого размера её выращивают больше пяти лет. И дорогим деликатесом считаются фекалии этой гусеницы, которые появляются на блюде, когда она съедает листья. Именно фекалии гусеницы и стоят двести двадцать долларов. Елена и Роберт молча переглядываются.
«Это же ужасная дикость!» говорит Роберт. «О нет! Это они вас считают теперь варваром!» говорит другой гость и улыбается, «Ведь вы не понимаете эту дорогую кухню! Да ещё и убили такую редкую гусеницу - как настоящий варвар!»
Тут приходит бледный официант и приносит им счёт за убитую гусеницу. Роберт смотрит

entscheiden sie sich diesmal dafür, im besten und berühmtesten örtlichen Restaurant vorbeizuschauen. Es ist ein ziemlich teures Restaurant, aber sie wollen die köstlichsten und interessantesten Gerichte probieren und haben nichts dagegen dafür Geld auszugeben. Sie blättern lange durch die Speisekarte. Es gibt keine englische Übersetzung der Speisekarte. Und sie können die örtliche Sprache überhaupt nicht, daher verstehen sie gar nichts. Robert wählt eines der teuersten Gerichte - es kostet zweihundertzwanzig Dollar.
Der Koch selbst bringt ihnen dieses teure Gericht. Er nimmt den Deckel ab und sie sehen viel geschnittenes Gemüse und Blätter auf dem Teller. Eine riesige fette Raupe, etwa fünfzehn Zentimeter lang, ist in der Mitte. Die Raupe ist nicht nur riesig, sondern auch lebendig! Elena und Robert sehen sie verlegen an. Inzwischen beginnt die Raupe langsam zu kriechen und die Blätter um sie herum auf dem Teller zu essen. Elena und Robert haben so etwas natürlich überhaupt nicht erwartet! Der Koch und der Kellner schauen auch auf die Raupe und gehen nicht weg. Ein anstrengender Moment folgt. Dann nimmt Robert eine Gabel und spießt die Raupe auf. Er beschließt schließlich sie zu essen. Der Koch sieht es und wird ohnmächtig! Und der Kellner beginnt laut in einer Sprache zu schreien, die sie nicht verstehen. Robert versteht gar nichts. In diesem Moment kommt ein anderer Gast von einem Tisch in der Nähe von ihnen auf sie zu. Er erklärt Robert in schlechtem Englisch, dass diese Raupe nicht gegessen wird. Sie ist unglaublich teuer und es dauert mehr als fünf Jahre, damit sie auf diese Größe heranwächst. Die Exkremente dieser Raupe, die man auf dem Teller findet, wenn sie die Blätter isst, gelten als teure Delikatesse. Diese Exkremente der Raupe kosten zweihundertzwanzig Dollar. Elena und Robert tauschen schweigsam Blicke aus.
„Das ist fürchterlich unzivilisiert!", sagt Robert. „Oh, das ist es nicht. Sie denken nun, dass du der Barbar bist!", sagt ein anderer Gast und lächelt. „Weil du diese teure Küche nicht verstehst! Außerdem hast du diese seltene Raupe getötet, wie ein wirklicher Barbar!"
An dieser Stelle kommt der bleiche Kellner und bringt die Rechnung für die getötete Raupe. Robert

на сумму счёта и тоже бледнеет.
«Вы знаете,» говорит Роберт, «Недавно мы были в одной очень маленькой деревне на севере вашей страны. И там есть один отличный, очень сильный шаман. Возможно, он согласится попробовать оживить её?.. Мне кажется, это хороший вариант..»

schaut den Betrag der Rechnung an und wird auch bleich.
„Wissen Sie", sagt Robert, „vor kurzem waren wir in einem sehr kleinem Dorf im Norden ihres Landes. Dort gibt es einen hervorragenden, sehr starken Schamanen. Vielleicht ist er einverstanden zu versuchen, sie wieder zum Leben zu bringen? ... Ich glaube, das wäre eine gute Alternative..."

21

Высокое искусство
Hochkunst

Слова
Vokabel

1. в**а**жная - wichtige
2. в**а**та - Wattierung; в**а**той *(inst)*
3. ведр**о** - Eimer; ведр**у** *(dat)*
4. в**е**чность - Ewigkeit
5. вздых**а**ет - seufzt
6. в**и**деть - sehen; в**и**дно - es ist offensichtlich
7. в**и**лки - Gabeln; в**и**лок *(gen)*
8. вн**е**шне - äußere Erscheinung
9. вн**у**тренняя - innere; вн**у**треннюю *(fem adj acc)*
10. внутр**и** - im Inneren
11. восхищен**а** / восхищён - bewundert
12. впечатл**е**ние - Eindruck; под впечатл**е**нием *(inst)* - ist beeindruckt
13. выбр**а**сывать - wegwerfen
14. выд**у**мывать - erfinden
15. выраж**е**ние - Ausdruck
16. выс**о**кое - hohes
17. в**ы**ставка - Ausstellung; на в**ы**ставке *(prep)*
18. глуб**о**кий - tiefe
19. г**о**рный *(masc adj)* - Berg-; г**о**ры - Berge
20. гр**я**зная - schmutzige; гр**я**зной *(gen)*; гр**я**зную *(acc)*
21. д**е**лают - machen
22. д**у**маю - glaube, denke
23. душ**а** - Seele
24. зад**у**мчиво - nachdenklich
25. зал - Raum; з**а**ла *(gen)*; в з**а**ле *(prep)*
26. звуч**и**т - klingt
27. з**е**ркало - Spiegel; в з**е**ркале *(prep)*

28. зн**а**ния - Wissen; зн**а**ниями *(inst plr)*
29. иск**у**сство - Kunst; иск**у**сства *(gen)*; в иск**у**сстве *(prep)*
30. к**а**ждая - jede
31. карт**и**на - Bild; на карт**и**не *(prep)*; карт**и**ну *(acc)*; карт**и**ны *(gen)*
32. контр**а**ст - Kontrast; контр**а**сте *(gen)*
33. конф**е**та - Bonbon
34. крас**и**ва(я) - schöne; крас**и**во - schön
35. кр**а**сная - rote; кр**а**сной *(inst)*
36. красот**а** - Schönheit; красот**у** *(acc)*
37. лиц**о** - Gesicht; лиц**а** *(gen)*
38. л**у**чшее - das beste
39. метал**л**ическая - Metall-; метал**л**ическую *(acc)*
40. милли**о**ны - Millionen
41. м**о**жешь - kannst
42. м**у**дрое - weise
43. муз**е**й - Museum
44. м**у**сор - Müll
45. мысль - Gedanke
46. на ход**у** - während er spricht, im Gehen
47. непон**я**тны - unverständlich
48. непр**о**чность - Vergänglichkeit; непр**о**чности *(fem gen)*
49. ник**а**кого *(gen)* - keinen
50. **о**бувь - Schuhen; **о**буви *(gen)*
51. об**ы**чный - gewöhnliche
52. огр**о**мная - riesige; огр**о**мную *(acc)*
53. од**е**жда - Kleindungsstücke; од**е**жды *(gen)*
54. открыв**а**ется - wird eröffnet
55. пейз**а**ж - Landschaft
56. пласт**и**ковая - Plastik-; пласт**и**ковую *(fem adj acc)*; пласт**и**ковых *(plr adj gen)*
57. пок**а**заны - werden gezeigt
58. посмотр**и** *(imp)* - sieh ... an
59. потол**о**к - Decke; потолк**а** *(gen)*
60. пох**о**ж *(sng)* - ähnlich; пох**о**жи *(pl)*
61. произвести впечатл**е**ние - beeindrucken
62. р**а**зве - denn, etwa
63. рассмотр**е**ть - sehen
64. рук**а** - Hand; на/в рук**е** *(prep)*
65. сд**е**ланная - gemachte; сд**е**ланной *(gen)*
66. серьёзное - ernstes
67. с**и**мвол - Symbol
68. сказ**а**л - hat gesagt
69. скульпт**у**ра - Skulptur; скульпт**у**ру *(acc)*
70. сл**е**дующая - nächste; сл**е**дующую *(prep)*
71. смотр**е**ть - anstarren, sehen
72. смущ**ё**нно - in Verwirrung
73. смысл - Bedeutung; см**ы**сла *(gen)*
74. совр**е**менный - moderne; совр**е**менного *(gen)*; в/на совр**е**менном *(prep)*; совр**е**менные *(plr)*
75. ст**а**рая - alte; ст**а**рой *(gen)*
76. стр**а**нный - seltsame; стр**а**нных *(gen plr)*
77. сход**и**ть - gehen
78. тёмная - dunkle; тёмную *(acc)*
79. т**о**чно - definitiv, genau, exakt
80. убед**и**тельно - überzeugend
81. уб**о**рщица - Reinemachefrau
82. убр**а**ть - reinigen, putzen
83. ув**и**деть - sehen
84. уж - *Interjektion*
85. **у**мное - Sclaues
86. униф**о**рма - Uniform; в униф**о**рме *(prep)*
87. фиг**у**ра - Figur
88. худ**о**жник - Künstler
89. челов**е**к - Mann, Mensch
90. швабр**а** - Mopp; шв**а**брой *(inst)*
91. **э**ти - diese

B

Высокое искусство

Одн**а**жды Р**о**берт приглаш**а**ет Ел**е**ну в муз**е**й совр**е**менного иск**у**сства. Там открыв**а**ется н**о**вая в**ы**ставка. Ел**е**на **о**чень л**ю**бит иск**у**сство. Он**а** соглаш**а**ется сход**и**ть в муз**е**й, но говор**и**т, что ничег**о** не поним**а**ет в совр**е**менном иск**у**сстве. Он**а** счит**а**ет его сл**и**шком

Hochkunst

Eines Tages lädt Robert Elena in das Museum für moderne Kunst ein. Eine neue Ausstellung wird dort eröffnet. Elena hat Kunst sehr gerne. Sie ist einverstanden das Museum zu besuchen, aber sie sagt, dass sie moderne Kunst überhaupt nicht verstehe. Sie hält sie für zu seltsam. In der

странным. На выставке они видят много интересных вещей. Елена останавливается возле картины, сделанной из пластиковых вилок. Она внимательно смотрит на картину. Это похоже на горный пейзаж.

«Нет, это не для меня,» говорит Елена, «Современные художники слишком непонятны. Особенно когда они делают свои картины из таких странных вещей. Посмотри вот на эту картину. Разве это красиво?» спрашивает Елена. Картина ей не нравится. Роберт тоже не очень хорошо понимает такое искусство. Но ему нравится Елена. И он очень хочет произвести на неё впечатление и удивить её своими знаниями. Роберт делает серьёзное выражение лица.

«Видишь ли,» говорит Роберт, «Внешне эта картина не очень красива. Но в ней нужно рассмотреть её внутреннюю красоту.»

«Что-что?» удивлённо спрашивает Елена.

«Её внутреннюю красоту,» повторяет Роберт, «На этой картине показаны горы. Ведь горы стоят миллионы лет. Они - символ вечности,» объясняет Роберт, «А пластиковую вилку быстро выбрасывают. Это символ непрочности. И в этом контрасте есть очень глубокий смысл.»

Роберт выдумывает всё это на ходу. Ему кажется, что это звучит убедительно. Елена растерянно смотрит на Роберта. Потом она смотрит на картину и вздыхает.

«Давай лучше пойдём дальше,» предлагает Елена.

Они идут дальше и видят много других странных вещей. В одном зале они видят огромную металлическую конфету до потолка и скульптуру из старой обуви. В другом зале стоят фигуры людей из одежды, с красной ватой внутри. И о каждой вещи Роберт рассказывает Елене что-то умное.

«Иногда эти произведения искусства очень похожи на обычный мусор,» говорит Елена.

Они идут в следующую комнату и вдруг видят там зеркало, перед которым стоит ведро с грязной водой.

«Ну, это уж слишком!» говорит Елена, «В этом точно нет никакого смысла!»

«О не-е-ет,» задумчиво говорит Роберт, «Здесь

Ausstellung sehen sie viele interessante Dinge. Elena bleibt bei einem Bild stehen, dass aus Plastikgabeln gemacht wurde. Sie starrt das Bild aufmerksam an. Es sieht aus wie eine Berglandschaft.

„Nein, das ist nicht mein Fall", sagt Elena, „moderne Künstler sind zu unverständlich. Besonders wenn sie ihre Bilder aus so seltsamen Dingen machen. Sieh dir dieses Bild an. Ist das schön?", fragt Elena. Sie mag das Bild nicht. Robert versteht diese Kunst auch nicht. Aber er mag Elena. Und er möchte sie mit seinem Wissen wirklich beeindrucken und überraschen. Robert macht ein ernstes Gesicht.

„Weißt du", sagt Robert, „die äußere Erscheinung dieses Bildes ist nicht sehr schön. Aber du musst die innere Schönheit sehen."

„Was?", fragt Elena überrascht.

„Die innere Schönheit", wiederholt Robert. „In diesem Bild werden einige Berge gezeigt. Letzten Endes stehen Berge für Millionen von Jahren. Sie sind ein Symbol für die Ewigkeit", erklärt Robert, „aber eine Plastikgabel wird schnell weggeworfen. Sie symbolisiert Vergänglichkeit. In diesem Kontrast liegt eine sehr tiefe Bedeutung."

Robert erfindet das alles, während er spricht. Es scheint ihm, dass es überzeugend klingt. Elena schaut Robert verlegen an. Dann schaut sie auf das Bild und seufzt.

„Lass uns weitergehen", bietet Elena an.

Sie gehen weiter und sehen viele andere seltsame Dinge. In einem Raum sehen sie ein riesiges Bonbon aus Metall, das so hoch ist wie die Decke, und eine Skulptur, die aus alten Schuhen gemacht wurde. In einem anderen Raum sind Menschenfiguren aus Kleidungsstücken, mit einer roten Wattierung im Inneren. Und Robert erzählt Elena etwas Schlaues über jedes dieser Dinge.

„Manchmal sind diese Kunstwerke gewöhnlichem Müll sehr ähnlich", sagt Elena.

Sie gehen in den nächsten Raum und sehen dort einen Spiegel, vor dem ein Eimer voll mit schmutzigem Wasser steht.

„Also das ist wirklich zu viel!", sagt Elena, „das hat definitiv keine Bedeutung!"

„Oh, nein, nein", sagt Robert nachdenklich. „Das hat eine sehr tiefe Bedeutung. Es ist

очень глубокий смысл. Сразу видно, что этот художник очень умный человек.»
«Разве?» удивляется Елена.
«Конечно,» отвечает Роберт, «Ведь в зеркале ты можешь видеть своё лицо. И ты можешь посмотреть в эту грязную воду и там тоже увидеть своё лицо. Художник хочет сказать, что каждая душа имеет тёмную сторону. И мы должны смотреть и на неё тоже. Это очень важная мысль. Я думаю, это самое лучшее и самое мудрое произведение на всей выставке,» говорит Роберт.
«Ты такой умный!» говорит Елена и берёт его за руку. Она восхищена Робертом.
В этот момент в зал входит женщина в униформе уборщицы и со шваброй в руке. Она подходит к ведру и оборачивается к Елене с Робертом.
«Ой, извините. Я забыла его убрать,» говорит им женщина. Она берёт ведро и выносит его из зала.
«Как ты сказал?» смеётся Елена, «Лучшее произведение на выставке?..»
Роберт смущенно молчит. Но Елена всё равно под большим впечатлением от его ума.

offensichtlich, dass dieser Künstler ein sehr intelligenter Mann ist."
„Ist er das?", fragt Elena überrascht.
„Natürlich", antwortet Robert, „weißt du, in einem Spiegel kannst du dein Gesicht sehen. Und du kannst auch in dieses schmutzige Wasser blicken und dein Gesicht sehen. Der Künstler möchte ausdrücken, dass jede Seele eine dunkle Seite hat. Und dass wir sie uns auch ansehen müssen. Das ist ein sehr wichtiger Gedanke. Ich glaube, dass ist das beste und weiseste Kunstwerk der ganzen Ausstellung", sagt Robert.
„Du bist so intelligent!", sagt Elena und nimmt ihn an der Hand. Sie bewundert Robert.
In diesem Moment betritt eine Frau in der Uniform einer Reinigungsfirma und mit einem Mopp in der Hand den Raum. Sie nähert sich dem Eimer und wendet sich an Elena und Robert.
„Oh, es tut mir leid. Ich habe vergessen, ihn mitzunehmen", sagt die Frau zu ihnen. Sie nimmt den Eimer und trägt ihn aus dem Raum.
„Was hast du gesagt?", sagt Elena und lacht, „Das beste Kunstwerk der Ausstellung? ..."
Robert schweigt und ist verwirrt. Aber Elena ist immer noch sehr beeindruckt von seinem Verstand.

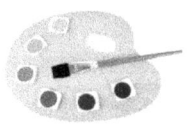

22

Генеральная уборка
Frühjahrsputz

Слова
Vokabel

1. аккуратный - genau; аккуратного *(gen)*
2. благотворительность - Wohltätigkeit
3. бумаги - Papiere
4. вернуться - zurückkommen
5. возражать - erwidern, entgegnen
6. волнуется - macht sich Sorgen
7. вытирать - abwischen; вытирайте *(imp)*
8. генеральная уборка - Frühjahrsputz
9. говорить - mitteilen, sagen
10. грузовик - Lastwagen; грузовика *(gen sng)*
11. грязно - schmutzig
12. директор - Leiter; директора *(gen)*
13. документы - Unterlagen
14. доходить - ankommen
15. заместитель директора - stellvertretender Leiter
16. иметь - haben
17. испытательный - Probe-
18. к сожалению *(dat)* - unglücklicherweise
19. к счастью *(dat)* - zum Glück
20. компания - Firma; в компании *(prep)*
21. лежала - lag
22. небольшой - kleine
23. неожиданно - plötzlich
24. новости / новость - Neuigkeit/en
25. офис - Büro; офиса *(gen)*
26. ошибка - Fehler; ошибку *(acc)*
27. перекладывать - umlegen, bewegen; перекладывайте *(imp)*; переложила / переложили - hat/haben umgelegt
28. поговорить - sprechen
29. попасть - geraten; попала - geriet
30. премировать - Bonus bezahlen
31. продаёт - verkauft; продать - verkaufen
32. пыль - Staub

33. рабо́тник - Arbeiter; рабо́тника *(gen)*
34. ра́дуется - freut sich; рад/а *(adj)*
35. случа́йно - versehentlich
36. случа́ться - vorkommen
37. собира́емся - (wir) beabsichtigen
38. срок - Zeit, Termin
39. стара́тельный - sorgfältige; стара́тельного *(gen)*
40. сто́пка - Stapel; сто́пку *(acc)*
41. убо́рка - Aufräumen, Reinemachen
42. убо́рщица - Reinigungskraft; убо́рщице *(dat)*; убо́рщицей *(inst)*
43. уво́лены - sind gefeuert; уво́лить - entlassen, feuern
44. увольне́ние - Entlassung; увольне́нием *(inst)*; увольне́нии *(prep)*
45. фо́рма - Formular
46. чистота́ - Sauberkeit; чи́стый - sauber
47. шту́ка - Sache; Stück
48. электро́ника - Elektronik; электро́никой *(inst)*; электро́нику *(acc)*

Генера́льная убо́рка

Ро́берт у́чится в ко́лледже и рабо́тает в небольшо́й компа́нии. Компа́ния продаёт электро́нику. Ро́берт рабо́тает там неда́вно. Дире́ктор хва́лит его́ рабо́ту. Ро́берт ра́дуется, что на рабо́те всё идёт хорошо́. Но вдруг неожи́данно его́ вызыва́ет замести́тель дире́ктора. Ро́берт о́чень волну́ется. Он не зна́ет, заче́м его́ вызыва́ют. Замести́тель отдаёт ему́ зарпла́ту и докуме́нты. Ро́берт ничего́ не понима́ет.
«Мне о́чень жаль вам э́то говори́ть, но вы уво́лены,» говори́т замести́тель дире́ктора.
«Но почему́?» спра́шивает Ро́берт.
«К сожале́нию, вы не прошли́ испыта́тельный срок,» говори́т замести́тель дире́ктора.
«Но ведь дире́ктор хва́лит мою́ рабо́ту!» возража́ет Ро́берт.
«Мне о́чень жаль,» повторя́ет замести́тель. Ро́берт забира́ет свои́ докуме́нты и ве́щи и ухо́дит из о́фиса. Он си́льно расстро́ен. По доро́ге домо́й он всё вре́мя ду́мает об э́том увольне́нии. Ему́ э́то ка́жется о́чень стра́нным. Но Ро́берт не дохо́дит до до́ма. Неожи́данно ему́ звони́т сам дире́ктор компа́нии. Он предлага́ет Ро́берту верну́ться в о́фис и говори́т, что хо́чет с ним поговори́ть. Ро́берт удивлён. Но он соглаша́ется и возвраща́ется в о́фис. Он наде́ется, что его́ ждут хоро́шие но́вости. Он вхо́дит в кабине́т дире́ктора и ви́дит, что

Frühjahrsputz

Robert studiert an der Universität und arbeitet in einer kleinen Firma. Die Firma verkauft Elektronik. Robert arbeitet noch nicht lange dort. Der Leiter lobt seine Arbeit. Robert freut sich, dass in der Arbeit alles gut läuft. Aber plötzlich lässt der stellvertretenden Leiter Robert rufen. Robert macht sich große Sorgen. Er weiß nicht, warum er gerufen wurde. Der stellvertretende Leiter gibt ihm sein Gehalt und seine Unterlagen. Robert versteht gar nichts.
„Es tut mir sehr leid, Ihnen das mitteilen zu müssen, aber Sie sind gefeuert", sagt der stellvertretende Leiter.
„Aber warum?", fragt Robert.
„Unglücklicherweise haben Sie die Probezeit nicht bestanden", sagt der stellvertretende Leiter.
„Aber der Leiter lobt meine Arbeit!", wendet Robert ein.
„Es tut mir sehr leid", wiederholt der stellvertretende Leiter.
Robert nimmt seine Unterlagen und Dinge und verlässt das Büro. Er ist sehr traurig. Auf dem Heimweg denkt er die ganze Zeit über die Entlassung nach. Es erscheint ihm sehr seltsam. Aber Robert schafft es nicht bis nach Hause. Der Leiter selbst ruft ihn plötzlich an. Er bittet Robert zurück ins Büro zu kommen und sagt ihm, dass er mit ihm sprechen möchte. Robert ist überrascht. Aber er ist einverstanden ins Büro zurückzufahren. Er hofft, dass ihn gute Neuigkeiten erwarten. Er betritt das Büro des Leiters und sieht, dass der

директор разговаривает с уборщицей.
«Пожалуйста,» говорит он уборщице, «Не перекладывайте больше бумаги на моём столе! Даже не вытирайте на нём пыль! Никогда!»
«Но ведь там было грязно,» отвечает уборщица, «Ведь я же хотела чтобы было лучше.»
Директор вздыхает и качает головой.
«Роберт,» говорит директор, «Ваша форма лежала у меня на столе. И наша уборщица случайно переложила её из одной стопки в другую. То есть из стопки «Премировать» ваша форма попала в стопку «Уволить,» объясняет директор, «Мне очень жаль, что так случилось. Надеюсь, так больше не случится.»
Роберт очень рад это слышать. Он не может поверить своему счастью.
«Так вы меня не увольняете?» спрашивает Роберт. Директор улыбается Роберту.
«Нет, мы не собираемся Вас увольнять, не беспокойтесь,» говорит директор, «Мы рады иметь такого аккуратного и старательного работника.»
«Спасибо,» говорит Роберт, «Это действительно хорошая новость.»
«Эту ошибку с твоим увольнением легко исправить,» говорит директор, «А вот документы про три грузовика с электроникой из стопки «Продать» переложили в стопку «Благотворительность». Чистота - дорогая штука,» говорит директор и грустно смотрит на свой чистый стол.

Leiter mit der Reinigungskraft spricht.
„Bitte", sagt er zu der Reinigungskraft, „bewegen sie nie wieder die Papiere auf meinem Tisch! Wischen Sie nicht einmal den Staub von ihnen ab! Nie!"
„Aber es war schmutzig", antwortet die Reinigungskraft, „ich wollte es doch nur besser machen."
Der Leiter seufzt und schüttelt den Kopf.
„Robert", sagt der Leiter, „dein Formular war auf meinem Tisch. Und unsere Reinigungskraft hat es versehentlich von einem Stapel auf den anderen gelegt. Das heißt, dein Formular wurde vom Stapel 'Bonuszahlungen' auf den Stapel 'Entlassungen' gelegt", erklärt der Leiter, „es tut mir sehr leid, dass das passiert ist. Ich hoffe, es kommt nie wieder vor."
Robert freut sich sehr, das zu hören. Er kann sein Glück nicht fassen.
„Also werden Sie mich nicht entlassen?", fragt Robert. Der Leiter lächelt Robert an.
„Nein, wir werden dich nicht entlassen. Mach dir keine Sorgen", sagt der Leiter. „Wir freuen uns, dass wir so einen genauen und sorgfältigen Arbeiter haben."
„Danke", sagt Robert, „das sind wirklich gute Neuigkeiten."
„Der Fehler mit deiner Entlassung ist sehr einfach zu berichtigen", sagt der Leiter, „aber die Unterlagen von den Lastwägen mit Elektronik wurden vom Stapel 'Verkaufen' auf den Stapel 'Spenden' gelegt. Sauberkeit ist eine teure Sache", sagt der Leiter und blickt traurig auf seinen sauberen Tisch.

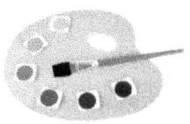

23

Бежевое такси
Beiges Taxi

 A

Слова
Vokabel

1. адрес - Adresse; адреса *(gen)*
2. багаж - Gepäck
3. бежевый / бежевая / бежевое - beige; на бежевом *(prep)*
4. белый / белая - weißer/weiße; на белой *(fem inst)*
5. бесконечный - endlos
6. бродить - herumlaufen
7. будит - weckt auf
8. вежливо - freundlich, höflich
9. везти - mitnehmen, bringen (mit Transport)
10. вокзал - Bahnhof; возле вокзала *(gen)*
11. волнуются - (sie) machen sich Sorgen
12. впервые - zun ersten Mal
13. выгружает - nimmt / lädt heraus
14. вызвал / вызвали - hat/haben gerufen; вызвать - anrufen
15. гнев - Wut
16. грузит - lädt
17. дело в том, что - Tatsache ist, dass
18. диспетчер - Vermittlung, Fahrdienstleiter, Dispatcher
19. долгий - lange; долгих *(pl gen)*
20. другое - anderes
21. друзья - Freunde; друзьям *(dat)*
22. заказ - Reservierung; по заказу *(dat)*
23. замёрз - ist kalt, friert
24. звонили - called
25. звонок - Anruf; звонком *(inst)*
26. здание - Gebäude; здания *(gen)*
27. изо всех сил стараться - gibt sein Bestes
28. клиент - Kunde; клиента *(acc)*
29. кругом - überall
30. лицо - Gesicht; на лице *(prep)*
31. машины - Autos; много машин *(gen)*

32. называть - nennen
33. найти - finden
34. насчёт - hinsichtlich
35. невозмутимый - ruhige; с невозмутимым *(inst)*
36. непонятно - unverständlich, unbegreiflich
37. неприятный - unerfreulich
38. непросто - nicht einfach
39. нервничать - nervös werden
40. нести - tragen
41. нигде - nirgendwo
42. номер - Kennzeichen; номеров *(plr gen)*; с номером *(sng inst)*
43. обидно - tut weh, ärgerlich, peinlich
44. обнаруживать - herausfinden
45. обходить - umhergehen
46. отказываться - sich weigern, verzichten
47. пара - einige; пару *(acc)*
48. перезванивают - rufen wieder an
49. плохо - schlecht
50. подтвердила - bestätigte
51. поезд - Zug; на поезде *(prep)*
52. позвонить - anrufen
53. половина - halb; половина четвёртого - halb vier
54. преодолевать - unterdrücken
55. прибывать - ankommen
56. придётся - erzwungen, müssen, sollen
57. приедет - wird kommen; приехал - ist gекоmmen
58. приезд - Ankunft; к приезду *(dat)*
59. путать - verwechseln

60. радио - Funk
61. расслышать - vernehmen
62. рассматривать - betrachten, überprüfen
63. растерян - ist verwirrt
64. ровно - genau
65. сердит - ist wütend
66. сказали - sagten
67. служба - Unternehmen, Dienst; служб *(plr gen)*; службу *(sng acc)*; службы *(sng gen)*
68. совпадает - übereinstimmt
69. сон - Traum
70. сообщить - mitteilen, sagen
71. с трудом - mühsam
72. считать - betrachten
73. таксист - Taxifahrer; таксиста *(gen)*; таксисту *(dat)*
74. телефон - Telefon; телефона *(gen)*
75. темнота - Dunkeln; в темноте *(prep)*
76. терпеливо - geduldig
77. территория - Gelände; территорию *(acc)*
78. тяжёлый - schwer; тяжёлым *(inst)*
79. удивляться - wundern sich
80. узнать - erkundigen, erfahren: узнайте *(imp)*
81. уточнили - haben bestätigt
82. хм - hum
83. хождение - Herumgehen; хождений *(gen)*
84. целый - ganz
85. чемодан - Koffer; чемоданом *(inst)*
86. ясно - klar

Бежевое такси

Beiges Taxi

Однажды Роберт решает поехать в гости к своим друзьям. Они живут в другом городе, и Роберт едет к ним на поезде. Его поезд прибывает туда в три часа ночи. Роберт здесь впервые. У него нет номеров телефона служб такси в этом городе. Поэтому он звонит друзьям и просит их вызвать для него такси на вокзал. Друзья делают, как он просит. Они говорят, что через десять минут за ним приедет белый «Опель». Роберт ждёт,

Eines Tages beschließt Robert seine Freunde zu besuchen. Sie leben in einer anderen Stadt und Robert nimmt den Zug um dorthin zu fahren. Sein Zug kommt dort um drei Uhr morgens an. Robert ist zum ersten Mal dort. Er hat keine Telefonnummer von den Taxiunternehmen dieser Stadt. Also ruft er seine Freunde an und bittet sie, für ihn ein Taxi zum Bahnhof zu rufen. Seine Freunde machen, um was er sie gebeten hat. Sie sagen, dass ihn in zehn Minuten ein weißer Opel

и через десять минут действительно приезжает белый «Опель». Таксист кладёт в машину багаж Роберта и спрашивает куда ехать. Роберт объясняет, что не знает адреса. Его друзья, которые вызвали такси, должны были сообщить адрес таксисту.
«Моё радио здесь плохо работает. Поэтому я не могу расслышать адрес,» говорит таксист, «Узнайте у своих друзей адрес, пожалуйста. И обязательно спросите их, на какой номер телефона службы такси они звонили,» требует таксист.
«Зачем?» интересуется Роберт.
«Видите ли, я работаю только по заказу,» отвечает таксист, «Может быть, ваши друзья звонили в другую службу такси. Тогда это значит, что меня ждёт другой клиент, и я не могу везти вас вместо него.»
Роберт опять звонит друзьям и снова будит их звонком. Они терпеливо называют адрес и номер телефона службы такси. Роберт повторяет всё это таксисту.
«О! Так это телефон какой-то другой службы такси. Это не номер моей службы такси. Значит, меня вызвал кто-то другой,» говорит таксист и выгружает из машины вещи Роберта. Роберт растерян.
«Но, может быть, у вашей службы есть несколько разных номеров,» предполагает Роберт, «Мне сказали, что через десять минут приедет белый «Опель». И ровно через десять минут приехали Вы. Ведь у Вас белый «Опель», и больше никаких других такси тут нет.»
«Нет,» говорит таксист, «Теперь уже ясно, что за Вами приедет другое такси. Дело в том, что у меня не белый «Опель», а бежевый. А вам надо ждать белый.»
Роберт смотрит на его машину. Возможно, она и бежевая. Но в три часа ночи, в темноте, увидеть это непросто. Таксист отъезжает в сторону, останавливается и ждёт своего клиента. А Роберт снова стоит один возле здания вокзала. Он замёрз и очень хочет спать. Проходит ещё десять минут, но белый «Опель» не приезжает. Друзья волнуются и звонят Роберту. Они удивляются, почему он ещё не у них. Он

abholen wird. Robert wartet und nach zehn Minuten kommt wirklich ein weißer Opel. Der Taxifahrer stellt Roberts Gepäck in das Auto und fragt ihn, wohin er fahren möchte. Robert erklärt, dass er die Adresse nicht weiß. Seine Freunde, die das Taxi gerufen haben, hätten dem Taxifahrer die Adresse geben sollen.
„Mein Funk funktioniert hier nur schlecht. Ich kann also nicht nach der Adresse fragen", sagt der Taxifahrer, „bitte frag deine Freunde nach der Adresse. Und du musst sie auch nach der Telefonnummer des Taxiunternehmens fragen, bei dem sie angerufen haben", fordert der Taxifahrer.
„Warum?", fragt Robert nach.
„Weißt du, ich arbeite nur mit Reservierungen", antwortet der Taxifahrer, „deine Freunde haben vielleicht ein anderes Taxiunternehmen angerufen. Das würde bedeuten, dass ein anderer Kunde auf mich wartet und dass ich nicht dich statt ihm mitnehmen kann."
Robert ruft seine Freunde erneut an und weckt sie mit seinem Anruf erneut auf. Sie nennen ihm geduldig die Adresse und die Telefonnummer des Taxiunternehmens. Robert wiederholt alles für den Taxifahrer.
„Oh! Das ist die Telefonnummer eines anderen Taxiunternehmens. Das ist nicht die Telefonnummer meines Taxiunternehmens. Dann hat mich jemand anderer gerufen", sagt der Taxifahrer und nimmt Roberts Gepäck aus dem Auto. Robert ist verwirrt.
„Ihr Taxiunternehmen hat vielleicht verschiedene Nummern", vermutet Robert, „mir wurde gesagt, dass mich ein weißer Opel in zehn Minuten abholen würde. Und Sie sind genau zehn Minuten später gekommen. Außerdem haben Sie einen weißen Opel und es gibt keine anderen Taxis hier."
„Nein", sagt der Taxifahrer, „es ist jetzt klar, dass dich ein anderes Taxi abholen wird. Tatsache ist, dass mein Opel nicht weiß ist, sondern beige. Und dass du hier auf einen weißen warten musst."
Robert sieht sich das Auto an. Es ist vielleicht beige. Aber um drei Uhr nachts, im Dunkeln, ist es nicht einfach etwas zu erkennen. Der Taxifahrer fährt an die Seite, bleibt stehen und wartet auf seinen Kunden. Und Robert steht wieder alleine in der Nähe des Bahnhofgebäudes. Ihm ist kalt und er ist wirklich müde. Zehn weitere Minuten vergehen,

объясняет им, что произошло.

Через пару минут они перезванивают и говорят, что машина уже на месте. Служба такси только что подтвердила это. Роберт обходит кругом всю территорию вокзала, но так и не находит своего такси. Время идёт, и уже половина четвёртого. Друзья Роберта уже тоже хотят спать. Они начинают нервничать. Им непонятно, почему Роберт не может найти своё такси. Они перезванивают Роберту снова и сообщают ему номер машины. Роберту кажется, что он видит какой-то бесконечный и неприятный сон. Он ещё раз, неся за собой тяжёлый багаж, обходит весь вокзал и рассматривает номера машин. Но машины с таким номером нигде нет. И вдруг после долгих хождений он неожиданно обнаруживает, что номер его такси совпадает с номером машины того таксиста на бежевом «Опеле».

Роберт ужасно сердит. Он возвращается к таксисту и объясняет ему всё это. Он изо всех сил старается говорить спокойно и вежливо.

«Хм, ну надо же,» говорит таксист и снова спокойно грузит в машину багаж Роберта. Роберт с трудом преодолевает гнев. Ведь он уже целый час бродит вокруг вокзала с тяжёлым чемоданом и не даёт спать своим друзьям! И всё только потому, что этот человек отказывается считать свою машину белой! И на всё это он отвечает «Хм»!

«Так как насчёт того, что ваша машина не белая, а бежевая?» спрашивает Роберт.

«Да, мне тоже обидно, что диспетчеры путают,» отвечает таксист с невозмутимым выражением на лице, «Так, вы уточнили адрес?»

Конечно, Роберт уже не помнит адреса. Он понимает, что придётся ещё раз позвонить друзьям. И ему кажется, что они уже не рады его приезду.

aber der weiße Opel kommt nicht. Seine Freunde machen sich Sorgen und rufen Robert an. Sie wundern sich, warum er noch nicht bei ihnen zu Hause ist. Er erklärt ihnen, was passiert ist. Einige Minuten später rufen sie wieder an und sagen ihm, dass das Auto bereits am Ort wartet. Das Taxiunternehmen hat es gerade bestätigt. Robert geht über das ganze Bahnhofsgelände, aber er kann sein Taxi nicht finden. Die Zeit vergeht und es ist schon halb vier. Roberts Freunde möchten schlafen gehen. Sie werden nervös. Sie verstehen nicht, warum Robert sein Taxi nicht finden kann. Sie rufen Robert noch einmal an und sagen ihm das Kennzeichen des Autos. Robert kommt es so vor, als würde er einen endlosen und unerfreulichen Traum haben. Er geht auf dem gesamten Bahnhof umher, zieht sein schweres Gepäck nach und überprüft die Kennzeichen der Autos. Aber es gibt dort nirgendwo ein Auto mit diesem Kennzeichen. Als er lange umhergelaufen ist, findet er plötzlich heraus, dass das Kennzeichen mit dem Autokennzeichen des Taxifahrers des beigen Opels übereinstimmt.

Robert ist sehr wütend. Er geht zurück zum Taxifahrer und erklärt ihm alles. Er gibt sein Bestes um ruhig und freundlich zu sprechen.

„Hum, Sachen gibt's", sagt der Taxifahrer und lädt Roberts Gepäck wieder in das Auto. Robert gibt sein Bestes um die Wut zu unterdrücken. Er ist schließlich eine Stunde lang mit seinem schweren Koffer am Bahnhof herumgelaufen und hat seine Freunde nicht schlafen lassen! Und das alles, weil sich diese Person weigert ihr Auto als weiß zu betrachten! Und auf all das antwortet er „Hum"!

„Und wie war das mit der Tatsache, dass ihr Auto nicht weiß sondern beige ist?", fragt Robert.

„Ja, es tut mir auch weh, dass die Vermittlung das verwechselt", antwortet der Taxifahrer mit einem ruhigen Ausdruck im Gesicht. „Nun gut, haben Sie die Adresse bestätigt?"

Natürlich kann sich Robert nicht mehr an die Adresse erinnern. Er begreift, dass er seine Freunde noch einmal anrufen muss. Und er nimmt an, dass sie sich über seine Ankunft nicht mehr freuen.

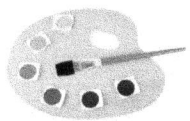

24

Новогодняя ёлка
Weihnachtsbaum

Слова
Vokabel

1. алло - hallo
2. бак - Tonne; баком *(inst)*; баку *(dat)*
3. вдвоём - zu Zweit, zusammen
4. водитель - Fahrer
5. выбирать - aussuchen
6. выйти - herauskommen
7. выход - Ausgang; к выходу *(dat)*
8. год - Jahr; в году *(prep)*
9. грузить - einladen
10. доставка - Zustelldienst; по доставке *(prep)*
11. захватить - mitnehmen, bringen
12. интерес - Interesse
13. класть - legen; кладут - sie legen
14. крепкий - stark
15. кроме того - außerdem
16. крыша - Dach; крышу *(acc)*
17. любимый - Lieblings-
18. магазин - Laden
19. маски - Masken
20. минута - Minute; минуту *(acc)*
21. мусорный- Müll-; мусорному *(dat)*; мусорным *(inst)*
22. над - über
23. новогодняя ёлка - Weihnachtsbaum
24. ножницы - Schere

25. общие - gemeinsame
26. оплачивают - sie zahlen
27. останавливает - hält an
28. парни - Jungs
29. поднимает трубку - hebt ab
30. подъезжает - fährt an
31. пока - tschüß
32. покупать - kaufen; покупки - Einkäufe
33. помещаться - passen
34. праздник - Fest; праздничный - festlich
35. привязать / привязывать - binden; привязал (past); привязана (past part fem)
36. приеду - werde kommen
37. проводить время - Zeit verbringen
38. продолжаться - dauern
39. разговор - Gespräch
40. разрезает - schneidet
41. родители - Eltern; родителям (dat)
42. родственники - Verwandte; родственникам (dat)
43. сам/и - selbst
44. свободное - freies
45. семейные - Familien-
46. сервис - Dienst
47. сестра - Schwester; сестрой (inst)
48. смешные - lustige
49. супермаркет - Supermarkt; супермаркета (gen); в супермаркете (prep)
50. сыграет - wird spielen
51. сюрпризы - Überraschungen
52. улыбались - lächelten; улыбаются - lächeln
53. устроил шутку - spielte einen Streich
54. фейерверки - Feuerwerke
55. чтение - Lesen; чтением (inst)
56. шутить - scherzen, spaßen
57. шутка - Streich; шутку (acc)

Новогодняя ёлка

Роберт любит проводить свободное время за чтением книг. Давид любит играть в компьютер. Он также любит шутить над своей сестрой и своими друзьями. У Роберта и Давида есть также общие интересы. Они любят семейные праздники. Рождество - это любимый праздник Роберта и Давида. Каждый год они ездят в супермаркет покупать новогоднюю ёлку. В этом году Роберт и Давид тоже едут в супермаркет вдвоём. В супермаркете Давид покупает новогодние подарки родственникам. Роберт покупает новогодние игрушки, фейерверки, маски и смешные сюрпризы. После этого они идут выбирать ёлку. Они выбирают красивую высокую ёлку. Роберт и Давид с трудом поднимают её и несут к выходу. Они оплачивают покупки и идут к выходу. Парни не видят, что недалеко находится сервис по доставке. Роберт и Давид начинают сами грузить ёлку. Ёлка не помещается в багажник. Тогда они решают привязать её на крышу автомобиля. Роберт идёт в магазин и покупает

Weihnachtsbaum

Robert verbringt seine Freizeit gerne damit Bücher zu lesen. David spielt gerne Computerspiele. Er spielt seiner Schwester und seinen Freunden auch gerne Streiche. Robert und David haben auch gemeinsamen Interessen. Sie mögen Familienfeiern. Weihnachten ist Roberts und Davids Lieblingsfest. Jedes Jahr gehen sie in einen Supermarkt und kaufen einen Weihnachtsbaum. Dieses Jahr gehen Robert und David auch zusammen in einen Supermarkt. David kauft im Supermarkt Weihnachtsgeschenke für seine Verwandten. Robert kauft Dekorationen für Silvester, Feuerwerke, Masken und lustige Überraschungen. Danach gehen sie einen Weihnachtsbaum aussuchen. Sie wählen einen großartigen, hohen Baum. Robert und David nehmen ihn und tragen ihn mühsam zum Ausgang. Sie zahlen für die Einkäufe und gehen zum Ausgang. Die Jungs sehen keinen Zustelldienst in der Nähe. Robert und David beginnen, den Weihnachtsbaum selbst einzuladen. Der Weihnachtsbaum passt nicht in den Kofferraum. Also beschließen sie, ihn auf das

крепкую верёвку. Роберт и Давид кладут ёлку на крышу машины. Теперь нужно только крепко привязать её. В этот момент в машине звонит телефон Роберта. Ему звонит Габи, его сестра. Роберт садится в машину и отвечает на звонок.
«Алло,» говорит он.
«Роберт, привет!» говорит Габи.
«Привет, Габи! Как дела?» отвечает Роберт.
Давид начинает сам привязывать ёлку. Разговор Роберта и Габи продолжается минуты три.
«Роберт, я уже привязал ёлку,» говорит Давид, «Я сейчас должен срочно зайти на минуту на работу, поэтому езжай без меня. Я приеду минут через двадцать,» заканчивает Давид. Его работа находится возле супермаркета, и он хочет идти туда пешком.
«Хорошо. Ты крепко привязал ёлку?» спрашивает Роберт.
«Не волнуйся. Я привязал её хорошо. Пока,» отвечает Давид, хитро улыбается Роберту и уходит.
Роберт едет к дому Давида. Ему по дороге улыбаются другие водители. Роберт тоже улыбается им. Сегодня у всех праздничное настроение! Роберт подъезжает к дому Давида. Он останавливает машину. Роберт пытается открыть дверцу машины. Но дверца не открывается. Теперь Роберт видит, что верёвка проходит через открытые окна. Он не может выйти из машины, потому что Давид привязал дверцы тоже. Роберт звонит родителям Давида. Трубку поднимает сестра Давида.
«Да,» отвечает Нэнси на звонок.
«Нэнси, это Роберт. Ты не могла бы выйти на улицу? И захвати ножницы, пожалуйста,» просит Роберт. Нэнси выходит и видит Роберта, который сидит в машине и не может выйти. Она начинает смеяться. Кроме того, она видит мусорный бак, который стоит рядом с машиной. Роберт разрезает верёвки и выходит из машины. Он тоже видит мусорный бак. Роберт видит, что верёвка привязана к мусорному баку. Роберт всю дорогу ехал с мусорным баком сзади! Это шутка, которую устроил Давид, пока Роберт разговаривал с

Autodach zu binden. Robert geht in den Laden und kauft ein starkes Seil. Robert und David legen den Weihnachtsbaum auf das Autodach. Sie müssen ihn nur fest anbinden. In diesem Moment klingelt Roberts Handy im Auto. Gabi, seine Schwester, ruft ihn an. Robert steigt in das Auto und hebt ab.
„Hallo", sagt er.
„Hallo, Robert!", sagt Gabi.
„Hallo, Gabi! Wie geht es dir", antwortet Robert.
David beginnt, den Baum selbst anzubinden. Roberts und Gabis Gespräch dauert etwa drei Minuten.
„Robert, ich habe den Weihnachtsbaum schon festgebunden", sagt David. „Ich muss schnell für eine Minute in die Arbeit, also fahr schon mal ohne mich. Ich komme in etwa zwanzig Minuten nach", sagt David abschließend. Sein Arbeitsplatz ist nahe beim Supermarkt und er möchte dort zu Fuß hingehen.
„In Ordnung. Hast du den Weihnachtsbaum fest angebunden?", fragt Robert.
„Keine Sorge. Ich habe ihn gut festgebunden. Tschüß", antwortet David, lächelt Robert verschmitzt an und geht.
Robert fährt zu Davids Haus. Auf dem Weg lächeln die anderen Fahrer ihn an. Robert lächelt sie auch an. Jeder ist heute in einer festlichen Stimmung! Robert fährt bis zu Davids Haus. Er hält das Auto an. Robert versucht die Tür des Autos zu öffnen. Aber die Tür öffnet sich nicht. Jetzt sieht Robert, dass das Seil durch die offenen Fenster gebunden ist. Er kann nicht aussteigen, weil David auch die Türen angebunden hat. Robert ruft Davids Eltern an. Davids Schwester hebt ab.
„Ja", Nancy ist am Hörer.
„Nancy, hier spricht Robert. Könntest du kurz nach draußen kommen? Und bring bitte eine Schere mit", bittet sie Robert. Nancy geht nach draußen und sieht, dass Robert im Auto sitzt und nicht aussteigen kann. Sie beginnt zu lachen. Außerdem sieht sie eine Mülltonne bei dem Auto. Robert schneidet das Seil durch und steigt aus. Er sieht auch die Mülltonne. Robert sieht, dass das Seil an die Mülltonne angebunden ist. Robert ist die ganze Zeit mit der Mülltonne hinter ihm gefahren! David hat ihm einen Streich gespielt,

Габи!
«Теперь я понимаю, почему улыбались водители!» смеётся Роберт. Он не сердится на Давида, но уже знает, какую шутку сыграет с ним.

während er mit Gabi gesprochen hat!
„Jetzt verstehe ich, warum die Fahrer gelächelt haben!", sagt Robert und lacht. Er ist nicht wütend auf David, aber er weiß schon, welchen Streich er ihm spielen wird.

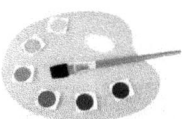

25

Пожар
Großes Feuer

A

Слова
Vokabel

1. вин<u>а</u> - Schuld; вин<u>у</u> *(acc)*
2. вли<u>я</u>ет - beeinflussen
3. внез<u>а</u>пно - plötzlich
4. волн<u>у</u>юсь - ich bin unruhig
5. вскр<u>и</u>кивает - schreit
6. в<u>ы</u>ключить - ausschalten, abdrehen
7. д<u>е</u>ньги - Geld
8. дорог<u>и</u>е - wertvolle, liebe
9. жен<u>а</u> - Ehefrau; жен<u>е</u> *(dat)*; жен<u>о</u>й *(inst)*
10. забег<u>а</u>ют - rennen hinein
11. заб<u>ы</u>ть - vergessen
12. закр<u>ы</u>ть - abdrehen, ausschalten
13. зам<u>о</u>к - Schloß
14. занимают места - setzen sich
15. зах<u>о</u>дят - gehen hinein
16. извин<u>и</u> - vergib, es tut mir leid, entschuldige
17. интер<u>е</u>сный - interessante
18. кин<u>о</u> - Kino; киноз<u>а</u>л - Kinosaal
19. кран - Wasserhahn
20. кр<u>е</u>сло - Stuhl, Sessel; в/на кр<u>е</u>сле *(prep)*
21. муж - Ehemann; м<u>у</u>жем *(inst)*; м<u>у</u>жу *(dat)*
22. наслажд<u>а</u>йся *(imp)* - genieß
23. начин<u>а</u>ется - beginnt
24. нед<u>о</u>лго - nicht lange
25. подъезж<u>а</u>ют - fahren heran
26. по<u>е</u>хали - fuhren los
27. пож<u>а</u>р - Feuer; пож<u>а</u>ра *(gen)*; пож<u>а</u>ре *(prep)*; пож<u>а</u>рная ком<u>а</u>нда - Feuerwehr
28. полиц<u>е</u>йские - Polizisten; полиц<u>е</u>йских *(gen)*

29. понима́ешь - verstehest
30. по́ртить - ruinieren
31. пото́п - Überschwemmung
32. потуши́ть - (Feuer) ausmachen
33. появля́ться - aufkommen
34. при - bei
35. призна́ть - zugeben
36. приключе́нческие / приключе́нческий - Action-
37. проводи́ть - verbringen
38. располага́ться - es sich bequem machen
39. сгора́ть - verbrennen

40. сигаре́та - Zigarette; сигаре́ту *(acc)*
41. сиде́ть - sitzen
42. сце́на - Szene
43. удо́бно - bequem
44. успоко́йся *(imp)* - beruhige dich; успоко́ить - beruhigen
45. утю́г - Bügeleisen
46. уходи́ть - weggehen
47. фильм - Film; в фи́льме *(prep)*; фи́льмом *(inst)*; фи́льмы *(pl)*
48. фотогра́фии - Fotos

Пожа́р

Роди́тели Дави́да и Нэ́нси обы́чно прово́дят выходны́е до́ма. Но сего́дня Ли́нда и Кристиа́н иду́т в кино́. Кристиа́н закрыва́ет дверь на замо́к. До́ма никого́ нет. Дави́д и Нэ́нси пое́хали в го́сти к Ро́берту и Га́би. Ли́нда и Кристиа́н захо́дят в кинозал и занима́ют свои́ места́. Начина́ется фильм. Э́то приключе́нческий фильм. Ли́нда и Кристиа́н лю́бят приключе́нческие фи́льмы. Внеза́пно Ли́нда говори́т: «Дорого́й! Мне ка́жется, ты забы́л до́ма потуши́ть сигаре́ту.» «Э́то тебе́ то́лько ка́жется. Всё хорошо́. Успоко́йся и наслажда́йся фи́льмом,» Кристиа́н споко́йно отвеча́ет жене́.
«Да-да, ты прав, Кристиа́н,» говори́т Ли́нда. Она́ удо́бно располага́ется в кре́сле, улыба́ется и смо́трит фильм. Но вдруг в фи́льме появля́ется сце́на пожа́ра. Ли́нда вскри́кивает: «Кристиа́н! А вдруг я забы́ла вы́ключить утю́г?»
«Ли́нда, на тебя́ пло́хо влия́ет фильм!» говори́т Кристиа́н. Ли́нда стара́ется себя́ успоко́ить. Но э́то продолжа́ется недо́лго. Она́ сно́ва говори́т: «Кристиа́н, как ты не понима́ешь? При пожа́ре сгора́ет всё - докуме́нты, де́ньги, фотогра́фии, дороги́е ве́щи! Я бо́льше не могу́ здесь сиде́ть!» Ли́нда встаёт и идёт к вы́ходу. Кристиа́н бежи́т за ней. Они́ беру́т такси́ и е́дут домо́й. Кристиа́н о́чень расстро́ен. Он хоте́л

Großes Feuer

Die Eltern von David und Nancy verbringen das Wochenende normalerweise zu Hause. Aber heute gehen Linda und Christian ins Kino. Christian schließt die Tür. Es ist niemand zu Hause. David und Nancy sind Robert und Gabi besuchen gegangen.
Linda und Christian gehen in den Kinosaal und setzen sich. Der Film beginnt. Es ist ein Actionfilm. Linda und Christian mögen Actionfilme. Plötzlich sagt Linda: „Schatz! Ich glaube, dass du zu Hause vergessen hast eine Zigarette auszumachen."
„Das glaubst du nur. Alles ist in Ordnung. Beruhige dich und genieß den Film", antwortet Christian ruhig seiner Frau.
„Ja, du hast recht, Christian", sagt Linda. Sie macht es sich in ihrem Stuhl bequem, lächelt und schaut den Film. Aber plötzlich gibt es eine Feuerszene im Film. Linda schreit: „Christian! Was ist, wenn ich vergessen habe, das Bügeleisen auszuschalten?"
„Linda, der Film tut dir nicht gut!", sagt Christian. Linda versucht sich zu beruhigen. Aber es dauert nicht lange. Sie sagt noch einmal: „Christian, warum kannst du das nicht verstehen? Feuer verbrennt alles - Unterlagen, Geld, Fotos, Wertsachen! Ich kann hier nicht länger sitzen bleiben!" Linda steht auf und geht zum Ausgang. Christian rennt ihr nach. Sie nehmen ein Taxi und fahren nach Hause. Christian ist sehr traurig. Er wollte den Abend damit verbringen, einen

провести этот вечер с женой, посмотреть интересный фильм.

«Линда, извини, но иногда ты всё портишь! Я очень хотел посмотреть с тобой кино, потом погулять вечером по городу, зайти в кафе!» говорит Кристиан. Линда чувствует свою вину.

«Извини меня, Кристиан! Я просто очень волнуюсь,» говорит Линда мужу. Кристиану приятно, что жена признаёт свою вину. Они подъезжают к своему дому и выходят из машины.

«Кристиан!» вскрикивает Линда. Они смотрят на свой дом. Что они видят? Перед домом стоит пожарная машина и несколько полицейских. Кристиан и Линда забегают в дом. В их доме не пожар, а потоп! Линда забыла закрыть кран, когда уходила с мужем в кино.

interessanten Film mit seiner Frau zu sehen.

„Linda, es tut mir leid, aber manchmal ruinierst du alles! Ich habe mich sehr darauf gefreut einen Film mit dir anzusehen, dann mit dir in der Stadt nachts spazieren zu gehen und in ein Café zu gehen!", sagt Christian. Linda fühlt sich schuldig.

„Vergib mir, Christian! Ich bin nur so unruhig", sagt Linda zu ihrem Ehemann. Christian freut sich, dass seine Ehefrau ihren Fehler zugibt. Sie kommen bei ihrem Haus an und steigen aus dem Auto.

„Christian!", schreit Linda. Sie schauen auf ihr Haus. Und was sehen sie? Vor dem Haus stehen ein Feuerwehrwagen und einige Polizisten. Christian und Linda rennen in das Haus. Dort ist kein Feuer, aber eine Überschwemmung! Linda hatte vergessen einen Wasserhahn abzudrehen, als sie mit ihrem Ehemann ins Kino ging.

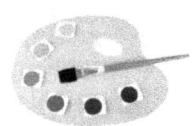

26

Осторожно, злая собака!
Vorsicht, wütender Hund!

A

Слова
Vokabel

1. абсолютно - wirklich
2. аккуратный - vorsichtige, fleißige
3. бросаться - losstürzen
4. будка - Hundehütte; будку *(acc)*: будки *(gen)*
5. быстренько - schnell
6. верёвка - Leine; верёвкой *(inst)*
7. верна - wahr
8. временно - vorübergehend
9. выбегает - rennt heraus
10. вышел - kam heraus
11. действует - verhält sich
12. дисциплинированный - diszipliniert
13. добегает до - rennt bis
14. жгут - Tourniquet
15. забор - Zaun; забором *(inst)*; на заборе *(prep)*
16. злая - wütende
17. знакомый - ein Bekannter; знакомого *(gen)*; знакомому *(dat)*; знакомым *(inst)*
18. зная - kennend
19. лай - Gebell; лаять - anbellen
20. медицинский - medizinische
21. место - Platz; до места *(gen)*
22. метр - Meter; метра *(gen)*
23. набирает - wählt
24. надпись - Hinweis, Aufschrift
25. натягивается - dehnt sich
26. немножко / немного - ein wenig
27. непривычно - ungewöhnlich
28. ничего - nichts; нечем *(inst)*
29. нитка - Faden; ниткой *(inst)*
30. новая - neu: новой *(inst)*
31. нужен - braucht

32. огромный - riesige
33. осторожный - vorsichtige
34. отбрасывать - zurückwerfen
35. отдал - gab weg
36. отделён - abgetrennt
37. подальше - weiter
38. пользуюсь - verwende
39. попробовал - versuchte
40. порвать - zerreißen
41. последняя - lezte; последнюю *(acc)*
42. похолодел - schauderte
43. привяжу - werde festbinden; привязывал - hat festgebunden; привязан - ist festgebunden
44. придержать - festhalten; придерживает - hält zurück
45. рвать - zerreißen
46. резиновый - aus Gummi
47. сможет - er/sie kann
48. смотрю - sehe
49. снять - abnehmen
50. стал - geworden
51. тонкая - dünne; тонкой *(inst)*
52. удариться - sich stoßen
53. характер - Temperament
54. хоть - obwohl
55. цепь - Kette; цепью *(inst)*

Осторожно, злая собака!

Однажды Роберт приходит в гости к своему знакомому. У него дома большая собака. Обычно собака привязана цепью возле своей будки. Надпись на заборе «Осторожно! Злая собака!» абсолютно верна. Зная характер собаки, Роберт останавливается подальше от забора и набирает на телефоне номер знакомого. Он хочет, чтобы знакомый вышел и придержал своего пса. И Роберт тогда сможет быстренько в дом пройти.
Собака всё же слышит Роберта и выбегает из будки, чтобы облаять. Роберт, хоть и отделён от собаки забором, но всё же похолодел внутри - огромный пёс привязан только тонкой верёвкой - практически ниткой...
Но пёс действует непривычно в этот раз. Бежит к Роберту, но все время оглядывается назад, на верёвку. Добегает до того места, где верёвка немножко натягивается, и останавливается. И только тогда начинает на Роберта громко лаять. Выходит знакомый, придерживает пса. Роберт со знакомым проходят в дом.
«А почему он такой непривычно дисциплинированный?» спрашивает Роберт, «Раньше он обычно почти цепь

Vorsicht, wütender Hund

Eines Tages geht Robert seinen Bekannten besuchen. Er hat einen großen Hund zu Hause. Der Hund ist normalerweise neben seiner Hundehütte angekettet. Der Hinweis auf dem Tor 'Vorsicht, wütender Hund' ist wirklich wahr. Robert kennt das Temperament des Hundes, deshalb bleibt er weit entfernt vom Tor stehen und wählt die Telefonnummer seines Bekannten. Er möchte, dass sein Bekannter herauskommt und den Hund festhält. Dann kann Robert schnell in das Haus gehen.
Der Hund hört Robert trotzdem und kommt aus der Hundehütte um zu bellen. Obwohl Robert durch einen Zaun vom Hund getrennt ist, fühlt er ein Schaudern - der riesige Hund hängt nur an einer dünnen Leine, beinahe einem Faden ...
Aber der Hund verhält sich dieses Mal seltsam. Er rennt zu Robert, aber schaut die ganze Zeit zurück auf die Leine. Er rennt, bis sich die Leine ein wenig dehnt, und bleibt dann stehen. Und erst dann beginnt er Robert laut anzubellen. Sein Bekannter kommt aus dem Haus und hält den Hund zurück. Robert und sein Bekannter gehen in das Haus.
„Warum ist er so ungewöhnlich diszipliniert?", fragt Robert. „Früher hat er die Kette beinahe zerrissen - so heftig ist er losgestürzt um zu attackieren."
„Nicht nur die Kette", antwortet Robert Bekannter, „mit was habe ich ihn nicht festgebunden? Ich habe alles versucht. Als er die letzte starke Kette zerrissen

рвал - так сильно он бросался.»

«Да не только цепь,» отвечает знакомый Роберта, «Чем я его не привязывал? Всё попробовал. Когда он последнюю крепкую цепь порвал, нечем было больше его привязывать. Только жгут медицинский резиновый был дома. Ну, я думаю, привяжу временно, пока за новой цепью съезжу в магазин. Только привязал - а тут сосед заходит. Ну, пёс с лаем бросается - как всегда. Только в этот раз резиновый жгут натягивается, а потом отбрасывает его назад метра на три! Он ударяется о будку. Потом ещё так же несколько раз. На следующий день смотрю - пёс аккуратный стал, постоянно смотрит, чтобы жгут не натягивался. У меня нет времени за новой цепью съездить. А жгут недавно маме нужен был. Я его снял и отдал ей. И уже несколько дней вот этой тонкой верёвкой пользуюсь. А пёс осторожный стал!»

hat, hatte ich nichts mehr, um ihn festzubinden. Ich hatte nur noch ein medizinisches Tourniquet aus Gummi. Ich dachte mir, gut, ich werde ihn vorübergehend damit festbinden, bis ich in einen Laden gehe, um eine neue Kette zu kaufen. Ich habe ihn festgebunden und dann kam ein Nachbar vorbei. Also ist der Hund wie immer bellend losgestürzt. Aber dieses Mal hat sich das Tourniquet aus Gummi gedehnt und hat dann den Hund etwa drei Meter zurückgeworfen! Er ist in die Hundehütte gekracht. Das gleiche ist noch ein paar Mal passiert. Am nächsten Tag habe ich gesehen, dass der Hund vorsichtiger wurde. Er hat die ganze Zeit darauf aufgepasst, dass sich das Tourniquet nicht dehnt. Ich hatte keine Zeit eine neue Kette zu kaufen. Und meine Mutter hat das Tourniquet vor kurzem gebraucht. Ich habe es abgenommen und ihr gegeben. Ich habe diese dünne Leine schon sein einigen Tagen verwendet. Aber der Hund ist vorsichtiger geworden!

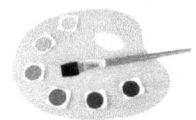

27

Ошибка Марса
Der Fehler von Mars

Слова
Vokabel

1. весёлая - glückliche; весёлой *(gen)*
2. вечерком - eines Abends
3. вилка - Stecker
4. врывается - kommt gestürzt
5. всего - nur
6. вылезать - herauskriechen
7. действия *(pl)* - Dinge *(hier)*
8. журнал - Zeitschrift
9. заняться - machen, tun
10. кто - wer; с кем *(inst)*
11. ковёр - Teppich
12. лапа - Pfote; лапой *(inst)*
13. обегает - rennt herum
14. обратно - wieder, zurück
15. осмысленные - vernünftige; осмысленных *(gen)*
16. отряхивается - schüttelt sich
17. оттуда - von dort
18. палач - Scharfrichter; палача *(gen)*
19. повезло - hatte Glück
20. поиграть - spielen
21. покой - es ist still, Stille
22. прежде - bevor
23. простят - werden vergeben / entschuldigen
24. розетка - Steckdose; розетку *(acc)*
25. словил - hat gefangen

26. сов<u>е</u>рш<u>а</u>ет - macht
27. с<u>о</u>тня - hundert; с<u>о</u>тню *(acc)*
28. сохран<u>я</u>ла - hat gespeichert
29. средневек<u>о</u>вый - mittelalterliche; средневек<u>о</u>вого *(gen)*
30. тиш<u>и</u>на - es ist still, Stille
31. толк<u>а</u>ть - drücken, stoßen
32. тр<u>и</u>жды - drei Mal
33. уда<u>ё</u>тся - gelingt; уд<u>а</u>стся - wird gelingen
34. уд<u>а</u>чно - erfolgreich
35. улыбка - Lächeln
36. ураг<u>а</u>н - Hurrikan
37. файл - Datei
38. ч<u>ё</u>рный - schwarze
39. экр<u>а</u>н - Bildschirm
40. электрошн<u>у</u>р - Stromkabel; электрошнур<u>а</u> *(gen)*; электрошнур<u>о</u>м *(inst)*

В

Ош<u>и</u>бка Марса

Однажды вечерк<u>о</u>м сид<u>и</u>т Дав<u>и</u>д на див<u>а</u>не и чит<u>а</u>ет журн<u>а</u>л. Р<u>я</u>дом за компь<u>ю</u>тером сид<u>и</u>т его м<u>а</u>ма и д<u>е</u>лает как<u>у</u>ю-то раб<u>о</u>ту. Тиш<u>и</u>на, пок<u>о</u>й... И тут в к<u>о</u>мнату врыв<u>а</u>ется кот Марс. Это настo<u>я</u>щий дом<u>а</u>шний ураг<u>а</u>н! Всег<u>о</u> за пять сек<u>у</u>нд кот тр<u>и</u>жды обег<u>а</u>ет всю к<u>о</u>мнату, залез<u>а</u>ет на ков<u>ё</u>р, спр<u>ы</u>гивает отт<u>у</u>да пр<u>я</u>мо на Дав<u>и</u>да, зат<u>е</u>м залез<u>а</u>ет под див<u>а</u>н, вылез<u>а</u>ет отт<u>у</u>да, отр<u>я</u>хивается и соверш<u>а</u>ет ещ<u>ё</u> с<u>о</u>тню не <u>о</u>чень осм<u>ы</u>сленных д<u>е</u>йствий. После <u>э</u>того кот сад<u>и</u>тся посеред<u>и</u>не к<u>о</u>мнаты и зад<u>у</u>мывается - чем бы ем<u>у</u> ещ<u>ё</u> зан<u>я</u>ться? Вари<u>а</u>нт поигр<u>а</u>ть с к<u>е</u>м-то из семь<u>и</u> сейч<u>а</u>с не прох<u>о</u>дит. И тут кот замеч<u>а</u>ет электрошн<u>у</u>р компь<u>ю</u>тера. Кот пр<u>ы</u>гает на кр<u>е</u>сло и начин<u>а</u>ет игр<u>а</u>ть с электрошнур<u>о</u>м. Пр<u>е</u>жде чем Дав<u>и</u>д успев<u>а</u>ет что-то сд<u>е</u>лать, кот<u>у</u> уда<u>ё</u>тся зак<u>о</u>нчить д<u>е</u>ло, кот<u>о</u>рое он н<u>а</u>чал. В<u>и</u>лка электрошнур<u>а</u> немн<u>о</u>го вых<u>о</u>дит из роз<u>е</u>тки. И... выключ<u>а</u>ется компь<u>ю</u>тер! М<u>а</u>ма Дав<u>и</u>да, не поним<u>а</u>я, что происх<u>о</u>дит, см<u>о</u>трит в чёрный экр<u>а</u>н. Она вдруг вспомин<u>а</u>ет, что он<u>а</u> сохран<u>я</u>ла файл на компь<u>ю</u>тере два час<u>а</u> наз<u>а</u>д. По<u>с</u>ле <u>э</u>того Л<u>и</u>нда м<u>е</u>дленно повор<u>а</u>чивается к кот<u>у</u> и на лиц<u>е</u> у не<u>ё</u> начин<u>а</u>ет появл<u>я</u>ться улыбка средневек<u>о</u>вого палач<u>а</u>. Кот начин<u>а</u>ет ч<u>у</u>вствовать, что прих<u>о</u>дит кон<u>е</u>ц его вес<u>ё</u>лой ж<u>и</u>зни. А ведь он так м<u>а</u>ло ещё мя<u>у</u>кал, так м<u>а</u>ло мыш<u>е</u>й слов<u>и</u>л, так р<u>е</u>дко игр<u>а</u>л с сос<u>е</u>дской к<u>о</u>шкой Фид<u>о</u>рой. И тогд<u>а</u> Марс повор<u>а</u>чивается к в<u>и</u>лке, кот<u>о</u>рая ещё полностью не в<u>ы</u>шла из

Der Fehler von Mars

Eines Abends sitzt David auf dem Sofa und ließt eine Zeitschrift. Seine Mutter sitzt in der Nähe am Computer und erledigt ein bisschen Arbeit. Es ist ruhig und still ... Und dann kommt der Kater Mars in das Zimmer gestürzt. Er ist ein wirklicher Hurrikan im Haushalt! In nur fünf Sekunden rennt er drei Mal durch das Zimmer, klettert auf einen Teppich, springt von dort direkt zu David, rennt dann unter das Sofa, kommt wieder hervor, schüttelt sich und macht hundert andere nicht sehr vernünftige Dinge. Dann sitzt der Kater in der Mitte des Zimmers und überlegt - was sollte er sonst noch machen? Mit jemandem aus der Familie zu spielen ist gerade nicht möglich. In diesem Moment bemerkt der Kater das Stromkabel des Computers. Der Kater springt auf einen Lehnstuhl und beginnt mit dem Stromkabel zu spielen. Bevor David irgendetwas unternehmen kann, gelingt es dem Kater die Aufgabe zu beenden, die er angefangen hat. Der Stromstecker kommt ein Stück aus der Steckdose. Und ... der Computer schaltet sich aus! Davids Mutter schaut auf den schwarzen Bildschirm und merkt nicht, was gerade passiert. Plötzlich erinnert sie sich daran, dass sie die Datei vor zwei Stunden auf dem Computer gespeichert hat. Dann dreht sich Linda langsam in Richtung des Katers und man kann das Lächeln eines mittelalterlichen Scharfrichters in ihrem Gesicht erkennen. Der Kater beginnt zu fühlen, dass das Ende seines glücklichen Lebens naht. Aber er hat so wenig miaut, hat so wenige Mäuse gefangen, hat so selten mit der Nachbarkatze Fedora gespielt. Und dann dreht sich Mars zu dem Stecker, der

розетки, и начинает лапой толкать её обратно в розетку. Он, наверное, надеется, что если ему удастся всё исправить, то его простят. И ему удаётся! Вилка входит на место и компьютер включается! Марс быстро уходит из комнаты и ложится на окно в кухне. Он смотрит на улицу и, наверное, думает что ему повезло, что всё закончилось так удачно.

nicht ganz aus der Steckdose gerutscht ist, und beginnt ihn mit seiner Pfote wieder in die Steckdose zu drücken. Er hofft wahrscheinlich, dass ihm vergeben wird, wenn er alles reparieren kann. Und er hat Erfolg! Der Stecker steckt in der Steckdose und der Computer schaltet sich ein! Mars verlässt schnell das Zimmer und legt sich neben ein Fenster in der Küche. Er schaut auf die Straße und denkt wahrscheinlich, dass er sehr viel Glück hatte, dass alles so erfolgreich ausgegangen ist.

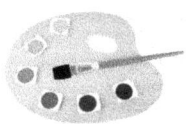

28

Без очереди
Sich vordrängeln

Слова
Vokabel

1. бабушка - alte Frau, Oma; бабушки *(gen)*
2. буханка - Laib; буханку *(acc)*
3. бывший - früherer; бывшему *(dat)*
4. возмущается - empört
5. высказывание - Satz, Äußerung
6. гордо - stolz
7. дайте *(imp)* - geben Sie
8. занимать место / очередь - sich stellen, besetzen
9. извиняется - entschuldigt sich; извинялся - entschuldigte sich
10. изменился - hat sich verändert
11. касса - Kasse; к кассе *(prep)*
12. килограмм - Kilogramm
13. колбаса - Wurst; колбасы *(gen)*
14. контролирующая - Kontroll-
15. мальчик - Junge; мальчиком *(inst)*
16. мгновение - Augenblick
17. месть - Rache; местью *(inst)*
18. наверняка - ganz sicher, bestimmt
19. наглость - Unverschämtheit
20. нарушать - brechen

21. наступить на ногу - auf den Fuß treten
22. наш - unser; в/на нашем *(prep)*
23. не обращая внимание - ohne zu beachten
24. некоторые - einige; некоторых *(gen)*
25. нисколько - gar nicht, nicht im geringsten
26. образцы - Proben
27. обращаться - ansprechen
28. обстоятельства - Umstände
29. объяснение - Erklärung
30. одноклассник - Schulfreund
31. организация - Firma, Amt
32. отходит - geht weg
33. очередь - Schlange
34. пачка - Packung; пачку *(acc)*
35. поддерживать - unterstützen
36. права - Rechte
37. правила - Regeln
38. продавщица - Verkäuferin; продавщице *(dat)*; продавщицу *(acc)*
39. продаются - werden verkauft
40. против - gegen
41. рисковать - Risiko eingehen
42. сердито - wütend
43. скромный - bescheiden; быть скромным *(inst)* - bescheiden sein
44. сок - Saft; сока *(gen)*
45. старик - alter Junge
46. сыр - Käse; сыра *(gen)*
47. томатный - Tomaten-; томатного *(gen)*
48. тот - jener
49. успокаиваются - beruhigen sich
50. хлеб - Brot; хлеба *(gen)*

Без очереди

Однажды Давид заходит в магазин, чтобы купить колбасы и сыра. Людей в магазине много. Давид занимает очередь и смотрит по сторонам. В магазин заходит бывший одноклассник Давида, Михаил, и подходит прямо к кассе, совсем не обращая внимания на очередь. Михаил был скромным мальчиком в школе. Если ему наступали на ногу, то он сам извинялся. С тех пор он нисколько не изменился, и если решил пройти без очереди, то обстоятельства наверняка были очень серьёзные. Извинившись у очереди несколько раз, Михаил обращается к продавщице по имени: «Юля, дайте мне, пожалуйста, один килограмм колбасы, буханку хлеба и пачку томатного сока.»
Удивлённая на мгновение от такой наглости, очередь возмущается в адрес Михаила. На каждое высказывание против него, Михаил говорит «извините» или «простите». Когда он ещё раз извиняется и отходит от очереди, то люди обращаются к продавщице, требуя объяснений.
«Михаил привет!» обращается к нему Давид с улыбкой, «Как поживаешь, старик?»

Sich vordrängeln

Eines Tages geht David in den Laden an der Ecke um Wurst und Käse zu kaufen. Es sind viele Leute im Laden. David stellt sich in der Schlange an und sieht sich um. Davids früherer Schulfreund, Michael, betritt den Laden und geht direkt zur Kasse, ohne die Schlange zu beachten. Michael war ein bescheidener Junge in der Schule. Wenn jemand auf seinen Fuß stieg, war er es, der sich entschuldigte. Er hatte sich seitdem nicht verändert und wenn er beschloss, sich vorzudrängen, dann mussten die Umstände sehr ernst sein. Er hatte sich mehrmals bei den Leuten in der Schlange entschuldigt und spricht nun die Verkäuferin mit ihrem Namen an: „Julia, gib mir ein Kilogramm Wurst, einen Laib Brot und eine Packung Tomatensaft, bitte."
Überrascht von dieser Unverschämtheit, zeigen sich die Leute in der Schlange empört über Michael. Michael antwortet 'Es tut mir leid' oder 'Entschuldigung' auf jeden Satz, der gegen ihn gerichtet ist. Als er sich noch einmal entschuldigt und von der Schlange weggeht, reden die Leute mit der Verkäuferin und fordern eine Erklärung.
„Hallo, Michael!", sagt David zu ihm und lächelt, „wie geht es dir, alter Junge?"
„David!", sagt Michael, „hallo, mein Lieber! Lange

«Давид!» говорит Михаил, «Привет, дорогой! Сколько лет, сколько зим!»
Но люди в очереди не успокаиваются. Одна маленькая бабушка требует директора.
«Господин директор,» обращается продавщица к бывшему однокласснику Давида, «Вас спрашивают!»
«Хоть Вы директор, всё равно не имеете права нарушать правила!» кричит бабушка сердито. Она бьёт своей сумкой Михаила по ноге и гордо выходит из магазина. Давид поддерживает Михаила, чтобы тот не упал. Они с опаской смотрят на других людей в очереди. Но те довольны местью бабушки и отворачиваются от них.
«Контролирующая организация срочно требует образцы некоторых продуктов, которые продаются в нашем магазине,» объясняет Михаил Давиду, «Я не думал, что придётся так рисковать, когда попросил продавщицу дать эти образцы.»

nicht gesehen!"
Aber die Leute in der Schlange beruhigen sich nicht. Eine kleine alte Frau verlangt den Geschäftsführer.
„Herr Geschäftsführer", sagt die Verkäuferin zu Davids früherem Schulfreund, „man verlangt nach Ihnen!"
„Auch wenn Sie der Geschäftsführer sind, haben Sie trotzdem kein Recht, die Regeln zu brechen!", schreit die alte Frau wütend. Sie schlägt Michaels Bein mit ihrer Tasche und verlässt stolz den Laden. David hält Michael fest, damit er nicht umfällt. Sie sehen die anderen Leute in der Schlange mit Vorsicht an. Aber die sind mit der Rache der alten Frau zufrieden und drehen sich von ihnen weg.
„Eine Kontrollfirma fordert dringend Proben von Nahrungsmitteln, die in unserem Laden verkauft werden", erklärt Michael David. „Ich dachte mir nicht, dass ich ein Risiko eingehen würde, indem ich die Verkäuferin bitte, mir diese Proben zu geben."

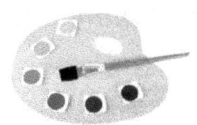

29

Место номер тринадцать
Sitzplatz Nummer dreizehn

A

Слова
Vokabel

1. армия - Heer; в армии *(prep)*, армию *(acc)*
2. будешь, буду - wirst, werde
3. взволнована - besorgt
4. вчера - gestern
5. въезжает - fährt in
6. горит - leuchtet auf
7. доехать - anzukommen
8. желаю - wünsche
9. жениться - heiraten; выходить замуж (für eine Frau)
10. запись - Nachricht, Notiz
11. зарядить - aufladen
12. испанский - Spanische
13. классно - großartig
14. ноутбук - Laptop
15. обрывается - ist unterbrochen
16. перевести - übersetzen
17. писал - hat gepostet
18. плакать - weinen
19. планшет - Tablet; планшете *(prep)*
20. пошутил - hat einen Streich gespielt
21. сделать предложение - fragen, vorschlagen
22. предложения - Sätze
23. профиль - Account; профиля *(gen)*
24. связь - Verbindung
25. сиденье - Sitzplatz
26. служить - dienen, angestellt sein
27. согласна - hat zugestimmt
28. станция - Busbahnhof; станции *(gen)*
29. трамвай - Straßenbahn; в/на трамвае *(prep)*
30. тринадцать - dreizehn
31. туннель - Tunnel
32. увидимся - sehen uns
33. удаляет - löscht
34. учебник - Arbeitsbuch
35. учить - lernen
36. целует - küsst

Место номер тринадцать

Роберт собирается поехать к своей подруге Лене. Он не предупреждает её, потому что хочет приехать к ней неожиданно. Он хочет сделать ей предложение выйти за него замуж.
Роберт покупает билет на автобус. Это занимает два часа чтобы доехать туда. Роберт не хочет терять это время. Он берёт с собой учебник. Он хочет учить испанский.
Роберт заходит в автобус. У него место тринадцать. Рядом с ним садится мужчина. Автобус отъезжает от станции. Роберт достаёт свой учебник. Он начинает выполнять первое задание. Роберт должен перевести текст. Он переводит только два предложения, когда у него звонит телефон. Это звонит Давид.
«Привет Роберт. Это правда?» спрашивает Давид.
«Да, это правда,» отвечает Роберт, «А… откуда ты узнал об этом?»
«В Твиттере прочитал. Это классно! Жаль, что мы не скоро увидимся. Я желаю тебе удачи!» говорит Давид и заканчивает разговор.
Роберт не понимает. Почему не скоро увидимся? И в Твиттере он не писал, что хочет сделать предложение Лене. Роберт снова берёт свой учебник. Он пытается учить испанский. Проходит минут пятнадцать. Телефон звонит снова. На экране номер Лены.
«Привет Роберт,» говорит Лена.
«Привет Леночка,» отвечает Роберт.
«Почему ты не сказал мне?» Лена начинает плакать, «Я буду ждать тебя…»
Автобус въезжает в туннель и связь обрывается. Роберт растерян. Он смотрит в учебник, но не может учить. Он думает о странных звонках. Затем он видит номер тринадцать на своём сиденье. Роберту становится не по себе. Он берёт телефон чтобы позвонить Лене. Но экран телефона не

Sitzplatz Nummer dreizehn

Robert fährt seine Freundin Elena besuchen. Er sagt ihr nicht Bescheid, weil er unerwartet kommen will. Er möchte sie fragen, ob sie ihn heiraten will. Robert kauft eine Fahrkarte für den Bus. Die Fahrt dorthin dauert zwei Stunden. Robert möchte seine Zeit nicht vergeuden. Er nimmt ein Arbeitsbuch mit. Er möchte Spanisch lernen.
Robert steigt in den Bus. Er hat Sitzplatz Nummer dreizehn. Ein Mann setzt sich neben ihn. Der Bus fährt vom Busbahnhof ab. Robert nimmt sein Arbeitsbuch heraus. Er beginnt mit der ersten Übung. Robert muss einen Text übersetzen. Er übersetzt nur zwei Sätze, dann beginnt sein Handy zu läuten. David ruft gerade an.
„Hallo, Robert. Ist es wahr?", fragt David.
„Ja, es ist wahr", antwortet Robert, „also ... wie hast du davon erfahren?"
„Ich habe es auf Twitter gelesen. Es ist großartig! Es ist schade, dass wir uns länger nicht sehen. Ich wünsche dir viel Glück!", sagt David und beendet das Gespräch.
Robert versteht nichts. Warum werden sie sich länger nicht sehen? Er hat auch nicht auf Twitter gepostet, dass er zu Elena fährt, um sie zu bitten, ihn zu heiraten. Robert nimmt sein Textbuch wieder heraus. Er versucht Spanisch zu lernen. Es vergehen ungefähr fünfzehn Minuten. Das Handy läutet noch einmal. Lenas Telefonnummer erscheint auf dem Bildschirm.
„Hallo, Robert", sagt Lena.
„Hallo, Lena", antwortet Robert.
„Warum hast du mir nichts davon erzählt?", sagt Elena und beginnt zu weinen, „ich werde auf dich warten ..."
Der Bus fährt in einen Tunnel und die Verbindung wird unterbrochen. Robert ist verwirrt. Er schaut in sein Arbeitsbuch, aber er kann nicht lernen. Er denkt an die seltsamen Anrufe. Dann sieht er die Zahl dreizehn auf seinem Sitzplatz. Robert wird unruhig. Er nimmt sein Handy heraus, um Elena anzurufen. Der Bildschirm des Handys leuchtet nicht auf. Robert hat vergessen es aufzuladen.
Der Bus kommt eine Stunde später in Elenas Stadt

горит. Роберт забыл его зарядить.
Через час автобус приезжает в город Лены. Роберт выходит на станции и едет к Лене на трамвае. Он приходит к ней домой неожиданно и Лена очень взволнована.
«Привет Лена,» говорит Роберт и обнимает её.
«Привет Роберт,» отвечает Лена. Она очень рада, что Роберт приехал. Она целует его.
«Почему ты сказала, что будешь ждать меня?» спрашивает Роберт, «Ждать откуда?»
«Я прочитала в Твиттере, что ты идёшь служить в армию,» говорит она.
Роберт вспоминает, что вчера вечером писал что-то в Твиттере на планшете своего знакомого и забыл выйти из своего профиля. Роберт понимает, что его знакомый пошутил. Он просит Лену включить её ноутбук. Он заходит в свой профиль и удаляет запись «Я иду служить в армию». Роберт и Лена смеются. Роберт звонит Давиду и рассказывает всю эту историю. Он также говорит, что Лена согласна выйти за него замуж.
«Я действительно рад, что ты вместо армии будешь жениться!» радуется Давид.

an. Robert verlässt den Busbahnhof und nimmt die Straßenbahn zu Elenas Haus. Er kommt unerwartet zu ihrem Haus und Lena ist sehr besorgt.
„Hallo, Lena", sagt er und umarmt sie.
„Hallo, Robert", antwortet Elena. Sie freut sich, dass Robert gekommen ist. Sie küsst ihn.
„Warum hast du mir gesagt, dass du auf mich warten würdest?", fragt Robert. „Auf mich warten um von wo zurückzukommen?"
„Ich habe auf Twitter gelesen, dass du dem Heer beitreten willst", sagt sie.
Robert erinnert sich, dass er gestern Abend auf dem Tablet seines Bekannten etwas auf Twitter gepostet hat, und dass er vergessen hat, sich aus seinem Account auszuloggen. Robert merkt, dass sein Bekannter ihm einen Streich gespielt hat. Er bittet Lena, ihren Laptop einzuschalten. Er loggt sich in seinen Account ein und löscht die Nachricht 'Ich werde dem Heer beitreten'. Robert und Elena lachen. Robert ruft David an und erzählt ihm die ganze Geschichte. Er erzählt ihm auch, dass Lena zugestimmt hat, ihn zu heiraten.
„Ich freue mich sehr, dass du heiraten wirst statt dem Heer beizutreten!", sagt David erfreut.

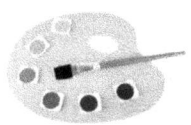

30

Домашнее зад<u>а</u>ние
Hausaufgabe

Слов<u>а</u>
Vokabel

1. в пор<u>я</u>дке - in Ordnung
2. вчер<u>а</u>шнее - von gestern
3. выполн<u>я</u>ть - machen
4. дал<u>а</u> - hat gegeben, да<u>ю</u> - gebe
5. з<u>а</u>дали - haben aufgegeben
6. лист - Blatt
7. непров<u>е</u>ренное - unkorrigiert, ungeprüft
8. оц<u>е</u>нка - Note
9. спос<u>о</u>бная - tüchtige
10. тр<u>е</u>тий - dritte; в/на тр<u>е</u>тьем *(inst)*
11. тр<u>у</u>дно - schwer
12. удел<u>я</u>ют внима<u>ние</u> - Acht geben
13. уч<u>ё</u>ба - Studien; учёбе *(dat)*
14. <u>у</u>чит - lernt

B

Домашнее задание

Нэнси учится в школе в третьем классе. Линда и Кристиан уделяют много внимания её учёбе. Они всегда проверяют её домашние задания. Но им трудно проверять испанский язык. Поэтому испанский всегда проверяет Давид. Нэнси способная девочка. Но испанский она учит не очень хорошо. Поэтому Давид много занимается с ней.
Через какое-то время Нэнси начинает выполнять все задания без ошибок. Кристиан и Линда очень радуются, что она хорошо учит испанский.
Однажды вечером Давид, как всегда, проверяет домашнее задание сестры по испанскому. Он видит, что всё сделано правильно. Нет ни одной ошибки. Давид очень рад. Он показывает домашнее задание сестры Линде и Кристиану. Все очень рады и хвалят Нэнси.
Но на следующее утро Линда видит, что у дочери на столе лежит лист с домашним заданием, которое вчера проверял Давид. Линда понимает, что Нэнси забыла этот лист на столе. Она переживает за дочь, ведь сегодня она пришла на урок без домашнего задания.
После обеда Нэнси возвращается домой, и Линда спрашивает у неё:
«Ты забыла своё домашнее задание по испанскому?» говорит она, «Теперь у тебя, конечно же, стоит за него низкая оценка?»
«Нет, мама,» отвечает ей дочь, «С заданием всё в порядке, у меня за него высокая оценка. Почему ты так думаешь?» удивляется Нэнси.
«У тебя за него высокая оценка?» тоже удивляется Линда, «Но как это возможно? Ведь оно лежит здесь на твоём столе. Это твоё сегодняшнее задание, которое проверял Давид.»
«Это вчерашнее домашнее задание,» объясняет ей дочь, «Мы его ещё вчера в классе проверили.»

Hausaufgabe

Nancy geht in der Schule in die dritte Klasse. Linda und Christian geben sehr viel Acht auf ihre Studien. Sie korrigieren immer ihre Hausaufgaben. Aber es fällt ihnen schwer, Spanisch zu korrigieren. Also korrigiert David immer Spanisch. Nancy ist ein tüchtiges Mädchen. Aber es fällt ihr schwer, gut Spanisch zu lernen. Also hilft ihr David viel zu lernen. Nach einiger Zeit beginnt Nancy alle Übungen ohne Fehler zu machen. Christian und Linda freuen sich, dass sie so gut Spanisch lernt.

Eines Abends korrigiert David wie immer die Spanischhausübung seiner Schwester. Er sieht, dass alles richtig gemacht ist. Es gibt keinen einzigen Fehler. David freut sich sehr. Er zeigt die Hausübung seiner Schwester Christian und Linda. Alle sind sehr glücklich und loben Nancy.

Aber am nächsten Morgen sieht Linda ein Blatt Papier mit der Hausübung, die David gestern korrigiert hat, auf dem Tisch ihrer Tochter. Linda merkt, dass ihre Tochter das Blatt Papier auf dem Tisch vergessen hat. Sie macht sich Sorgen um ihre Tochter, weil sie heute ohne ihre Hausübung in den Unterricht gegangen ist.
Nancy kommt am Nachmittag nach Hause und Linda fragt sie:
„Hast du heute deine Hausübung für Spanisch vergessen?", fragt sie, „Und hast du jetzt eine schlechte Note dafür bekommen?"
„Nein, Mama", antwortet ihr ihre Tochter, „Die Aufgabe war in Ordnung. Ich habe eine gute Note bekommen. Warum glaubst du das?", sagt Nancy überrascht.
„Du hast eine gute Note bekommen?", Linda ist auch überrascht, „Aber wie ist das möglich? Sie liegt hier auf dem Tisch. Das ist die Hausübung für heute, die David korrigiert hat."
„Das ist die Hausübung von gestern", erklärt ihr ihre Tochter, „wir haben sie gestern im Unterricht korrigiert."
Linda versteht nicht, was los ist...

Линда не может понять, в чём дело...
«А зачем ты давала Давиду проверять старое домашнее задание, которое уже проверяли в классе?» спрашивает Линда, «Почему ты не дала ему проверить то, что вам задали на сегодня?»
«Ну как ты не понимаешь,» говорит ей дочь, «Я же не такая глупая, чтоб показывать ему непроверенное задание. Ведь Давид кричит и ужасно ругает меня за каждую ошибку! Вот я ему и даю вчерашнее задание, которое мы в школе уже проверяли.»

„Und warum hast du David gebeten, eine alte Hausübung zu korrigieren, die schon im Unterricht korrigiert wurde?", fragt Linda, „Warum hast du ihn nicht gebeten, die Aufgabe zu korrigieren, die du für heute bekommen hast?"
„Warum kannst du das nicht verstehen", sagt ihre Tochter zu ihr, „es wäre dumm, ihm unkorrigierte Arbeiten zu zeigen. David schreit mich an und schimpft fürchterlich mit mir wegen jedes Fehlers! Deshalb gebe ich ihm die Aufgaben von gestern, die wir schon in der Schule korrigiert haben.

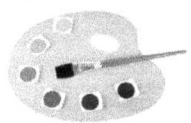

Русско-немецкий словарь

а - und
абсолютно - wirklich
автобус - Bus; автобуса (gen); автобусу (dat) ; автобусе (prep)
автомобиль - Auto; на автомобиле (prep)
автор - Autor; автора (acc, gen)
адекватна (fem) - ist ganz bei Verstand
адрес - Adresse; адреса (gen)
азиатская - asiatische; азиатскую (acc)
аквариум - Aquarium; в аквариуме (prep)
аквариумный - Aquariums-
аккуратный - genau; vorsichtige, fleißige; аккуратного (gen)
активная - aktiv
алло - hallo
английская - englische
английский - Englisch; englische;
английского (gen)на английском (prep) - auf Englisch
аппетитно - verlockend
армия - Heer; в армии (prep), армию (acc)
архитектор - Architekt; архитектором (inst)
аудитория - Klassenzimmer; аудиторию (acc)
бабушка - alte Frau, Oma; бабушки (gen)
багаж - Gepäck
багажник - Kofferraum
багажное отделение - Gepäckraum
бак - Tonne; баком (inst); баку (dat)
бассейн - Schwimmbad
бег - Laufen
бегать - rennen
бежать - rennen
бежевый / бежевая / бежевое - beige; на бежевом (prep)
бежит - rennt
без - ohne
бездомный - streunender
бездумно - gedankenlos
белый / белая - weißer/weiße; на белой (fem inst)
берёт - nimmt heraus
берут - nehmen
беседуют - sprechen, unterhalten sich
бесконечный - endlos
бешено - wild; бешеный (adj) - wütend

библиотека - Bibliothek; библиотеки (gen); библиотеку (acc)
Библия - Bibel; Библию (acc)
билет - Ticket, Fahrkarte
благодарит - bedankt
благополучно - wohlbehalten
благотворительность - Wohltätigkeit
бледнеет - wird bleich; бледный - bleich
ближайший - nächste
близко - nah(e)
блюда - Gerichte; несколько блюд (plr gen); на/в блюде (prep)
блюдо - Gericht, Schüssel; с блюдом (inst)
Бог - Gott; Богом (inst)
боится - hat Angst
болеет - ist krank
болит - schmerzt
больная - krank; больна (Kurzform)
больница - Spital; больницу (acc)
большая - groß
больше - mehr
большие (plr) - große; большими (inst plr)
большой (inst fem) - großer
боялся - hatte Angst
брат - Bruder; братом (inst)
бродить - herumlaufen
бросается - greift an
бросаться - losstürzen
брызгает - bespritzt
будет - wird
будете - (Sie) werden
будешь, буду - wirst, werde
будит - weckt auf
будка - Hundehütte; будку (acc): будки (gen)
букет - Bund
бумаги - Papiere
буханка - Laib; буханку (acc)
бы - würde
бывать - sein, besuchen
бывший - früherer; бывшему (dat)
был - war
были - waren
было - war
быстренько - schnell
быстро - schnell
быть - sein

бьёт - klopft
в / во - in
в конце концов - schließlich
в котором - in dem
в общежитии *(prep)* - im Studentenwohnheim
в порядке - in Ordnung
в ремонте *(prep)* - wird repariert
в том *(prep)* - in dem; в этом *(prep)* - in diesem
важная - wichtige
важно - wichtig
важный - wichtige; важному *(dat)*
Вам - Ihnen
вами *(inst sng)* - bei/mit ihnen
варвар - Barbar; с варваром *(inst)*
вариант - Alternative
варить - kochen
Вас *(acc)* - Sie
вата - Wattierung; ватой *(inst)*
Ваш - Ihr
Ваша - Ihre
ваше - ihre; вашими *(inst)* - mit ihren
ваши - Ihre
вдвоём - zu Zweit, zusammen
вдруг - plötzlich
ведёт - führt
ведро - Eimer; ведру *(dat)*
ведь - denn *(Interjection)*
вежливо - freundlich, höflich
везти - mitnehmen, bringen (mit Transport)
везут - fahren
великий - großer; великим *(inst)*
верёвка - Leine; Seil; верёвки *(gen)*; верёвку *(acc)*; верёвкой *(inst)*
верна - wahr
вернуться - zurückkommen
весёлая - fröhlich, glückliche; весёлой *(gen)*
весело - fröhlich
весной - im Frühling
весь - ganz
весьма - gut
ветка - Ast
ветки - Äste
вечер - Abend; вечера *(gen)*
вечерами - abends
вечерком - eines Abends
вечерний *(adj)* - Abend-; вечернюю *(acc)*; вечернему *(adj prep)*

вечером - am Abend
вечность - Ewigkeit
вещи - Gepäck
вещь - Sache
взволнована - besorgt
вздыхает - seufzt
взрыв - Explosion
видела - hat gesehen
виделись - haben sich gesehen
видеть - sehen; видно - es ist offensichtlich
видит - merkt
видите - sehen Sie, wissen Sie
видишь ли - weisst du; видите ли - wissen Sie
видят - sehen
визиты - Besuche
вилка - Stecker, Gabel; вилку *(acc)*
вилки - Gabeln; вилок *(gen)*
вина - Schuld; вину *(acc)*
виновата - ist schuld
висит - hängt
включать - einschalten
вкусная *(fem)* - lecker; вкусной *(inst)*; вкусно *(adv)*
вкусную *(fem acc)* - lecker
вкусные - köstlichste
вкусный - leckerer
влетает - fliegt herein
влияет - beeinflussen
вместе - bei
вместо - anstatt
внезапно - plötzlich
внешне - äußere Erscheinung
вниз - runter
внимание - Aufmerksamkeit
внимательно - genau
внутренняя - innere; внутреннюю *(fem adj acc)*
внутри - im Inneren
вовремя - rechtzeitig
вода - Wasser; воду *(acc)*
водитель - Fahrer; водителя *(acc)*
возвращается - kommt zurük
возвращаться *(домой)* - sich auf den Heimweg machen
возвращаются - kommen zurück
возле - neben
возможно - vielleicht
возмущается - empört

возражать - erwidern, entgegnen
возьму - werde nehmen
вокзал - Bahnhof; возле вокзала *(gen)*
вокруг - herum
волноваться - sich Sorgen machen
волнуется - macht sich Sorgen
волнуюсь - ich bin unruhig
волнуются - (sie) machen sich Sorgen
волосы - Haar
вопросы - Fragen
восемь - acht
воскресенье - Sonntag
восхитительно - toll; восхищается - bewundert
восхищена / восхищён - bewundert
восьмилетняя - achtjährige
вот - hier
впервые - zun ersten Mal
впечатлён - beeindruckt
впечатление - Eindruck; под впечатлением *(inst)* - ist beeindruckt
впечатления - Eindrücke
врач - Arzt
временно - vorübergehend
время - Zeit; времени *(gen)*
вроде - es scheint
врывается - kommt gestürzt
все - alle; всех *(gen)*
всё - alles
всё равно - trotzdem, allerdings
всегда - immer
всего - nur
всем - allen *(dat)*
вскакивает - springt auf
вскрикивает - schreit
вслед - nach
вспоминает - erinnert sich
вспоминают - sich erinnern
вспомнить - sich erinnern
встаёт - steht auf
встретимся - werden uns treffen; встретиться - sich treffen
встречается - trifft
встречались - haben getroffen
всю *(acc)* - ganze
вся - ganze; для всей - für ganze
всякий - alle, jeder
вторая - zweite

вторник - Dienstag
входит - betritt
вчера - gestern
вчерашнее - von gestern
въезжает - fährt in
вы - Sie
выбегает - rennt heraus
выбирать - aussuchen
выбрасывать - wegwerfen
выглядеть - aussehen
выглядит - sieht aus
выгружает - nimmt / lädt heraus
выдумывать - erfinden
вызвал / вызвали - hat/haben gerufen;
вызвать - anrufen
вызывает - ruft
вызывают - rufen
выйти - herauskommen
выключить - ausschalten, abdrehen
вылезать - herauskriechen
выносит - bringt heraus
выпекаться - backen
выполняет - erledigt
выполнять - machen
выражение - Ausdruck
выращивают - anbauen
высказывание - Satz, Äußerung
выскакивает - springt heraus
высокая - hohe
высокое - hoches
выставка - Ausstellung; выставку *(acc)*; на выставке *(prep)*
высшая *(fem)* - beste; высшую *(fem acc)*; высшей *(fem gen)*
вытирать - abwischen; вытирайте *(imp)*
выучила - hat gelernt
выход - Ausgang; к выходу *(dat)*
выходит - kommt heraus
выходной - frei Tag
выходные - Wochenende
выходят - verlassen
вышел - kam heraus
вышли - haben verlassen
вязка - Paarung; для вязки *(gen)*
газеты - Zeitungen
где - wo
где-нибудь - irgendwo
где-то - irgendwo

генеральная уборка - Frühjahrsputz
гепарда *(gen)* - Geparden
главное - das wichtigste
главный - wichtige, Haupt-; главным *(inst)*
гладит - streichelt
глаз - Auge
глаза - Augen
глазами *(inst)* - mit Augen
глубокий - tiefe
глупые - blöde
глядя - blickend
гнев - Wut
говорила - hat gesprochen
говорит - sagt
говорить - mitteilen, sagen
говоришь - sagst
говорят - (sie) sagen
говорящий - sprechender
год - Jahr; в году *(prep)*; лет *(plr gen für Nummer 5 und weiter; von 2 bis 4 benutzt man **года**)*
голова - Kopf; головой *(inst)*
голову *(acc)* - Kopf
голос - Stimme; голосом *(inst)*
гонится - jagt
гордиться - stolz sein
гордо - stolz
горит - leuchtet auf
горный *(masc adj)* - Berg-; горы - Berge
город - Stadt; в городе *(prep)* - in der Stadt; по городу *(prep)* - durch die Stadt; города *(gen)*
городок - eine kleine Stadt
городской - öffentliche; на городском *(prep)*
господин - Herr
гости - Gäste
гостиная - Wohnzimmer; в гостиной *(prep)*
гостиница - Hotel; гостиницы *(gen)*; гостинице *(prep)*
гость - Gast
готова - fertig, bereit
готовит - macht; готовлю - mache
готовится - bereitet sich
готовить - kochen; vorbereiten
готовы - sind bereit
грек - Grieche; греков *(gen plr)*; греком *(inst sng)*
Греция - Griechenland; Греции *(gen)*

греческий - griechisch; греческим *(inst)*
гриб - Pilz; грибы - Pilze
громко - laut
громче - lauter
грузит - lädt
грузить - einladen
грузовик - Lastwagen; грузовика *(gen sng)*
грустно - traurig
грустные - traurige
грязная - schmutzige; грязной *(gen)*; грязную *(acc)*
грязно - schmutzig
гулять - spazieren; гуляют - spazieren
гусеница - Raupe; гусеницу *(acc)*; гусеницы *(gen)*
да ещё - und noch dazu
давай - lass uns
давно - vor langer Zeit
даёт - lässt, gibt
даже - sogar
дай *(imp)* - gib
дайте *(imp)* - geben Sie
дала - hat gegeben, даю - gebe
далеко - weit
дали - gaben
дальше - weiter
дарит - schenkt
два - zwei
двадцать - zwanzig
две - zwei
двери - Türen
дверца - Tür
дверь - Tür
двести - zweihundert
двигается - bewegt sich
движется - bewegt sich
двоим *(dat)* - zwei
двор - Hof; во дворе *(prep)* - im Hof
двумя - mit zwei
девочка - Mädchen; девочке *(dat)*; девочки *(gen)*
девушка - junge Frau, Mädchen; девушке *(dat)*; девушку *(acc)*; девушкой *(inst)*
девушки - Mädchen; девушкам *(dat)*
действительно - wirklich
действия *(pl)* - Dinge *(hier)*
действует - verhält sich
дела *(inst plr)* - Arbeit; делами *(inst plr)*

делает - macht
делаете - (Sie) machen
делал *(sng)* - hat gemacht; делали *(plr)* - haben gemacht
делать - machen
делают - machen
деликатес - köstliches Gericht, Delikatesse; деликатесом *(inst)*
дело в том, что - Tatsache ist, dass
денег - Geld; сколько/много/мало денег *(gen)*
день - Tag; два дня *(pl gen)* - zwei Tage
день рождения - Geburtstag
деньги - Geld
деревня - Stadt; в деревне *(prep)*
дерево - Baum; на дереве *(prep)*; дерева *(gen)*; дереву *(dat)*
держи *(imp)* - halt auf; держит - hält; держу - halte
десятый - zehnte; на десятом *(prep)*
десять - zehn
дети - Kinder; детей *(acc)*; детям *(dat)*
детский сад - Kindergarten
диван - Sofa; на диване *(prep)*
дикость - unzivilisierte
директор - Leiter; директора *(gen)*
дискутируют - diskutieren
диспетчер - Vermittlung, Fahrdienstleiter, Dispatcher
диспут - Streit
дисциплинированный - diszipliniert
длина - Länge; метр в длину *(prep)* - ein Meter lang
длинная - lang; длинную *(acc)*
длинное - langes
длинные - lange
для - für
дней *(gen)* - Tage
днём *(inst)* - am Tag
до - bis
добегает до - rennt bis
добрая - nette
доброе - gutes
добрый - gut
довезти - herantragen, heranfahren
доволен - freut sich
довольно / довольный - zufrieden
доехать - anzukommen

дойти - kommen zu
доказывают - beweisen
доктор - Arzt; доктора *(gen)*; доктору *(dat)*
документы - Unterlagen
долгий - lange; долгих *(pl gen)*
долго - lang
должен - soll / solltest; должны *(plr)* - müssen, sollen
должна - soll
доллары - Dollar; несколько долларов *(gen)*
дом - Haus; дому *(dat)*
дома - zu Hause; в домике - im Käfig
дома/в доме *(prep)* - zu Hause
домашние - Haus-
домашний - Haus-
домой - nach Hause
допёкся - war gebacken
дорога - Weg; дороги *(gen)*; по дороге *(prep)*; дорогу *(acc)*
дорогая - teuere; дорогую *(fem acc)*; дорогим *(masc inst)*; дорогих *(plr gen)*
дорогие - wertvolle, liebe
дорогой - Lieber
доставала/достала - nahm heraus
доставка - Zustelldienst; по доставке *(prep)*
достать - erwischen
достопримечательности - Sehenswürdigkeiten
доходить - ankommen
дочь - Tochter; дочери *(dat)*
друг - Freund; другом *(inst)*; дружат - sind befreudet
друга *(gen)* - Freundes
другая - andere; другую *(acc)*
другие - andere; других *(gen plr)*; другим *(dat plr)*; другого *(sng masc gen)*
другое - anderes
другой - nächste, andere
другому *(dat)* - dem anderen
дружок - buddy
друзья - Freunde; друзьям *(dat)*; друзьями *(inst)*; много друзей *(plr)* - viele Freunde
думает - glaubt
думала - dachte
думали - dachten
думать - nachdenken
думаю - glaube, denke
дух - Stimmung

духовка - Backrohr; в духовке *(prep)*;
духовку *(acc)*
душа - Seele
дым - Rauch; в дыму *(prep)*
дышит - atmet
дядя - Herr, Onkel; дяде *(dat)*, дяди *(gen)*;
дядей *(inst)*
его *(gen)* - sein
еда - Futter; еды *(gen)*
еду *(acc)* - Futter
едут - fahren
едят - sie essen
её - sie (akk)
ей - ihr
ему - ihm
если - wenn
есть - haben, es gibt
ехать - fahren
жалко - j-m leid tun
жаль - schade
жарить - braten
жгут - Tourniquet
ждать - warten
ждёт - wartet
ждут - warten
же - *Interjektion*
желаю - wünsche
жёлтый - gelb; жёлтых *(gen plr)*
жена - Ehefrau; жене *(dat)*; женой *(inst)*
женились - haben geheiratet
жениться - heiraten; выходить замуж (für eine Frau)
женщина - Frau; женщину *(acc)*; женщины *(gen)*
живая - lebendig
живёт - lebt
живёшь - lebst
животные - Tiere
живут - (sie) leben
жизнь - Leben; жизни *(gen)*
жил - wohnte, lebte
журнал - Zeitschrift
журналистика - Journalismus; журналистики *(gen)*
журналы - Zeitschriften
за - hinter
за рулём - fährt
забегают - rennen hinein

заберёт - wird abholen
заблудиться - verlaufen
забор - Zaun; забором *(inst)*; на заборе *(prep)*; забора *(gen)*
заботишься - kümmerst dich
забрать - holen
забрызгана - bespritzt
забудьте *(imp)* - vergessen Sie
забывает - vergisst
забыла - hat vergessen
забыть - vergessen
заверну - werde einpacken; заворачивает - packt ein
заводит - startet
завтра - morgen
загорать - in der Sonne liegen
задаёт задачи *(gen)* - stellt Aufgaben
задали - haben aufgegeben
задание - Aufgabe
задания - Aufgaben
задача - die Aufgabe; задаче *(prep)*; задачу *(acc)*
задержать - festnehmen
задумчиво - nachdenklich
задумывается - denkt nach
заеду - werde vorbeikommen
зажаренное - gebratenes; зажарить - braten; зажарила - hat gebraten
зайти - vorbeikommen
заказ - Reservierung; по заказу *(dat)*
заканчивает - abschließt
заканчивается - geht zu Ende
закон - Gesetz; законов *(plr gen)*; законы - Gesetze
закончить - beenden
закрывает - schließt
закрывается - schließt; закрываются - schließen
закрыть - abdrehen, ausschalten
зал - Raum; зала *(gen)*; в зале *(prep)*
залезает - klettert
замёрз - ist kalt, friert
заместитель директора - stellvertretender Leiter
замечает - bemerkt
замечать - bemerken
замок - Schloß
замыкают - sperren

занимать место / очередь - sich stellen, besetzen
заниматься - machen
занимают места - setzen sich
занятие - Vorlesung
занятия - Unterricht; занятий *(gen)*
заняты - beschäftigt
заняться - machen, tun
запах - Geruch
запечатывает - verschließt
записка - Notiz; записку *(acc)*
запись - Nachricht, Notiz
зарплата - Gehalt; зарплату *(acc)*
зарядить - aufladen
заслуживает - verdient
заставить - zwingen
засыпает - schläft ein
засыпать - einschlaffen
затем - dann
захватить - mitnehmen, bringen
заходит - kommt herein
заходят - gehen hinein
захочет - will
зачем - wofür, warum
звать - rufen; зовёт - ruft
зверёк - Tier
звонили - called
звонит - ruft an
звонить - anrufen
звонок - Anruf; звонком *(inst)*
звучит - klingt
здание - Gebäude; здания *(gen)*
здания - Gebäude; зданий *(gen)*
здесь - hier
здоров - gesund
здорова - gesund
здоровается - begrüßt
здорово - toll
здравствуйте - hallo
здравый - gesunde
Зевс - Zeus
зеркало - Spiegel; в зеркале *(prep)*
злая - wütende
знаем - wir kennen
знает - weiß
знаете - wissen Sie
знакомит - stellt j-n vor; знакомится - lernt j-n kennen

знакомиться - kennenlernen
знакомый - ein Bekannter; знакомого *(gen)*; знакомому *(dat)*; знакомым *(inst)*
знакомься - mach dich bekannt
знал - wusste; знают - wissen
знания - Wissen; знаниями *(inst plr)*
знать - wissen
значит - dann, also
знаю - (ich) weiß
зная - kennend
зовут - heißt
золотые - Gold-; золотыми *(inst)*; золотых *(gen)*
зоомагазин - Tierhandlung
зуб - Zahn
и - und
иврит - Hebräisch; на иврите *(prep)* - auf Hebräisch
игра - Spiel; игр *(gen plr)*; игру *(acc)*
играет - spielt; играть - spielen
играла - spielte
играют - spielen
игрушечный *(adj)* - Puppen-; игрушечной *(adj prep)*
игрушки - Spielzeuge
идём - (wir) gehen; идут - (sie) gehen
идёт - geht
идея - Konzept
иди *(imp)* - geh
идите *(imp)* - geht; идти - gehen
из - aus
из угла *(gen)* - aus der Ecke; в углу *(prep)* - in der Ecke
известный - berühmte; известных *(gen plr)*
извини - vergib, es tut mir leid, entschuldige
извините - Entschuldigen Sie
извиняется - entschuldigt sich; извинялся - entschuldigte sich
изменился - hat sich verändert
изо всех сил стараться - gibt sein Bestes
Израиль - Israel
изучают - studieren
или - oder
им - ihnen (dat)
имеет - hat
имена - Namen; имя - Name
именно - so, genau, ausgerechnet
иметь - haben

иметь в виду - meinen; имеешь в виду - meinst
имя - Name
иногда - manchmal
интерес - Interesse
интересно - interessant, neugierig
интересную *(fem acc)* - interessante
интересные - interessant
интересный - interessante
интересуется - interessiert sich für
Интернет - Internet; в Интернете *(prep)*
искал - suchte
искать - suchen, sammeln
искусство - Kunst; искусства *(gen)*; в искусстве *(prep)*
испанский - Spanische
испечь - backen
испортить - ruinieren
исправить - reparieren; исправляет - repariert
испуганно - verängstigt
испытательный - Probe-
история - Geschichte; истории *(gen)*
их - ihre
июль - Juli; восьмое июля *(gen)* - achte Juli
к / ко - zu, bei
к нему *(prep)* - zu ihm
к сожалению *(dat)* - unglücklicherweise
к счастью *(dat)* - zum Glück
к тому же - außerdem
кабина *(prep)* - Auto; в кабине *(prep)* - im Auto
кабинет - Arbeitszimmer, Klassenzimmer; в кабинете *(prep)*
каждая - jede; каждую *(acc)*; каждой *(dat)*
каждого *(gen / acc)* - jeden
каждые - jede
каждый - jeder; каждым *(inst)*
кажется - Gefühl haben
как - wie
какая - welche
какое - welche
какое-то - ein, irgendein
какой - wie, welcher
какой-нибудь - ein, einer, jeder, irgendein, irgendwelcher, beliebiger
какой-то - ein, beliebige, jede
как-то - irgendwie
какую *(acc)* - welche

каникулы - Urlaub; на каникулах *(prep)*
капризная - launisch
картина - Bild; на картине *(prep)*; картину *(acc)*; картины *(gen)*
касса - Kasse; к кассе *(prep)*
кафе - Café
качает головой - schüttelt den Kopf
квартира - Wohnung; в квартирах *(prep)*; квартиру *(acc)*
кейс - Koffer
кивает - nickt
килограмм - Kilogramm
кино - Kino; кинозал - Kinosaal
кис-кис - miez-miez
кладёт - legt
класс - Klassenzimmer
классно - großartig
классный - erstklassig; классным *(inst)*
класть - legen; кладут - sie legen
клей - Kleber; Klebstoff; клеем *(inst)*; клея *(gen)*
клетка - Käfig; клетку (dat)
клиент - Kunde; клиента *(acc)*; клиентом *(inst)*
кличка - Spitzname; кличку *(acc)*
клумба - Blumenbeet; клумбу *(acc)*
книги - Bücher
ковёр - Teppich
когда - wenn
кожа - Leder; кожи *(gen)*
колбаса - Wurst; колбасы *(gen)*
колёса - Räder; без колёс *(gen)* - ohne Räder
колесо - Rad
коллегам *(dat)* - Kollegen
колледж - College, Universität; колледже *(prep)*
колледжа *(gen)* - College
комната - Zimmer; в комнате *(prep)*
комнаты *(gen)* - des Zimmers
компания - Firma; в компании *(prep)*
компетентное - kompetent
комплимент - Kompliment; два комплимента *(gen plr)* - zwei Kompliment; несколько комплиментов *(gen plr)* - einige Kompliment
компьютерная - Computer-; компьютерную *(adj acc)*
конверт - Briefkuvert; конверте *(prep)*; конверты - die Briefkuverts

конец - Ende; до конца (gen)
конечно - natürlich
контраст - Kontrast; контрасте (gen)
контролирующая - Kontroll-
контрольная - Test; много контрольных (plr gen)
контрольные - die Tests
конфета - Bonbon
корзины - Körbe
кот - Kater; коту - dem Kater
кота (gen) - seines Katers; о коте (prep); котом (inst)
котёнок - Kätzchen; котёнка (gen); котёнком (inst)
которая (fem) - die, welche; которой (prep)
которые - die, welche
который - der, welche; которым (prep); которых (pl gen)
кофе - Kaffee
кошка - Katze; кошкой (inst) - mit der Katze
кошки - Katzen; кошек (acc); кошками (inst)
кран - Wasserhahn
красив (short form) - schön
красива(я) - schöne; красиво - schön
красивая - schöne
красная - rote; красной (inst)
краснея - errötend; красный - rot; красном (prep)
красота - Schönheit; красоту (acc)
крем - Creme; кремом (inst)
крепкий - stark
крепко - fest
кресло - Stuhl, Sessel; в/на кресле (prep)
крестится - bekreuzigt sich
кричать - schreien
кричит - schreit
кроватка - Bettchen; кроватке (prep)
кровать - Schlafplatz, Bett
крокодил - Krokodil
кроме того - außerdem
кругом - überall
крысы - Ratten; крысами - mit den Ratten
крыша - Dach; крышу (acc)
крышка - Deckel; крышку (acc)
кто - wer; с кем (inst)
кто-то - jemand
куда - wohin
куда-то - irgendwohin

кукла - Puppe; куклу (acc), куклы (gen)
кулинар - Koch / Köchin; кулинаром (inst)
кулинарка - Köchin
кулинарный - kulinarischer; кулинарного (gen); кулинарным (inst)
купальник - Badeanzug; купаться - schwimmen
купила - hat gekauft
купить - kaufen
курица - Hähnchen; курицей (inst); курицу (acc)
курсы - Unterricht
курьер - Bote, Zustelldienst; курьера (acc)
кусает - beißt; кусачая - bissige
кухни - Küchen; кухнями (inst plr)
кухню - Küche
кухня - Küche; на кухне (prep) - in der Küche; кухни (gen)
кухонные - Küchen-; кухонных (plr adj gen)
кушать - essen
ладно - in Ordnung
лает - bellt; лаяла - hat gebellt
лай - Gebell; лаять - anbellen
лапа - Pfote; лапой (inst)
лапки - Beine; лапками (inst)
лёгкий - verständlicher; легко - einfach
легче - einfacher
лежала - lag
лежит - liegt; ложится - legt sich hin
лекции - Vorlesungen; лекций (gen)
ленивый - faul
лес - Wald
лестница - Treppe; лестнице (prep)
летит - fliegt
летом - im Sommer
лечит - behandelt
ли - ob
либо - oder
лист - Blatt
листать - blättern; листают - sie blättern
листьев (gen) - Blätter
листья - Blätter
литература - Literatur
лифт - Aufzug; лифтом (inst)
лицо - Gesicht; лица (gen); лицом (inst); на лице (prep)
лично - persönlich
ловит - fängt

ловить - fischen
ломаный - schlechte; на ломаном немецком *(prep)* - gebrochenes Deutsch sprechen
ломают - zerstören
лучше - besser
лучшее - das beste
лучший - bester; лучшей *(fem gen)*; лучшего *(masc gen)*
льстишь - schmeichelst
любимый - Lieblings-
любимых *(plr gen)* - liebsten
любит - gerne hat
любители - Fans; любителей *(gen)*
любовное *(adj)* - Liebes-
любовь - Liebe; без/для/в/о любви *(prep)*
любопытство - Interesse; любопытством *(inst)*
любую *(acc)* - zufällige
любят - mögen
магазин - Laden; в магазине *(prep)*
магазина - Handlung
мадам - Madame
мазать - einfetten
маленькая - kleine
маленькие *(plr)* - kleine
маленький - kleiner
мало - reicht nicht aus, wenig
мальчик - Junge; мальчиком *(inst)*
мама - Mutter, Mutti; мамы *(gen)*; маме *(dat)*
маски - Masken
машина - Auto; машине *(prep)*; машину *(acc)*; машины *(gen)*
машины - Autos; много машин *(gen)*
мгновение - Augenblick
медицинский - medizinische
медленно - langsam
мелкий - klein
меню - Speisekarte
меня - mich; мне - mir
менять - ändern
места - Orte, Plätze
местные *(plr)* - lokale, einheimische
местный - örtlicher; местного *(gen)*
место - Ort, Platz; до места *(gen)*
месть - Rache; местью *(inst)*
месяц - Monat
металлическая - Metall-; металлическую *(acc)*

метр - Meter; метра *(gen)*
метро - U-Bahn
мечтает - träumt
милая - großartige, nette
миллионы - Millionen
мимо - vorbei
минута - Minute; минут *(gen)*; минуту *(acc)*
младшая - jüngere; младшей *(dat)*
мнение - Meinung
много - viel, viele
множество - viel
мобильный - Handy
могу - ich kann
могут - können
моё - mein
моет - wäscht auf
можем - können
может - vielleicht
можешь - kannst
можно - kann, können
мой - mein; моим *(inst)*
мои - meine
молиться *(imp)* - beten
молодая - junge; молодую *(acc fem)*
молча - schweigsam
молчит - ist still, schweigt
молчишь - sagst nichts, schweigest
момент - Moment
море - Meer; морю *(dat)*; моря *(gen)*
мотор - Motor
моя - meine
мудрое - weise
муж - Ehemann; мужем *(inst)*; мужу *(dat)*
мужчина - Mann
музей - Museum
музыка - Musik
мурлычет - schnurrt
мусор - Müll
мусорный - Müll-; мусорному *(dat)*; мусорным *(inst)*
мы - wir
мысли - Gedanken; мыслями *(inst)*
мысль - Gedanke
мыши - Mäuse; много/мало мышей *(acc)*
мышка - Maus
мяукает - miaut
мяч - Ball; мячом *(inst)*
на - an

на голове *(prep)* - am Kopf
на него *(acc)* - auf ihn
на пороге *(prep)* - an der Tür
на продажу - zum Verkauf
на стекле *(prep)* - am Fenster
на улице - draußen
на улицу *(acc)* - nach draußen (Richtung)
на ходу - während er spricht, im Gehen
на цыпочках - auf Zehenspitzen
набирает - wählt
наблюдает - beobachtet
наверно - wahrscheinlich
наверняка - ganz sicher, bestimmt
навстречу - entgegen
наглость - Unverschämtheit
над - über
надеется - hofft
надет - trägt
надеюсь - ich hoffe
надо - brauchen, braucht
надпись - Aufschrift; надписью *(inst)*
нажимает - drückt
назад - vor; пять лет назад - vor fünf Jahre
название - Namen; названием *(inst)*
называет - nennt
называется - heisst
называть - nennen
найдём - (wir) werden finden
найти - finden
накалывает - spießt auf
наклонив - geneigt
наклоняется - biegt sich
наконец - endlich
нам *(dat)* - uns
намного - viel
наносит визит - besucht
нанять - einstellen
написал - hat geschrieben
написали - schrieben
написанное - geschrieben
написать - schreiben
напоминает - erinnert
направо - rechts
нарезанные - geschnittene; нарезанных *(gen)*
нарушать - brechen
нас - uns
наслаждайся *(imp)* - genieß
настоящий - wirkliche; настоящим *(inst)*

настроение - Stimmung
наступить на ногу - auf den Fuß treten
насчёт - hinsichtlich
натягивает - zieht
натягивается - dehnt sich
нахмуренный - Stirnrunzeln; нахмуренным *(inst)*
находит - findet
находится - befindet sich
национальное - National-; национальность - Nazionalität
начало - Anfang; в начале *(prep)* - Anfangs
начальник - Chef; начальника *(acc)*
начинает - beginnt
начинается - beginnt
начинают - beginnen
наш - unser; в/на нашем *(prep)*; нашему *(dat)*
нашёл - hat gefunden
наши - unsere
нашла - hat gefunden
не - nicht; не сводит глаза - ohne einen Blick wenden; не волнуйтесь - keine Sorge
не беспокойся *(imp sng)* - mach keine Sorge
не волнуйся *(imp)* - keine Sorge
не обращая внимание - ohne zu beachten
не расстраивайтесь *(imp)* - machen Sie sich keinen Kopf
небольшая - kleine; небольшую *(acc)*
небольшой - kleine
невероятно - unglaublich
невозмутимый - ruhige; с невозмутимым *(inst)*
негодяй - Schurke; негодяя *(acc)*
недавно - vor kurzem
недалеко - nicht weit
неделя - Woche
недовольно - unzufrieden
недолго - nicht lange
недоработка - Defekt; недоработку *(acc)*
недостаточно - nicht genug, reicht nicht aus
нежно - sanft
неизвестно - es ist unbekannt
некому *(dat)* - niemanden
некоторые - einige; некоторых *(gen)*
неловкая пауза - anstrengender Moment
нельзя - kann nicht
немного - ein wenig
немножко / немного - ein wenig

ненадолго - auf kurze Zeit
необходимый - vorgeschriebener
необычные - ungewöhnliche; необычными *(inst)*
неожиданно - plötzlich
неплохо - ganz gut
неподходящий - nicht passend; неподходящим *(inst)*
непонятно - unverständlich, unbegreiflich
непонятны - unverständlich
непонятный - unverständlicher; на непонятном *(prep)*
неправильно - schlecht, falsch
неправильные - falsche
непривычно - ungewöhnlich
неприятный - unerfreulich
непроверенное - unkorrigiert, ungeprüft
непросто - nicht einfach
непрочность - Vergänglichkeit; непрочности *(fem gen)*
неравнодушна - nicht gleichgültig
нервничать - nervös werden
нерешительно - zögerlich
несёт - trägt
несколько - einige
неспокойный - unruhig
нести - tragen
нет - nein
неумело - schlecht, ungeschickt
нигде - nirgendwo
ниже - niedriger, nach unten
нижний - unter-
низкие оценки - schlechte Noten
низкую *(acc)* - niedrige
никакого *(gen)* - keinen
никогда - nie
никто - niemand; никого *(gen)*
ним *(inst)* - ihm
ними *(inst)* - ihnen
нисколько - gar nicht, nicht im geringsten
нитка - Faden; ниткой *(inst)*
ничего - nichts; нечем *(inst)*
но - aber
новая - neu: новой *(inst)*
новогодняя ёлка - Weihnachtsbaum
новости / новость - Neuigkeit/en
новые - neue
нога - Bein; ногу *(acc)*

ножницы - Schere
номер - Ausgabe, Nummer, Kennzeichen; номеров *(plr gen)*; с номером *(sng inst)*
ноутбук - Laptop
ночь - Nacht
нравится - gefallen
нравиться - mögen
ну - *Ausrufung*
нужен - braucht
нужна *(fem)* - brauchen
нужно - brauchen
няня - Kindermädchen; няне *(dat)*; няней *(inst)*; няню *(acc)*
о - über
об - über
обаятельная - bezaubernde
обгоняет - überholt
обегает - rennt herum
обед - Mittagessen, Mittag; обеда *(gen)*
обедать - zu Mittag essen; обедом *(inst)*
обидно - tut weh, ärgerlich, peinlich
обижать - verletzen
обманешь - wirst mogeln
обморок - Ohnmacht
обнаруживать - herausfinden
обнимает - umarmt
оборачивается - dreht sich um
обрадовать - Freude machen
образцы - Proben
обратно - wieder, zurück
обращайтесь *(imp)* - kommen Sie wieder
обращаться - ansprechen
обращают внимание - beachten
обрывается - ist unterbrochen
обстановка - Umgebung; обстановку *(acc)*
обстоятельства - Umstände
обувь - Schuhen; обуви *(gen)*
обходить - umhergehen
общаются - (sie) chatten
общее - gemeinsames
общие - gemeinsame
объяснение - Erklärung
объясняет - erklärt
обычаи - Bräuche; обычаями *(inst)*
обычно - normalerweise
обычный - gewöhnliche
обязательно - auf jeden Fall

овощи - Gemüse; овощами *(inst)*; овощей *(gen)*
оглядывается - sieht sich um
огромная - riesige; огромную *(acc)*
огромный - riesige
одежда - Kleindungsstücke; одежды *(gen)*
один - ein
один раз - einmal
одинаковые - gleiche; много одинаковых *(gen plr)*
одна - alein
однажды - eines Tage
одни - einige; Одни плачут, а другие смеются. - Einige weinen, und andere lachen.
одно *(neut)* - ein; одной *(fem prep)*
одноклассник - Schulfreund
одну *(acc)* - eine
оживить - wiederbeleben
ожидали - erwarteten
ой - oh
оказывается - es stellt sich heraus
окно - Fenster; окна *(gen)*; окном *(inst)*
омлет - Omelett
он - er
она - sie; ею *(inst)*
они - sie *(plur)*
оно - es, das
о-о - oh
опаздывает - kommt spät
опасный - gefährlicher
опишите *(imp)* - beschreiben Sie
оплачивают - sie zahlen
опускаться - absinken
опять - wieder
организация - Firma, Amt
осень - Herbst; осени *(gen)*
осенью - im Herbst
осмысленные - vernünftige; осмысленных *(gen)*
особенно - besonders
оставила - hat gelassen; оставляет - lässt bleiben
остаётся - bleibt
остальные - andere
останавливает - hält an
останавливается - bleibt stehen
остановиться - aufhören
остановка - Bushaltestelle; остановке *(prep)*

остаться - bleiben
остаются - bleiben
осторожно - Achtung
осторожный - vorsichtige
остывает - wird kalt
от - von
от неожиданности *(gen)* - überrascht
отбрасывать - zurückwerfen
отвезти - bringen mit Transport
ответ - Antwort
ответить - antworten
ответственное - wichtige
ответы - Antworten
отвечает - antwortet
отвозит - bringt mit Transport
отворачиваются - drehen sich weg
отгадать - erraten
отгоняет - verjagt
отдаёт - gibt
отдал - gab weg
отдать - weggeben
отделён - abgetrennt
отдыхает - macht eine Pause
отдыхать - zu Bett gehen
отдыхают - erholen sich
отель - Hotel; отеля *(gen)*
отец - Vater; отца *(gen)*
отказываться - sich weigern, verzichten
откройте *(imp)* - öffnet / öffnen Sie
открывает - öffnet; открытым *(inst)*
открывается - wird eröffnet
открытки - Postkarten
открыть - öffnen
отличная - hervorragende
отлично - gut
отличный - hervorragender
относятся - sich stellen
отношения - Beziehungen, Bindungen, Verhältnisse
отправлять - senden
отправляющийся - abfahrender; отправляющегося *(gen)*
отпустить - gehen zu lassen
отреагировать - reagieren
отряхивается - schüttelt sich
отсюда - von hier
оттуда - von dort
отходит - geht weg

отчаяние - Verzweiflung; в отчаянии (prep)
отъезжает - fährt ab
офис - Büro; офиса (gen)
официант - Kellner
охраняет - passt auf; охранять - aufpassen
охранял - bewachte
оценка - Note; оценку (acc)
оценки - Noten
очарован - ist entzückt
очаровательная - bezaubernde
очень - sehr
очередь - Reihe, Schlange
ошейник - Halsband; к ошейнику (dat) - am Hundehalsband
ошибка - Fehler; ошибку (acc)
падает - fällt um
падать - fallen
пакет - Packung
палач - Scharfrichter; палача (gen)
палец - Finger; пальцем (inst) - mit Finger
папа - Vati
папе (dat) - dem Vater
пара - einige; пару (acc)
парень - Junge
парк - Park; в парке (prep) - im Park
паркует - parkt
парни - Jungs
парта - Schulbank; на парте (prep)
пауза - Pause
пахнет - duftet
пачка - Packung; пачку (acc)
пейзаж - Landschaft
первая - erste; на первой (prep)
первый - erste
перебивает - unterbricht
перевести - übersetzen
перевод - Übersetzung; перевода (gen)
переглядываются - sie tauschen Blicke aus
перед - vor; перед ней - vor ihr
передам - werde ausrichten
переживает - macht sich Sorgen
перезванивают - rufen wieder an
перекладывать - umlegen, bewegen;
перекладывайте (imp); переложила / переложили - hat/haben umgelegt
перекрёсток - Kreuzung; возле перекрёстка (prep)
перекусить - essen

перепутал - verwechselte
перрон - Bussteig; на перроне (prep)
пёс - Hund; пса (gen)
пешком - zu Fuß
пикник - Picknick
писал - hat gepostet
писатель - Schriftsteller
письмо - Brief; в письме (prep) - im Brief
питьё - Trink
пишет - schreibt
пишут - schreiben
плакать - weinen
планшет - Tablet; планшете (prep)
пластиковая - Plastik-; пластиковую (fem adj acc); пластиковых (plr adj gen)
плоды - Obst
плохая - böse
плохо - schlecht
по - jeden; по утрам - jeden Morgen
по делам / по работе - geschäftlich
по работе (prep) - geschäftlich
по сторонам смотреть - sich umsehen
по-английски - auf Englisch
поблагодари (imp) - bedanke dich
повар - Koch
повезло - hatte Glück
поверить - glauben
поверните (imp) - biegt
поводок (prep) - Leine; на поводке (prep) - an der Leine
поворачивает - dreht sich um
повторяет - wiederholt
поглядывает - behält in den Augen
поговорить - sprechen
погода - Wetter
погуляем - (wir) werden spazieren gehen
погулять - spazieren
подальше - weiter
подарить - schenken
подарки - Geschenke; подарок - Geschenk; подарков (gen plr)
подбегает - rennt an etwas
поддерживать - unterstützen
поднимает трубку - hebt ab
поднимается - geht hinauf
поднять настроение - Stimmung aufhellen
подожди (imp) - warte
подойдите (imp) - kommen Sie

подпи́сывать - aufschreiben
подрабо́тать - ein wenig Geld verdienen
подро́бно - im Detail
подру́га - Freundin
по-друго́му - anders
подсказа́ть - einen Hinweis geben
подтверди́ла - bestätigte
поду́мал/поду́мала - dachte
подхо́дит к - geht zu
подхо́дят - kommen näher
подходя́щий - geeignete
подъезжа́ет - fährt an
подъезжа́ют - fahren heran
пое́ду - werde fahren
по́езд - Zug; на по́езде (prep)
пое́сть - fressen, essen
пое́хали - fuhren los
пое́хать - fahren
пожа́луйста - bitte
пожа́р - Feuer; пожа́ра (gen); пожа́ре (prep);
пожа́рная кома́нда - Feuerwehr
пожила́я - alte
пожило́й - älterer
позвони́ть - anrufen
по́здно - spät
поигра́ть - spielen
пойдём - lass uns gehen; пойти́ - gehen
пока́ - tschüß
пока́заны - werden gezeigt
пока́зывает - zeigt
поко́й - es ist still, Stille
покупа́ет - kauft
покупа́ть - kaufen; поку́пки - Einkäufe
поку́шать - essen
пол - Boden
по́лдень - Mittag
ползти́ - kriechen
полице́йские - Polizisten; полице́йских (gen)
полице́йский - Polizist; полице́йского (acc)
по́лностью - alles, ganz
полови́на - halb; полови́на четвёртого - halb vier
положи́ла - hinlegte
полоте́нце - Handtuch
получа́ет - bekommt
получа́ется - es klappt
полу́чат - sie werden bekommen
получа́ть - verdienen

получи́л - bekam
получи́ла - kriegte
получи́лось - ist geworden, klappte
получи́ть - bekommen
полчаса́ - eine halbe Stunde
по́льзуется - benutzt
по́льзуюсь - verwende
полюби́ла - verliebte sich
помеща́ться - passen
по́мни (imp) - merk sich
по́мнит - erinnert sich
по́мню - erinnere mich
помо́г - hat geholfen
помога́ет - hilft
помо́чь - helfen
по́мощь - Hilfe
понима́ет - merkt
понима́ете - verstehen Sie; поня́ть - verstehen
понима́ешь - verstehest
понима́ю - verstehe
понима́ют - begreifen
понра́вилась - mag
понра́вится - wird mögen
по́нял - verstand
поня́тно - klar
попа́сть - geraten; попа́ла - geriet
попи́ть - trinken
попро́бовал - versuchte
попро́бовать - versuchen, probieren
попроси́л - bat
пора́ - es ist Zeit
порва́ть - zerreißen
по́ртить - ruinieren
посади́ть - sperren, setzen
посереди́не - in der Mitte
посети́ть - besuchen, besichtigen
поскоре́е - schneller; früher, eher
по́сле - nach
после́днее вре́мя - in letzter Zeit
после́дняя - lezte; после́днюю (acc)
послу́шная - obedient
послу́шный - gehorsam
посмотре́ть - nachsehen; посмотрю́ - ich werde nachsehen
посмотри́ (imp) - sieh … an
посове́товала - riet
поспа́ть - schlaffen

поставил - installierte; поставлю - werde installieren
поставили оценку - haben die Note gegeben
постоянно - immer (wieder)
поступать - sich bewerben
потеря - Verlust
потолок - Decke; потолка (gen)
потом - dann
потому что - weil
потоп - Überschwemmung
потушить - (Feuer) ausmachen
похож (sng) - ähnlich; похожи (pl)
похолодел - schauderte
почему - warum
почти - kaum, fast
почувствовать - spüren, fühlen
пошли - gingen
пошутил - hat einen Streich gespielt
поэзия - Poesie; поэзией (inst); поэзии (gen); поэзию (acc)
поэтические - Poesien-
поэтому - so, deshalb
поют - singen
появиться - erscheinen
появляться - aufkommen, auftauchen
прав (он) - (er) hat recht
права - Rechte
правда - wahr, Wahrheit
правила - Regeln
правильно - richtig
правильное/правильный - richtige
правоведение - Rechtswissenschaft; правоведению (dat); правоведения (gen)
правота - Richtigkeit; правоту (acc)
правы - haben recht
праздник - Fest; праздничный - festlich
практически - fast
превосходная - großartige
предлагает - schlägt vor
предложения - Sätze
предложить - anbieten
предмет - Unterrichtsfach
предметы - Fächer; много предметов (gen)
предполагает - nimmt an
предположение - Vermutung, Versuch
предупредить - warnen, Bescheid sagen
прежде - bevor
прежний - früheren; прежних (gen plr)

прекрасная - hervorragendene; прекрасной (gen)
прекрасно - gut
премировать - Bonus bezahlen
преодолевать - unterdrücken
преподаватели - die Lehrer; преподаватель - der Lehrer; преподавателю (dat)- dem Lehrer
преподаёт - unterrichtet
при - bei
прибывать - ankommen
привет - hallo
прививки - Impfungen
привяжу - werde festbinden; привязывал - hat festgebunden; привязан - ist festgebunden
привязать / привязывать - binden; привязал (past); привязана (past part fem)
привязывает к… - bindet an…
приглашает - lädt ein
приготовила - machte, kochte
придержать - festhalten; придерживает - hält zurück
придёт - wird kommen
придётся - erzwungen, müssen, sollen
приду - (ich) werde kommen
придумать - erfinden
приедет - wird kommen; приехал - ist gекоmmen
приеду - werde kommen
приезд - Ankunft; к приезду (dat); приезда (gen)
приезжает - kommt (mit dem Transport)
приезжают - heranfahren
приехала - besuchte, ankam (mit Transport)
приехать - vorbeikommen (mit Transport)
признание - Geständnis
признать - zugeben
признаюсь - gebe zu
приключение - Abenteuer
приключенческие / приключенческий - Action-
прикрепил - befestigte; прикреплен - ist befestigt
прилечь - sich niederlegen
примерно - ungefähr
принадлежит - gehört
приносила - brachte
приносит - bringt
приоткрыта - einen Spalt offen

приснилось - geträumt hat
приходит - kommt
приходят - herankommen
пришла - ankam (zu Fuß); пришли *(plr)*
приятно - angenehm
про - von, über
проблема - Problem
проведу - werde begleiten
проверить - prüfen
провести - machen, ausführen
проводит время - verbringt Zeit
проводить - verbringen
проводить время - Zeit verbringen
прогулка - Spaziergang; прогулки *(gen)*
продавец - Verkäufer
продавца *(acc)* - den Verkäufer
продавцу - dem Verkäufer
продавщица - Verkäuferin; продавщице *(dat)*; продавщицу *(acc)*
продаёт - verkauft; продать - verkaufen
продаются - werden verkauft
продолжает - spricht weiter
продолжалось - dauerte
продолжаться - dauern
продукты - Essen; много продуктов *(gen)*
проезжает - fährt vorbei
произведение - Werk; произведения *(pl)*; произведениями *(inst plr)*
произвести впечатление - beeindrucken
произойти - stattfinden
произошла - passierte
произошло - passierte; Что происходит? - What ist passiert?
пройтись - spazieren
просит - bittet
прославился - wurde berühmt
простите - Entschuldigen Sie
просто - nur, einfach
простят - werden vergeben / entschuldigen
просыпается - wacht auf
просят - sie bitten
против - gegen
протягивает - streckt aus
профессор - Professor; профессора *(gen)*; профессору *(dat)*
профиль - Account; профиля *(gen)*
проходит - geht
проходят - gehen vorbei

прочитала - hat gelesen
прочитать - lesen
прыгает - springt
прямо - gerade
птица - Vogel; птиц *(acc)*
птицы - Vögel
пусть - lass
путать - verwechseln
путешествовать - verreisen
пыль - Staub
пытается - versucht
пышные - großartige
пьёт - trinkt
пятая - fünfte; пятую *(acc)*
пятнадцать - fünfzehn
пятница - Freitag; пятницу *(acc)*
пять - fünf; пяти *(gen)*
работа - Arbeit; на работах *(plr prep)*; работы *(gen)*
работает - arbeitet
работник - Arbeiter; работника *(gen)*
работу *(acc)* - Arbeit
работы *(pl)* - Arbeiten
рада - freut sich
радио - Funk
радостная - fröhliche
радостно - fröhlich
радость - Vergnügen; с радостью *(inst)*
радуется - freut sich; рад/а *(adj)*
рады - freuen sich
раз - Mal
разве - denn, etwa
разговаривает - spricht
разговаривают - (sie) unterhalten sich
разговор - Gespräch
раздаёт - verteilt
раздаётся - hört, ertönt
разделяет - steht dazwischen
различные - verschiedene
размер - Größe; размера *(gen)*
разноцветные - farbige
разные - verschiedene, viel; много разных *(gen)*
разрезает - schneidet
разрешит - wird lassen
рано - früh
раньше - früher
располагаться - es sich bequem machen

рассвет - Tagesanbruch; на рассвете *(prep)*
рассказать - erzählen
рассказывает - erzählt
расслышать - vernehmen
рассматривать - betrachten, überprüfen
рассмотреть - sehen
расстроен - traurig
рассудок - Menschenverstand
растерян - ist verwirrt
растерянно - verlegen
растерянность - Verwirrung; в растерянности *(prep)* - verwirrt
растёт - wächst
растут - es gibt, wachsen
рвать - zerreißen
рвётся - reißt
ре(ч)ка - Fluss; речку *(acc)*
ребёнок - Kind; ребёнка *(gen)* - des Kindes; с ребёнком *(inst)* - mit dem Kind
редкая - selten; редкую *(acc)*
редко - selten
резиновый - aus Gummi
резко - schroff
рейс - Flug
рекомендует - empfiehlt
ресторан - Restaurant; ресторана *(gen)*
рецепт - Rezept; в рецепте *(prep)*; рецепту *(dat)*
решает - beschließt
решают - sie entscheiden sich
решение - Lösung
решил - hat beschloßen
решила - entschied
рисковать - Risiko eingehen
рисовать - malen
робко - schüchtern
ровно - genau
родители - Eltern; родителям *(dat)*
родной - Heimat-
родственник - Verwandte
родственники - Verwandte; родственникам *(dat)*
рождество - Weihnachten; рождеству *(dat)*
розетка - Steckdose; розетку *(acc)*
романтичный - romantisch; романтичной *(gen)*
роняет - lässt fallen
рот - Mund; ртом *(inst)* - mit Mund

ругать - kritisieren
рука - Hand; на/в руке *(prep)*; рукой *(inst)*; руку *(acc)*
руки - Hände; на руках *(plr prep)*
рыба - Fisch; рыбу *(acc)*
рыбки - Fische, Fischen; рыбками *(plr inst)*; о рыбках *(plr prep)*
рынок - Markt; рынка *(gen)*
рычанием *(inst)* - Knurren; рычит - knurrt
рядом - nebenan
с / со - mit
с азартом - aufgeregt
с опаской *(inst)* - vorsichtig
с папой *(inst)* - mit Vater
с тобой *(prep)* - mit dir
с трудом - mühsam
сад - Garten; в саду *(prep)* - im Garten
садитесь *(imp)* - setzt euch, setzen Sie sich
садится - setzt sich
садятся - setzen sich
сам - selbst
сам/и - selbst
сама - freiwillig
самая интересная - interessanteste
самолёт - Flugzeug
самые - meist; самых *(gen)*
самый - *der Superlativ*; meist- ; в самом нижнем ящичке - in der untersten Schublade
сантиметр - Zentimeter; несколько сантиметров *(pl gen)*
свежий - neueste
свернёте - (Sie) werden biegen
светит - scheint
свисают - hängen
свободное - freies
свободны - frei
своей *(sing dat)* - *Reflexivpronomen*
свой - *Reflexivpronomen*; своего *(masc akk)*; своём *(masc prep)*; своими *(plr inst)*; свою *(fem acc)*; своему *(dat)*
свои *(pl)* - *Reflexivpronomen*
своим *(dat)* - *Reflexivpronomen*
связь - Verbindung
святой - heilige; святому *(dat)*
сгорать - verbrennen
сдать экзамен - eine Prüfung bestehen
сделали - machten
сделанная - gemachte; сделанной *(gen)*

сделанный - gemacht; сделанных *(pl gen)*
сделать - machen
сделать предложение - fragen, vorschlagen
сделаю - werde machen
себе *(dat)* - *Reflexivpronomen*
себя *(acc)* - *Reflexivpronomen*
север - Norden; на севере *(prep)*
сегодня - heute
сегодняшний - heutige
сейчас - gleich
секретарь - Sekretärin; секретарём *(inst)* - als Sekretärin
секунды - Sekunden; секунд *(gen)*
семейные - Familien-
семьдесят - siebzig
семья - Familie; семьи *(gen)*, семью *(acc)*
сервис - Dienst
сердит - ist wütend
сердита - wütend; сердится - wird wütend
сердито - wütend
середина - Mitte
серьёзно - ernst
серьёзное - ernstes
сестра - Schwester
сестра - Schwester; сестре *(dat)* ; сестрой *(inst)*
сестричка - Schwesterchen
сзади - hinten
сигарета - Zigarette; сигарету *(acc)*
сиденье - Sitzplatz
сидеть - sitzen
сидит - sitzt
сидят - sitzen
сильно - sehr
сильный - starker
символ - Symbol
ситуация - Situation; ситуацию *(acc)*
скажите *(imp)* - sagen Sie
сказал - hat gesagt
сказала - sagte
сказали - sagten
сказать - sagen
скамейка - Bank; скамейку *(acc)*
складывать - einsteckten, zusammenlegen
склеивание - Kleben; для склеивания *(gen)*
скоро - bald
скорость - Geschwindigkeit; скоростью *(inst)*

скромный - bescheiden; быть скромным *(inst)* - bescheiden sein
скульптура - Skulptur; скульптуру *(acc)*
скучает - vermisst
сладости - Süßigkeiten
слева - links
слегка - ein wenig
следом - hinterher
следует - folgt
следующая - nächste; следующую *(prep)*
следующий - nächster; следующего *(gen)*
слезай *(imp)* - komm herunter
слишком маленький - zu klein
словил - hat gefangen
слово - Wort; слова нет *(gen)*
сложное - komplizierte
сложные - schwierige, komplizierte
служба - Unternehmen, Dienst; служб *(plr gen)*; службу *(sng acc)*; службы *(sng gen)*
служить - dienen, angestellt sein
случай *(prep)* - Fall
случайно - versehentlich
случаться - vorkommen
случилось - passierte
слушает - hört zu; слышит - hört
слышать - hören
слышен - vernehmbar
смазать - einfetten
смеётся - lacht; смеяться - lachen
смелая *(fem)* - mütige
сменить - wechseln
смешные - lustige
смогу - kann
сможет - er/sie kann
смотрел - hat beobachtet
смотреть - anstarren, sehen
смотри *(imp)* - schau
смотрит - beobachtet
смотрю - sehe
смотрят - sehen
смущенно - in Verwirrung
смысл - Bedeutung; смысла *(gen)*
сначала - im ersten Moment
снег - Schnee
снимает - nimmt ab
снова - wieder
снять - abnehmen
собака - Hund; собакой *(inst)*

собаки *(gen)* - des Hundes
собираемся - (wir) beabsichtigen
собирает - sammelt; собирать - sammeln; собирают *(plr)*
собираться - sich bereitmachen
собор - Kathedrale
собрать - sammeln
собственная - eigene; собственной *(prep)*
совершает - macht
совершенно - komplett
совет - Ratschlang; советует - empfiehlt
совпадает - übereinstimmt
современная - modern; современной *(gen)*
современный - moderne; современного *(gen)*; в/на современном *(prep)*;
современные *(plr)*
совсем - nur; ganz
согласен - ist einverstanden
согласиться - einverstanden sein
согласна - hat zugestimmt
соглашается - ist einverstanden
содержание - Text; содержания *(gen)*
сок - Saft; сока *(gen)*
солнце - Sonne
сомневаться - zweifeln
сон - Traum
сонный - schläfriger
сообщить - mitteilen, sagen
сорок - vierzig
сосед - Nachbar; соседа *(gen)*; соседу *(dat)*;
соседи - Nachbarn; о соседях *(pl prep)*
соседка - Nachbarin; соседский / соседний - Nachbar-; соседского *(gen)*; соседскому *(dat)*
соседний - in der Nachbarschaft; соседнем *(prep)*
соседняя - Nachbar-; соседнюю *(acc)*
сотня - hundert; сотню *(acc)*
сотрудница - Angestellte
сохраняла - hat gespeichert
сочинение - das schriftliche Werk
сочиняет - verfasst
спасибо - danke
спаситель - Retter
спасся *(masc)* - rettete sich
спать - schlafen
специалист - Fachmann; специалистом *(inst)*
специальность - Arbeitsbereich, Beruf; специальности *(prep)*

спешу - habe es eilig
списали *(plr)* - kopierten, abschrieben
спит - schläft
спокойно - leise
спокойной ночи *(gen)* - schlaf gut
спокойные *(plr)* - leise, ruhige
спокойный - ruhig
спор - Streit
способная - tüchtige
справа - rechts
справедливость - Gerechtigkeit
справляться - zurechtkommen
спрашивает - fragt
спросим - (wir) werden fragen
спрыгивает - springt herab
спускается - geht runter
спуститься - runterkommen
сразу - sofort
среда - Mittwoch; в среду *(acc)*
средневековый - mittelalterliche; средневекового *(gen)*
средние *(plr)* - mittlere
срок - Zeit, Termin
срочно - dringend
ставит - stellt
ставить (оценки) - Noten geben
стал - geworden
стало - wurde
становится - wird
станция - Busbahnhof; станции *(gen)*
старательно - genau, sorgfältig
старательный - sorgfältige; старательного *(gen)*
стараться - sich bemühen
старая - alte; старой *(gen)*
старик - alter Junge
старинные - alte; старинных *(gen)*
старушка - alte Frau; старушке *(dat)* - der alten Frau
старый - alter
статья - Paragraf; в статьях *(pl prep)*
стиль - Stil
стихи - Gedichte; стихами *(inst)*
стоит - steht
стол - Tisch; возле стола *(gen)*; на/в столе *(prep)*; за столом *(prep)*; столу *(dat)*
столик - Tischlein; столика *(gen)*
столица - Hauptstadt

стоматолог - Zahnarzt; стоматолога (gen)
стопка - Stapel; стопку (acc)
сторож - Wächter; сторожем (inst)
сторона - Seite; в стороне (prep); сторону (akk); стороны (gen)
стоят - stehen
странно - seltsam
странный - seltsame; странных (gen plr)
страны (plr) - Länder; стран (plr gen); страну (sng acc); страны (sng gen)
страсть - Leidenschaft; со страстью (inst)
страх - Angst
страшно - Angst haben
строгий - strenger
строго - streng
строже - strenger
строители - Bauarbeiter; строителей (gen)
строительная - Bau-; строительной (adj prep)
строительной (prep) - Bau-
студентка (fem) - Studentin; студенты - Studenten
студенты - Studenten; студентов (gen); студентам (dat)
студенческие - Studenten-
стул - Stuhl
суд - Gericht; в суде (prep)
судья - Richter
сумка - Tasche; сумку (acc)
сумма - Betrag; сумму (acc)
суп - Suppe
супермаркет - Supermarkt; супермаркета (gen); в супермаркете (prep)
сходить - gehen
сцена - Szene
счастлив - freut sich
счастливый - glücklich; счастливым (inst)
счёт - Rechnung; счёта (gen)
считает себя - hält sich
считать - betrachten
считают - glauben
считаются - sie gelten
съесть - essen; съедает - isst
сыграет - wird spielen
сын - Sohn; сыном (inst)
сыр - Käse; сыра (gen)
сытый - zufrieden, satt
сюрпризы - Überraschungen

та - die; ту (acc)
та самая - die gleiche, dieselbe; ту самую (acc)
тайком - heimlich
так - so
такая - diese, so
также - auch
такие - solche
такой - so, dieser, solche
такси - Taxi
таксист - Taxifahrer; таксиста (gen); таксисту (dat)
такую (acc) - diese
талант - Talent
там - dort
твоём (prep) - deinem
твой - dein
твои - deine
творчество - Arbeit, Schaffen
твоя - deine
тебе - dir; ты - du
тебя (acc) - dich
текст - Druck
телефон - Handy, Telefon; телефона (gen)
Тель-Авив - Tel Aviv
тем временем - inzwischen
тема - Thema
тёмная - dunkle; тёмную (acc)
темно - dunkel
темнота - Dunkeln; в темноте (prep)
теперь - jetzt
терпеливо - geduldig
территория - Gelände; территорию (acc)
терять - verlieren
тест - Test; тестовое (adj) - Test-
тесто - Teig; тестом (inst)
тетради - Notizbücher; в тетрадях (prep)
тётя - Tante; тёте (dat); тётей (inst); тётю (acc)
тихо - still
тишина - es ist still, Stille
тогда - dann
тоже - auch
толкать - drücken, stoßen
толстая - fette
толще - dicker
только - nur
томатный - Tomaten-; томатного (gen)

тонкая - dünne; тонкой (inst)
торжествует - siegt, triumphiert
торт - Torte; торта (gen); тортик - Törtchen
торчащие - hervorstehende; торчащими (inst)
тот - jener
тот же - gleiche, derselbe; из того же - von derselben
точно - definitiv, genau, exakt
традиции (pl) - Traditionen; традициями (pl inst)
трамвай - Straßenbahn; в/на трамвае (prep)
транспорт - Verkehrsmittel; на транспорте (prep)
требовательный - fordernde; требует - fordert
требуется - braucht, nötig
тренированный - trainierter; тренированным (inst)
третий - dritte; в/на третьем (inst)
третья - dritte
три - drei; трёх (gen)
трижды - drei Mal
тринадцать - dreizehn
трубка - Hörer; трубку (acc)
трудно - schwer
трудные - schwierige
туда - dorthin
туннель - Tunnel
тут - da, sofort
тюбик - Tube
тюльпаны - Tulpen; тюльпанами (inst); тюльпанов (gen)
тяжёлый - schwer; тяжёлым (inst)
у неё - sie hat
убегает - rennt weg
убедительно - überzeugend
убеждает - überzeugt
убили - töteten; убитую (fem acc) - getötete
убить - töten
уборка - Aufräumen, Reinemachen
уборщица - Reinemachefrau, Reinigungskraft; уборщице (dat); уборщицей (inst)
убрать - reinigen, putzen
уверены - sicher
увидеть - sehen
увидимся - sehen uns
увлекается - interessiert sich für
увлечённо - enthusiastisch

уволены - sind gefeuert; уволить - entlassen, feuern
увольнение - Entlassung; увольнением (inst); увольнении (prep)
удаётся - gelingt; удастся - wird gelingen
удаляет - löscht
удариться - sich stoßen
удачи - viel Glück
удачно - erfolgreich
уделяют внимание - Acht geben
удержать - aufhalten
удивить - überraschen; удивлённо - überrascht
удивлён - überrascht
удивлена - überrascht
удивление - Erstaunen; удивления (gen)
удивлённый - Überrascht
удивлены - sind überrascht
удивляться - wundern sich
удобно - bequem
удовольствия (gen) - Vergnügen
уехала - verließ
уж - Interjektion
ужас - Schreck
ужасная - fürchterliche
ужасно - fürchterlich; ужасный - fürchterliche
уже - bereits
ужинают - essen zu Abend
узнать - erkundigen, erfahren: узнайте (imp)
узнаю - erkenne
уйдёт - würde alleine lassen, wird weggehen
уйдите (imp) - gehen Sie Weg
уйти - weggehen
укладывает - bringt ins Bett
украли - wurden gestohlen; украсть - stehlen
укусила - biss
укусит - wird beißen
улетаю - fliege weg
улицы - Straßen
улыбается - lächelt
улыбались - lächelten; улыбаются - lächeln
улыбка - Lächeln
ум - Intelligenz; ума (gen)
умеет - kann
умное - Sclaues
умный - intelligent
умывается - putzt sich
униформа - Uniform; в униформе (prep)

упаковка - Packung; на упаковке *(prep)*
упала - ohnmächtig geworden, fiel
упитанный - gefüttert, fat
ураган - Hurrikan
уровень - Niveau; уровнем *(inst)*
урок - Unterricht; урока *(gen)*
успевать - zurechtkommen, Zeit haben
успокаиваются - beruhigen sich
успокойся *(imp)* - beruhige dich; успокоить - beruhigen
уставший - müde; уставшим *(inst)*
устала - ist müde
устанавливает - installiert
устранять - beheben
устроил шутку - spielte einen Streich
уточнили - haben bestätigt
утро - Morgen; по утрам *(prep)* - Morgens
утром - am Morgen
утюг - Bügeleisen
ухаживают - kümmern sich
уходит - geht weg
уходить - weggehen
уходят - gehen weg; ушли - sind weggegangen
учёба - Studium, Studien; учёбе *(dat)*; учёбы *(gen)*
учебник - Arbeitsbuch
учился - studierte
учит - lernt
учитель - Lehrer; учителю *(dat)*
учится - lernt
учить - lernen
учиться - studiert
файл - Datei
факультет - Fakultät, Institut; факультете *(prep)*
фарфор - Porzellan; из фарфора *(gen)* - aus Porzellan
фейерверки - Feuerwerke
фекалии - Exkremente
фигура - Figur
фильм - Film; в фильме *(prep)*; фильмом *(inst)*; фильмы *(pl)*
фирма - Firma; фирме *(prep)*; фирмы *(gen)*
фирменное - Spezialität
фольга - Folie; фольгу *(acc)*
форма - Formular

форум - Forum; на форуме *(prep)*; форумы - Foren
фотографии - Fotos
фраза - Satz; фразу *(acc)*
фрукты - Früchte
характер - Temperament
хвалит - lobt
хватает - fängt
хвост - Schweif; хвостом *(inst)*
хитрая - verschmitzt
хитро - verschmitzt
хлеб - Brot; хлеба *(gen)*
хм - hum
ходили - gingen
ходит - geht
ходят - gehen
хождение - Herumgehen; хождений *(gen)*
хозяева *(plr)* - Besitzer
хозяин - Besitzer; хозяина *(gen)*
холодильник - Kühlschrank; в холодильнике *(prep)*
холодно - kalt
хомяк/хомячок - Hamster; хомячка *(acc)*; хомячки *(plr)*; хомячками *(plr inst)*; много хомяков / хомячков *(plr gen)* - viele Hamster
хорошая - schöne; хорошенько, хорошо - gut
хорошее - gute
хорошие - gute
хороший - guter, gut; хорошим *(inst)*
хотел - mochte; он хочет - er möchte; я хочу - ich möchte
хотела - wollte
хотели - wollten
хотелось бы - möchte
хотим - wir wollen
хотите - wollen (Sie)
хоть - obwohl
хотя - obwohl
хотят - wollen
храбрый - tapfere; храброго *(akk)*
художник - Künstler
царь - König; царя *(acc)*
цветут - blühen
цветы - Blumen
целует - küsst
целый - ganz
центр - Zentrum
цепь - Kette; цепью *(inst)*

чай - Tee; чаю (gen)
час - Stunde; три часа (gen) - drei Stunden
часто - oft
часы - Uhr, Stunde
чаты - Chats
чашка - Schale, Tasse; чашку (acc)
человек - Mann, Mensch; человека (acc); человеком (inst)
человеческий - menschliche; человеческим (inst)
челюсть - Kiefer
чем - wie, als
чемодан - Koffer; чемоданом (inst)
чемоданы - Koffer; чемодана (gen)
чем-то - mit etwas; auf gewisse Art
через - in, через две недели - in zwei Wochen
чёрные - schwarze
чёрный - schwarze
честно - ehrlich
четвёртая - vierte
чётко - deutlich
четыре - vier
чистота - Sauberkeit; чистый - sauber
читает - liest
читал - las
член - Mitglieder; членов (gen)
чтение - Lesen; чтением (inst)
что - was
чтобы - so dass
что-то - etwas
чувства - Gefühle; о чувствах (prep)
чувствует - fühlt
чувствуешь - füllst
чувствую - fühle
чудесный - wunderbar
чужое - fremd
чуть-чуть - ein bisschen
шаман - Schamane
швабра - Mopp; шваброй (inst)
шевелится - bewegt sich

шедевр - Meisterwerk
шестеро (für Leute) - sechs, шесть (für Sachen)
шеф-повар - Koch
широко - weit
шкафы - Schränke; в/на шкафах (prep)
школа - Schule; школе (prep); школу (acc)
штука - Sache; Stück
шум - Lärm
шутить - scherzen, spaßen
шутка - Streich; шутку (acc)
шутки - Scherze
шутят - Spaß machen
экзамен - Prüfung
экзотический - exotischer
экран - Bildschirm
электроника - Elektronik; электроникой (inst); электронику (acc)
электронная почта - E-Mail; по электронной почте (prep)
электрошнур - Stromkabel; электрошнура (gen); электрошнуром (inst)
эмоционально - emotional
эта - die, diese; этой (gen)
этаж - Stock; этаже (prep)
эти - diese; этих (acc)
это (neut) - das, es
этот (masc) - dieser; этим (inst); этому (dat)
эту (fem acc) - diese
я - ich
яблоки - Äpfel
яблоня - Apfelbaum; яблони (gen)
является - ist
язык - Sprache; на немецком языке (prep) - auf Deutsch
языка - Sprache; языка (gen)
ярко-красные - leuchtend rote
ясно - klar
ящичек - Schubladchen; в ящичке (prep)

Немецко-русский словарь

abdrehen, ausschalten - закрыть
Abend - вечер; вечера (gen)
Abend- - вечерний (adj); вечернюю (acc)
abends - вечерами, вечерний; вечернему (adj prep)
Abenteuer - приключение
aber - но
abfahrender - отправляющийся; отправляющегося (gen)
abgetrennt - отделён
abnehmen - снять
abschließt - заканчивает
absinken - опускаться
abwischen - вытирать; вытирайте (imp)
Account - профиль; профиля (gen)
acht - восемь
Acht geben - уделять внимание
achtjährige - восьмилетняя
Achtung - осторожно
Action- - приключенческие / приключенческий
Adresse - адрес; адреса (gen)
ähnlich - похож (sng) ; похожи (pl)
aktiv - активная
alein - одна
alle - все; всех (gen)
alle, jeder - всякий
allen (dat) - всем
alles - всё
alles, ganz - полностью
alte - пожилая, старая; старой (gen); старинная; старинной (gen)
alte Frau - старушка, бабушка; der alten Frau - старушке (dat); бабушки (gen)
alter - старый
alter Junge - старик
älterer - пожилой
Alternative - вариант
am Abend - вечером
am Fenster - на стекле (prep)
am Kopf - на голове (prep)
am Morgen - утром
am Tag - днём (inst)
an - на
an der Tür - на пороге (prep)
anbauen - выращивают

anbieten - предложить
andere - другая; другую (acc); другого (sng masc gen); другие (plr); других (gen plr); другим (dat plr); остальные
anderes - другое
ändern - менять
anders - по-другому
Anfang - начало; Anfangs - в начале (prep)
angenehm - приятно
Angestellte - сотрудница
Angst - страх
Angst haben - страшно
ankam (zu Fuß) - пришла; пришли (plr)
ankommen - доходить, прибывать
Ankunft - приезд; к приезду (dat); приезда (gen)
Anruf - звонок; звонком (inst)
anrufen - звонить, позвонить
ansprechen - обращаться
anstarren, sehen - смотреть
anstatt - вместо
anstrengender Moment - неловкая пауза
Antwort - ответ; Antworten - ответы
antworten - ответить
antwortet - отвечает
anzukommen - доехать
Äpfel - яблоки
Apfelbaum - яблоня; яблони (gen)
Aquarium - аквариум; в аквариуме (prep)
Aquariums- - аквариумный
Arbeit - работа; работы (gen); работу (acc); дела (inst plr); делами (inst plr)
Schaffen - творчество
Arbeiten - работы (pl)
Arbeiter - работник; работника (gen)
arbeitet - работает
Arbeitsbereich, Beruf - специальность; специальности (prep)
Arbeitsbuch - учебник
Arbeitszimmer - кабинет
Architekt - архитектор; архитектором (inst)
Arzt - врач, доктор; доктора (gen); доктору (dat)
asiatische - азиатская; азиатскую (acc)
Ast - ветка
Äste - ветки

atmet - дышит
auch - также, тоже
auf den Fuß treten - наступить на ногу
auf Englisch - по- английски
auf ihn - на него *(acc)*
auf jeden Fall - обязательно
auf kurze Zeit - ненадолго
auf Zehenspitzen - на цыпочках
Aufgabe - задание
Aufgaben - задания
aufgeregt - с азартом
aufhalten - удержать
aufhören - остановиться
aufkommen - появляться
aufkommen, auftauchen - появляться
aufladen - зарядить
Aufmerksamkeit - внимание
Aufräumen, Reinemachen - уборка
aufschreiben - подписывать
Aufschrift - надпись; надписью *(inst)*
Aufzug - лифт; лифтом *(inst)*
Auge - глаз
Augen - глаза
Augenblick - мгновение
aus - из
aus der Ecke - из угла *(gen)*; in der Ecke - в углу *(prep)*
aus Gummi - резиновый
Ausdruck - выражение
Ausgabe, Nummer - номер
Ausgang - выход; к выходу *(dat)*
Ausrufung - ну
ausschalten, abdrehen - выключить
aussehen - выглядеть
außerdem - к тому же; кроме того
äußere Erscheinung - внешне
Ausstellung - выставка; на выставке *(prep)*; выставку *(acc)*
aussuchen - выбирать
Auto - машина; машине *(prep)*; машину *(acc)*; машины *(gen)*; автомобиль; на автомобиле *(prep)*; im Auto - в кабине *(prep)*
Autor - автор; автора *(acc, gen)*
Autos - машины; много машин *(gen)*
backen - выпекаться; испечь
Backrohr - духовка; в духовке *(prep)*; духовку *(acc)*

Badeanzug - купальник; schwimmen - купаться
Bahnhof - вокзал; возле вокзала *(gen)*
bald - скоро
Ball - мяч; мячом *(inst)*
Bank - скамейка; скамейку *(acc)*
Barbar - варвар; с варваром *(inst)*
bat - попросил
Bau-- строительная; строительной *(adj prep)*
Bauarbeiter - строители; строителей *(gen)*
Baum - дерево; на дереве *(prep)*; дерева *(gen)*; дереву *(dat)*
beachten - обращают внимание
bedanke dich - поблагодари *(imp)*
bedankt - благодарит
Bedeutung - смысл; смысла *(gen)*
beeindrucken - произвести впечатление
beeindruckt - впечатлён
beeinflussen - влияет
beenden - закончить
befestigte - прикрепил; ist befestigt - прикреплен
befindet sich - находится
beginnen - начинают
beginnt - начинает, начинается
begreifen - понимают
begrüßt - здоровается
behält in den Augen - поглядывает
behandelt - лечит
beheben - устранять
bei - вместе, при
bei, zu - к
bei/mit ihnen - вами *(inst sng)*
beige - бежевый / бежевая / бежевое; на бежевом *(prep)*
Bein - нога; ногу *(acc)*
Beine - лапки; лапками *(inst)*
beißt - кусает; bissige - кусачая
bekam - получил
bekommen - получить
bekommt - получает
bekreuzigt sich - крестится
bellt - лает; hat gebellt - лаяла
bemerken - замечать
bemerkt - замечает
benutzt - пользуется
beobachtet - наблюдает, смотрит
bequem - удобно

bereitet sich - готовится
bereits - уже
Berg- - горный *(masc adj)*; Berge - горы
beruhige dich - успокойся *(imp)*; beruhigen - успокоить
beruhigen sich - успокаиваются
berühmt - известный; известных *(gen plr)*
berühmte - известный
beschäftigt - заняты
bescheiden - скромный; bescheiden sein - быть скромным *(inst)*
beschließt - решает
beschreiben Sie - опишите *(imp)*
Besitzer - хозяева *(plr)*, хозяин; хозяина *(gen)*
besonders - особенно
besorgt - взволнована
bespritzt - брызгает, забрызгана
besser - лучше
bestätigte - подтвердила
beste - высшая *(fem)*; высшую *(fem acc)*; высшей *(fem gen)*
bester - лучший; лучшей *(fem gen)*; лучшего *(masc gen)*
Besuche - визиты
besuchen, besichtigen - посетить
besucht - наносит визит
besuchte, ankam (mit Transport) - приехала
beten - молиться *(imp)*
betrachten - считать
betrachten, überprüfen - рассматривать
Betrag - сумма; сумму *(acc)*
betritt - входит
Bettchen - кроватка; кроватке *(prep)*
bevor - прежде
bewachte - охранял
bewegt sich - двигается, движется, шевелится
beweisen - доказывают
bewundert - восхищена / восхищён
bezaubernde - обаятельная, очаровательная
Beziehungen, Bindungen, Verhältnisse - отношения
Bibel - Библия; Библию *(acc)*
Bibliothek - библиотека; библиотеки *(gen)*; библиотеку *(acc)*
biegt - поверните *(imp)*
biegt sich - наклоняется

Bild - картина; на картине *(prep)*; картину *(acc)*; картины *(gen)*
Bildschirm - экран
binden - привязать / привязывать; привязал *(past)*; привязана *(past part fem)*
bindet an… - привязывает к…
bis - до
biss - укусила
bitte - пожалуйста
bittet - просит
Blatt - лист
Blätter - листья, листьев *(gen)*
blättern - листать; sie blättern - листают
bleiben - остаться, остаются
bleibt - остаётся
bleibt stehen - останавливается
blickend - глядя
blöde - глупые
blühen - цветут
Blumen - цветы
Blumenbeet - клумба; клумбу *(acc)*
Boden - пол
Bonbon - конфета
Bonus bezahlen - премировать
böse - плохая
Bote, Zustelldienst - курьер; курьера *(acc)*
brachte - приносила
braten - жарить
Bräuche - обычаи; обычаями *(inst)*
brauchen - нужно, нужна *(fem)*
brauchen, braucht - надо
braucht - нужен
braucht, nötig - требуется
brechen - нарушать
Brief - письмо; im Brief - в письме *(prep)*
Briefkuvert; конверте *(prep)* - конверт; die Briefkuverts - конверты
bringen mit Transport - отвезти
bringt - приносит
bringt heraus - выносит
bringt ins Bett - укладывает
bringt mit Transport - отвозит
Brot - хлеб; хлеба *(gen)*
Bruder - брат; братом *(inst)*
Bücher - книги
buddy - дружок
Bügeleisen - утюг
Bund - букет

Büro - офис; офиса (gen)
Bus - автобус; автобуса (gen); автобусу (dat); автобусе (prep)
Busbahnhof - станция; станции (gen)
Bushaltestelle - остановка; остановке (prep)
Bussteig - перрон; на перроне (prep)
Café - кафе
called - звонили
Chats - чаты
Chef - начальник; начальника (acc)
College - колледж, колледжа (gen)
Computer- - компьютерная; компьютерную (adj acc)
Creme - крем; кремом (inst)
da, sofort - тут
Dach - крыша; крышу (acc)
dachte - думала, подумал/подумала
dachten - думали
danke - спасибо
dann - затем, потом, тогда
dann, also - значит
das beste - лучшее
das schriftliche Werk - сочинение
das wichtigste - главное
das, es - это (neut)
dass, welcher - который
Datei - файл
dauern - продолжаться
dauerte - продолжалось
Decke - потолок; потолка (gen)
Deckel - крышка; крышку (acc)
Defekt - недоработка; недоработку (acc)
definitiv, genau, exakt - точно
dehnt sich - натягивается
dein - твой
deine - твои, твоя
Delikatesse - деликатес; деликатесом (inst)
dem anderen - другому (dat)
dem Vater - папе (dat)
dem Verkäufer - продавцу
den Verkäufer - продавца (acc)
denkt nach - задумывается
denn (Interjection) - ведь
denn, etwa - разве
der Superlativ - самый; in der untersten Schublade - в самом нижнем ящичке
der, welche - который; которым (prep); которых (pl gen)

des Hundes - собаки (gen)
des Zimmers - комнаты (gen)
deutlich - чётко
dich - тебя (acc)
dicker - толще
die - та; ту (acc)
die - эта
die Aufgabe - задача; задаче (prep); задачу (acc)
die gleiche, dieselbe - та самая; ту самую (acc)
die Lehrer - преподаватели; der Lehrer - преподаватель; dem Lehrer - преподавателю (dat)
die Tests - контрольные
die, welche - которая; которой (prep); которые
dienen, angestellt sein - служить
Dienst - сервис
Dienstag - вторник
diese - такую (acc)
diese - эта; этой (gen); эти; этих (acc)
diese, so - такая
dieser - этот (masc); этим (inst); этому (dat)
Dinge (hier) - действия (pl)
dir - тебе; du - ты
diskutieren - дискутируют
diszipliniert - дисциплинированный
Dollar - доллары; несколько долларов (gen)
dort - там
dorthin - туда
draußen - на улице; draußen (Richtung) - на улицу (acc)
drehen sich weg - отворачиваются
dreht sich um - оборачивается, поворачивает
drei Mal - трижды
drei- три; трёх (gen)
dreizehn - тринадцать
dringend - срочно
dritte - третий; в/на третьем (inst); третья
Druck - текст
drücken, stoßen - толкать
drückt - нажимает
duftet - пахнет
dunkel - темно
Dunkeln - темнота; в темноте (prep)
dunkle - тёмная; тёмную (acc)
dünne - тонкая; тонкой (inst)

Ehefrau - жена; жене *(dat)*; женой *(inst)*
Ehemann - муж; мужем *(inst)*; мужу *(dat)*
ehrlich - честно
eigene - собственная; собственной *(prep)*
Eimer - ведро; ведру *(dat)*
ein - один; одно *(neut)* ; одной *(fem prep)*
ein Bekannter - знакомый; знакомого *(gen)*; знакомому *(dat)*; знакомым *(inst)*
ein bisschen - чуть-чуть
ein wenig - немножко / немного, слегка
ein wenig Geld verdienen - подработать
ein, beliebige, jede - какой-то
ein, irgendein - какое-то, какой-нибудь
Eindruck - впечатление; ist beeindruckt - под впечатлением *(inst)*
Eindrücke - впечатления
eine - одну *(acc)*
eine halbe Stunde - полчаса
einen Hinweis geben - подсказать
einen Spalt offen - приоткрыта
einer, jeder - какой-нибудь
eines Abends - вечерком
eines Tage - однажды
einfacher - легче
einfetten - мазать, смазать
einige - некоторые; некоторых *(gen)*, несколько, одни; Einige weinen, und andere lachen. - Одни плачут, а другие смеются. 2. пара; пару *(acc)*
einladen - грузить
einmal - один раз
einschalten - включать
einschlaffen - засыпать
einsteckten, zusammenlegen - складывать
einstellen - нанять
einverstanden sein - согласиться
Elektronik - электроника; электроникой *(inst)*; электронику *(acc)*
Eltern - родители; родителям *(dat)*
E-Mail - электронная почта; по электронной почте *(prep)*
emotional - эмоционально
empfiehlt - рекомендует
empört - возмущается
Ende - конец; до конца *(gen)*
endlich - наконец
endlos - бесконечный

Englisch - английский; auf Englisch - на английском *(prep)*
englische - английский; английского *(gen)*
entgegen - навстречу
enthusiastisch - увлечённо
Entlassung - увольнение; увольнением *(inst)*; увольнении *(prep)*
entschied - решила
Entschuldigen Sie - простите, извините
entschuldigt sich - извиняется; entschuldigte sich - извинялся
er - он
er hat recht - прав
er/sie kann - сможет
erfinden - выдумывать, придумать
erfolgreich - удачно
erholen sich - отдыхают
erinnere mich - помню
erinnert - напоминает
erinnert sich - вспоминает, помнит
erkenne - узнаю
erklärt - объясняет
Erklärung - объяснение
erkundigen, erfahren - узнать; узнайте *(imp)*
erledigt - выполняет
ernst - серьёзно
ernstes - серьёзное
erraten - отгадать
errötend - краснея; rot - красный; красном *(prep)*
erscheinen - появиться
Erstaunen - удивление; удивления *(gen)*
erste - первый, первая; на первой *(prep)*
erstklassig - классный; классным *(inst)*
erwarteten - ожидали
erwidern , entgegnen - возражать
erwischen - достать
erzählen - рассказать
erzählt - рассказывает
erzwungen, müssen, sollen - придётся
es gibt, wachsen - растут
es ist still, Stille - покой, тишина
es ist unbekannt - неизвестно
es ist Zeit - пора
es klappt - получается
es scheint - вроде
es sich bequem machen - располагаться
es stellt sich heraus - оказывается

es, das - оно
essen - есть, съесть, кушать, покушать, перекусить
Essen - продукты; много продуктов (gen)
essen zu Abend - ужинают
etwas - что-то
Ewigkeit - вечность
Exkremente - фекалии
exotischer - экзотический
Explosion - взрыв
Fächer - предметы; много предметов (gen)
Fachmann - специалист; специалистом (inst)
Faden - нитка; ниткой (inst)
fahren - везут, едут, ехать, поехать
fahren heran - подъезжают
Fahrer - водитель; водителя (acc)
fährt - за рулём
fährt ab - отъезжает
fährt an - подъезжает
fährt in - въезжает
fährt vorbei - проезжает
Fakultät, Institut - факультет; факультете (prep)
Fall - случай
fallen - падать
fällt um - падает
falsche - неправильные
Familie - семья; семьи (gen), семью (acc)
Familien- - семейные
fängt - ловит, хватает
Fans - любители; любителей (gen)
farbige - разноцветные
fast - практически
faul - ленивый
Fehler - ошибка; ошибку (acc)
Fenster - окно; окна (gen); окном (inst)
fertig, bereit - готова
fest - крепко
Fest - праздник; festlich - праздничный
festhalten - придержать; hält zurück - придерживает
festnehmen - задержать
fette - толстая
Feuer ausmachen - потушить
Feuer; пожара (gen); пожаре (prep) - пожар;
Feuerwehr - пожарная команда
Feuerwerke - фейерверки
Figur - фигура

Film - фильм; в фильме (prep); фильмом (inst); фильмы (pl)
finden - найти
findet - находит
Finger - палец; mit Finger - пальцем (inst)
Firma - компания; в компании (prep)
Firma - фирма; фирме (prep); фирмы (gen)
Firma, Amt - организация
Fisch - рыба; рыбу (acc)
Fischen - рыбки; рыбками (plr inst); о рыбках (plr prep)
fischen - ловить
fliege weg - улетаю
fliegt - летит
fliegt herein - влетает
Flug - рейс
Flugzeug - самолёт
Fluss - ре(ч)ка; речку (acc)
folgt - следует
Folie - фольга; фольгу (acc)
fordernde - требовательный; fordert - требует
Formular - форма
Forum - форум; на форуме (prep); Foren - форумы
Fotos - фотографии
Fragen - вопросы
fragen, vorschlagen - сделать предложение
fragt - спрашивает
Frau - женщина; женщину (acc); женщины (gen)
frei - свободны
frei Tag - выходной
freies - свободное
Freitag - пятница; пятницу (acc)
freiwillig - сама
fremd - чужое
fressen, essen - поесть
Freude machen - обрадовать
freuen sich - рады
Freund - друг; sind befreudet - дружат; другом (inst)
Freunde - друзья; viele Freunde - много друзей (plr)
Freunde - друзья; друзьям (dat); друзьями (inst)
Freundes - друга (gen)
Freundin - подруга
freundlich, höflich - вежливо

freut sich - доволен, рада, радуется; рад/а (adj), счастлив
fröhlich - весёлая, весело, радостно
fröhliche - радостная
Früchte - фрукты
früh - рано
früher - раньше
früheren - прежний; прежних (gen plr)
früherer - бывший; бывшему (dat)
Frühjahrsputz - генеральная уборка
fühle - чувствую
fühlt - чувствует
fuhren los - поехали
führt - ведёт
füllst - чувствуешь
fünf - пять; пяти (gen)
fünfte - пятая; пятую (acc)
fünfzehn - пятнадцать
Funk - радио
für - для
fürchterlich - ужасно; fürchterliche - ужасный
fürchterliche - ужасная
Futter - еда; еды (gen); еду (acc)
gab weg - отдал
Gabel - вилка; вилку (acc)
Gabeln - вилки; вилок (gen)
gaben - дали
ganz - весь, целый
ganz gut - неплохо
ganz sicher, bestimmt - наверняка
ganze - всю, вся, вся; für ganze - для всей
gar nicht, nicht im geringsten - нисколько
Garten - сад; im Garten - в саду (prep)
Gast - гость
Gäste - гости
Gebäude - здание; здания (gen)
gebe zu - признаюсь
Gebell - лай; anbellen - лаять
geben Sie - дайте (imp)
gebratenes - зажаренное; braten - зажарить; hat gebraten - зажарила
Geburtstag - день рождения
Gedanke - мысль
Gedanken - мысли; мыслями (inst)
gedankenlos - бездумно
Gedichte - стихи; стихами (inst)
geduldig - терпеливо
geeignete - подходящий

gefährlicher - опасный
gefallen - нравится
Gefühl haben - кажется
Gefühle - чувства; о чувствах (prep)
gefüttert, fat - упитанный
gegen - против
geh - иди (imp)
Gehalt - зарплата; зарплату (acc)
gehen - сходить, ходят
gehen hinein - заходят
gehen Sie Weg - уйдите (imp)
gehen vorbei - проходят
gehen weg - уходят; sind weggegangen - ушли
gehen zu lassen - отпустить
gehorsam - послушный
gehört - принадлежит
geht - ходит, идёт; идите (imp); gehen - идти
geht hinauf - поднимается
geht runter - спускается
geht weg - отходит, уходит
geht zu - подходит к
geht zu Ende - заканчивается
Gelände - территория; территорию (acc)
gelb - жёлтый; жёлтых (gen plr)
Geld - деньги; сколько/много/мало денег (gen)
gelingt - удаётся; wird gelingen - удастся
gemacht - сделанный; сделанных (pl gen)
gemachte - сделанная; сделанной (gen)
gemeinsame - общие
gemeinsames - общее
Gemüse - овощи; овощами (inst); овощей (gen)
genau - аккуратный; аккуратного (gen)
genau - внимательно, ровно
genau, sorgfältig - старательно
geneigt - наклонив
genieß - наслаждайся (imp)
Gepäck - багаж, вещи
Gepäckraum - багажное отделение
Geparden - гепарда (gen)
gerade - прямо
geraten - попасть; geriet - попала
Gerechtigkeit - справедливость
Gericht - суд; в суде (prep); блюдо
Gericht, Schüssel - блюдо; с блюдом (inst)

Gerichte - блюда; несколько блюд (plr gen); на/в блюде (prep)
gerne hat - любит
Geruch - запах
geschäftlich - по делам / по работе
Geschenke - подарки; Geschenk - подарок; подарков (gen plr)
Geschichte - история; истории (gen)
geschnittene - нарезанные; нарезанных (gen)
geschrieben - написанное
Geschwindigkeit; скоростью (inst) - скорость
Gesetz; законов (plr gen) - закон; Gesetze - законы
Gesicht - лицо; лица (gen); лицом (inst); на лице (prep)
Gespräch - разговор
Geständnis - признание
gestern - вчера
gesund - здоров, здорова
gesunde - здравый
geträumt hat - приснилось
gewöhnliche - обычный
geworden - стал
gib - дай (imp)
gibt - отдаёт
gibt sein Bestes - изо всех сил стараться
gingen - пошли, ходили
glaube, denke - думаю
glauben - поверить, считают
glaubt - думает
gleich - сейчас
gleiche - одинаковые; много одинаковых (gen plr)
gleiche, derselbe - тот же; von derselben - из того же
glücklich - счастливый; счастливым (inst)
glückliche - весёлая; весёлой (gen)
Gold-- золотые; золотыми (inst); золотых (gen)
Gott - Бог; Богом (inst)
greift an - бросается
Grieche - грек; греков (gen plr); греком (inst sng)
Griechenland - Греция; Греции (gen)
griechisch - греческий; греческим (inst)
groß - большая
großartig - классно
großartige - превосходная, пышные

großartige, nette - милая
große - большие (plr), большими (inst plr)
Größe - размер; размера (gen)
großer - большой (inst fem), великий; великим (inst)
gut - добрый, отлично, прекрасно, хорошенько, хорошо, хороший; хорошим (inst)
gute - хорошее
guter - хороший
gutes - доброе
Haar - волосы
habe es eilig - спешу
haben - иметь
haben aufgegeben - задали
haben bestätigt - уточнили
haben die Note gegeben - поставили оценку
haben geheiratet - женились
haben getroffen - встречались
haben recht - правы
haben sich gesehen - виделись
haben verlassen - вышли
haben, es gibt - есть
Hähnchen - курица; курицей (inst); курицу (acc)
halb - половина; halb vier - половина четвёртого
hallo - алло, здравствуйте, привет
Halsband - ошейник; am Hundehalsband - к ошейнику (dat)
hält an - останавливает
halt auf - держи (imp); hält - держит; halte - держу
hält sich - считает себя
Hamster - хомяк/хомячок; viele Hamster - хомячка (acc); хомячки (plr); хомячками (plr inst); много хомяков / хомячков (plr gen)
Hand - рука; рукой (inst); руку (acc); на/в руке (prep)
Hände - руки; на руках (plr prep)
Handlung - магазина
Handtuch - полотенце
Handy - мобильный телефон
hängen - свисают
hängt - висит
hat - имеет
hat Angst - боится

hat beobachtet - смотрел
hat beschloßen - решил
hat einen Streich gespielt - пошутил
hat gefangen - словил
hat gefunden - нашёл, нашла
hat gegeben - дала; gebe - даю
hat geholfen - помог
hat gekauft - купила
hat gelassen - оставила; lässt bleiben - оставляет
hat gelernt - выучила
hat gelesen - прочитала
hat gemacht - делал *(sng)*; haben gemacht - делали *(plr)*
hat gepostet - писал
hat gesagt - сказал
hat geschrieben - написал
hat gesehen - видела
hat gespeichert - сохраняла
hat gesprochen - говорила
hat sich verändert - изменился
hat vergessen - забыла
hat zugestimmt - согласна
hat/haben gerufen - вызвал / вызвали; anrufen - вызвать
hatte Angst - боялся
hatte Glück - повезло
Hauptstadt - столица
Haus - дом; дому *(dat)*
Haus- - домашние, домашний
Hebräisch - иврит; auf Hebräisch - на иврите *(prep)*
hebt ab - поднимает трубку
Heer - армия; в армии *(prep)*, армию *(acc)*
heilige - святой; святому *(dat)*
Heimat- - родной
heimlich - тайком
heiraten - жениться; выходить замуж (für eine Frau)
heißt - зовут
heisst - называется
helfen - помочь
heranfahren - приезжают
herankommen - приходят
herantragen, heranfahren - довезти
herausfinden - обнаруживать
herauskommen - выйти
herauskriechen - вылезать

Herbst - осень; осени *(gen)*
Herr - господин, дядя
herum - вокруг
Herumgehen - хождение; хождений *(gen)*
herumlaufen - бродить
hervorragende - отличная
hervorragendene - прекрасная; прекрасной *(gen)*
hervorragender - отличный
hervorstehende - торчащие; торчащими *(inst)*
heute - сегодня
heutige - сегодняшний
hier - вот, здесь
Hilfe - помощь
hilft - помогает
hinlegte - положила
hinsichtlich - насчёт
hinten - сзади
hinter - за
hinterher - следом
Hinweis, Aufschrift - надпись
hoches - высокое
Hof - двор; im Hof - во дворе *(prep)*
hofft - надеется
hohe - высокая
holen - забрать
hören - слышать
Hörer - трубка; трубку *(acc)*
hört zu - слушает; hört - слышит
hört, ertönt - раздаётся
Hotel - отель; отеля *(gen)*, гостиница; гостиницы *(gen)*; гостинице *(prep)*
hum - хм
Hund - пёс; пса *(gen)*; собака; собакой *(inst)*
Hundehütte - будка; будку *(acc)*; будки *(gen)*
hundert - сотня; сотню *(acc)*
Hurrikan - ураган
ich - я
ich bin unruhig - волнуюсь
ich hoffe - надеюсь
ich kann - могу
ich weiß - знаю
ich werde kommen - приду
ihm - ему, ним *(inst)*
Ihnen - Вам
ihnen *(dat)* - им, ними *(inst)*
Ihr - Ваш
ihr - ей

Ihre - ваше, Ваша; mit ihren - вашими *(inst)*
ihre - их
im Detail - подробно
im ersten Moment - сначала
im Frühling - весной
im Herbst - осенью
im Inneren - внутри
im Sommer - летом
im Studentenwohnheim - в общежитии *(prep)*
immer - всегда
immer (wieder) - постоянно
Impfungen - прививки
in - в / во
in - через; in zwei Wochen - через две недели
in dem - в котором, в том *(prep)*; in diesem - в этом *(prep)*
in der Mitte - посередине
in der Nachbarschaft - соседний; соседнем *(prep)*
in der Sonne liegen - загорать
in letzter Zeit - последнее время
in Ordnung - в порядке, ладно
in Verwirrung - смущенно
innere - внутренняя; внутреннюю *(fem adj acc)*
installiert - устанавливает
installierte - поставил; werde installieren - поставлю
intelligent - умный
Intelligenz - ум; ума *(gen)*
interessant - интересные
interessant, neugierig - интересно
interessante - интересный, интересную *(fem acc)*
interessanteste - самая интересная
Interesse - интерес, любопытство; любопытством *(inst)*
interessiert sich für - интересуется, увлекается
Interjektionen - же, уж
Internet - Интернет; в Интернете *(prep)*
inzwischen - тем временем
irgendein, irgendwelcher, beliebiger - какой-нибудь
irgendwo - где-нибудь, где-то
irgendwohin - то-куда
Israel - Израиль
ist - является

ist einverstanden - согласен, соглашается
ist entzückt - очарован
ist ganz bei Verstand - адекватна *(fem)*
ist geworden, klappte - получилось
ist kalt, friert - замёрз
ist krank - болеет
ist müde - устала
ist schuld - виновата
ist still, schweigt - молчит
ist unterbrochen - обрывается
ist verwirrt - растерян
ist wütend - сердит
jagt - гонится
Jahr - год; в году *(prep)*; лет *(plr gen für Nummer 5 und weiter; von 2 bis 4 benutzt man года)*
jede - каждая; каждую *(acc)*; каждой *(dat)*; каждые
jeden - каждого *(gen / acc)*; jeden Morgen - каждое утро / по утрам
jeder - каждый; каждым *(inst)*
jemand - кто-то
jener - тот
jetzt - теперь
j-m leid tun - жалко
Journalismus - журналистика; журналистики *(gen)*
Juli - июль; achte Juli - восьмое июля *(gen)*
Junge - парень, мальчик; мальчиком *(inst)*
junge - молодая; молодую *(acc fem)*
junge Frau - девушка; девушке *(dat)*
jüngere - младшая; младшей *(dat)*
Jungs - парни
Kaffee - кофе
Käfig - клетка; клетку (dat)
kalt - холодно
kam heraus - вышел
kann - смогу, kann - умеет
kann nicht - нельзя
kann, können - можно
kannst - можешь
Käse - сыр; сыра *(gen)*
Kasse - касса; к кассе *(prep)*
Kater - кот; dem Kater - коту
Kathedrale - собор
Kätzchen - котёнок; котёнка *(gen)*; котёнком *(inst)*
Katze - кошка; mit der Katze - кошкой

Katzen - кошки; кошек *(acc)*; кошками *(inst)*
kaufen - купить, покупать; Einkäufe - покупки
kauft - покупает
kaum, fast - почти
keine Sorge - не волнуйся *(imp)*
keinen - никакого *(gen)*
Kellner - официант
kennend - зная
kennenlernen - знакомиться
Kennzeichen - номер; номеров *(plr gen)*; с номером *(sng inst)*
Kette - цепь; цепью *(inst)*
Kiefer - челюсть
Kilogramm - килограмм
Kind - ребёнок; des Kindes - ребёнка *(gen)*; mit dem Kind - с ребёнком *(inst)*
Kinder - дети; детей *(acc)*; детям *(dat)*
Kindergarten - детский сад
Kindermädchen - няня; няне *(dat)*; няней *(inst)*; няню *(acc)*
Kino - кино; Kinosaal - кинозал
klar - понятно, ясно
Klassenzimmer - аудитория; аудиторию *(acc)*; кабинет; в кабинете *(prep)*; класс
Kleben - склеивание; для склеивания *(gen)*
Kleber; Klebstoff - клей; клеем *(inst)*; клея *(gen)*
klein - маленькая, мелкий
Kleindungsstücke - одежда; одежды *(gen)*
kleine - маленькая, маленькие *(plr)*, небольшая; небольшую *(acc)*, небольшой
kleiner - маленький
klettert - залезает
klingt - звучит
klopft - бьёт
Knurren - рычанием *(inst)*; knurrt - рычит
Koch / Köchin - повар, шеф-повар, кулинар; кулинаром *(inst)*
kochen - варить
kochen; vorbereiten - готовить
Köchin - кулинарка
Koffer - кейс, чемодан; чемоданом *(inst)*; чемодана *(gen)*
Kofferraum - багажник
Kollegen - коллегам *(dat)*
komm herunter - слезай *(imp)*
kommen näher - подходят

kommen Sie - подойдите *(imp)*
kommen Sie wieder - обращайтесь *(imp)*
kommen zu - дойти
kommen zurück - возвращаются
kommt - приходит
kommt (mit dem Transport) - приезжает
kommt gestürzt - врывается
kommt heraus - выходит
kommt herein - заходит
kommt spät - опаздывает
kommt zurük - возвращается
kompetent - компетентное
komplett - совершенно
Kompliment - комплимент; zwei Kompliment - два комплимента *(gen plr)*; einige Kompliment - несколько комплиментов *(gen plr)*
komplizierte - сложное
König - царь; царя *(acc)*
können - могут, можем
Kontrast - контраст; контрасте *(gen)*
Kontroll- - контролирующая
Konzept - идея
Kopf - голова; головой *(inst)*; голову *(acc)*
kopierten, abschrieben - списали *(plr)*
Körbe - корзины
köstliches Gericht - деликатес
köstlichste - вкусные
krank - больная; больна
Kreuzung - перекрёсток; возле перекрёстка *(prep)*
kriechen - ползти
kriegte - получила
kritisieren - ругать
Krokodil - крокодил
Küche - кухня; кухни *(gen)*; in der Küche - на кухне *(prep)*
Küchen- - кухонные; кухонных *(plr adj gen)*
Kühlschrank - холодильник; в холодильнике *(prep)*
kulinarischer - кулинарный; кулинарного *(gen)*; кулинарным *(inst)*
kümmern sich - ухаживают
kümmerst dich - заботишься
Kunde - клиент; клиента *(acc)*; клиентом *(inst)*
Kunst - искусство; искусства *(gen)*; в искусстве *(prep)*

Künstler - художник
küsst - целует
Lächeln - улыбка
lächelt - улыбается
lächelten - улыбались; lächeln - улыбаются
lacht - смеётся; lachen - смеяться
Laden - магазин; в магазине *(prep)*
lädt - грузит
lädt ein - приглашает
lag - лежала
Laib - буханка; буханку *(acc)*
Länder - страны *(plr)* ; стран *(plr gen)*; страну *(sng acc)*; страны *(sng gen)*
Landschaft - пейзаж
lang - длинная; длинную *(acc)*; долго
Länge - длина; ein Meter lang - метр в длину *(prep)*
lange - длинные; долгий; долгих *(pl gen)*
langes - длинное
langsam - медленно
Laptop - ноутбук
Lärm - шум
las - читал
lass - пусть
lass uns - давай
lass uns gehen - пойдём; gehen - пойти
lässt fallen - роняет
lässt, gibt - даёт
Lastwagen - грузовик; грузовика *(gen sng)*
Laufen - бег
launisch - капризная
laut - громко
lauter - громче
Leben - жизнь; жизни *(gen)*
lebendig - живая
lebst - живёшь
lebt - живёт
lecker - вкусная *(fem)* ; вкусной *(inst)*; вкусно *(adv)*; вкусную *(fem acc)*
leckerer - вкусный
Leder - кожа; кожи *(gen)*
legen - класть; sie legen - кладут
legt - кладёт
Lehrer - учитель; учителю *(dat)*
Leidenschaft - страсть; со страстью *(inst)*
Leine - верёвка; верёвкой *(inst)*; поводок *(prep)*; an der Leine - на поводке *(prep)*
leise - спокойно

leise, ruhige - спокойные *(plr)*
Leiter - директор; директора *(gen)*
lernen - учить
lernt - учит, учится
lesen - прочитать
Lesen - чтение; чтением *(inst)*
leuchtend rote - ярко-красные
leuchtet auf - горит
lezte - последняя; последнюю *(acc)*
Liebe - любовь; без/для/в/о любви *(prep)*
Lieber - дорогой
Liebes- - любовное *(adj)*
Lieblings- - любимый
liebsten - любимых *(plr gen)*
liegt - лежит; legt sich hin - ложится
liest - читает
links - слева
Literatur - литература
lobt - хвалит
lokale, einheimische - местные *(plr)*
löscht - удаляет
losstürzen - бросаться
Lösung - решение
lustige - смешные
mach dich bekannt - знакомься
mach keine Sorge - не беспокойся *(imp sng)*
machen - выполнять, делать, делают, заниматься, сделать
machen Sie sich keinen Kopf - не расстраивайтесь *(imp)*
machen, ausführen - провести
macht - готовит; mache - готовлю
macht - делает, совершает
macht eine Pause - отдыхает
macht sich Sorgen - волнуется, переживает
machte, kochte - приготовила
machten - сделали
Madame - мадам
Mädchen - девушка; девушки *(pl)*; девушкам *(dat)*; девушкой *(inst)*; девочка; девочке *(dat)*; девочки *(gen)*
mag - понравилась
Mal - раз
malen - рисовать
manchmal - иногда
Mann - мужчина, человек; человека *(acc)*; человеком *(inst)*
Mann, Mensch - человек

Markt - рынок; рынка *(gen)*
Masken - маски
Maus - мышка
Mäuse - мыши; много/мало мышей *(acc)*
medizinische - медицинский
Meer - море; морю *(dat)*; моря *(gen)*
mehr - больше
mein - мой; моим *(inst)*, моё
meine - мои, моя
meinen - иметь в виду; meinst - имеешь в виду
Meinung - мнение
meist - самые; самых *(gen)*
meist- - самый
Meisterwerk - шедевр
Menschenverstand - рассудок
menschliche - человеческий; человеческим *(inst)*
merk sich - помни *(imp)*
merkt - видит, понимает
Metall- - металлическая; металлическую *(acc)*
Meter - метр; метра *(gen)*
miaut - мяукает
mich - меня; mir - мне
miez-miez - кис-кис
Millionen - миллионы
Minute - минута; минут *(gen)*; минуту *(acc)*
mit - с / со
mit Augen - глазами *(inst)*
mit dir - с тобой *(prep)*
mit Vater - с папой *(inst)*
mit zwei - двумя
Mitglieder- член; членов *(gen)*
mitnehmen, bringen - захватить; (mit Transport) везти
Mittag - полдень
Mittagessen - обед
Mittagessen, Mittag - обед; обеда *(gen)*
Mitte - середина
mitteilen, sagen - говорить, сообщить
mittelalterliche - средневековый; средневекового *(gen)*
mittlere - средние *(plr)*
Mittwoch - среда; в среду *(acc)*
mochte - хотел; er möchte - он хочет; ich
möchte - я хочу
möchte - хотелось бы

modern - современная; современной *(gen)*
moderne - современный; современного *(gen)*; в/на современном *(prep)*; современные *(plr)*
mögen - любят, нравиться
Moment - момент
Monat - месяц
Mopp - швабра; шваброй *(inst)*
morgen - завтра
Morgen - утро; Morgens - по утрам *(prep)*
Motor - мотор
müde - уставший; уставшим *(inst)*
mühsam - с трудом
Müll - мусор
Müll-- мусорный; мусорному *(dat)*; мусорным *(inst)*
Mund - рот; mit Mund - ртом *(inst)*
Museum - музей
Musik - музыка
mütige - смелая *(fem)*
Mutter - мама; мамы *(gen)*; маме *(dat)*
Mutti - мама
nach - вслед, после
nach Hause - домой
Nachbar - сосед; соседа *(gen)*; соседу *(dat)*; Nachbarn - соседи; о соседях *(pl prep)*
Nachbarin - соседка; Nachbar-- соседский / соседний; соседского *(gen)*; соседскому *(dat)*
nachdenken - думать
nachdenklich - задумчиво
Nachricht, Notiz - запись
nachsehen - посмотреть; ich werde nachsehen - посмотрю
nächste - ближайший; следующая; следующую *(prep)*
nächste, andere - другой
nächster - следующий; следующего *(gen)*
Nacht - ночь
nah(e) - близко
nahm heraus - доставала/достала
Name - имя
Namen - имена; название; названием *(inst)*
National- - национальное; Nazionalität - национальность
natürlich - конечно
neben - возле
nebenan - рядом

nehmen - берут
nein - нет
nennen - называть
nennt - называет
nervös werden - нервничать
nette - добрая
neu - новая; новой *(inst)*
neue - новая, новые
neueste - свежий
Neuigkeit/en - новости / новость
nicht - не; ohne einen Blick wenden - не сводит глаза; keine Sorge - не волнуйтесь
nicht einfach - непросто
nicht genug, reicht nicht aus - недостаточно
nicht gleichgültig - неравнодушна
nicht lange - недолго
nicht passend - неподходящий; неподходящим *(inst)*
nicht weit - недалеко
nichts - ничего; нечем *(inst)*
nickt - кивает
nie - никогда
niedrige - низкую *(acc)*
niedriger, nach unten - ниже
niemand - никто
niemand; никого *(gen)* - никто
niemanden - некому *(dat)*
nimmt / lädt heraus - выгружает
nimmt ab - снимает
nimmt an - предполагает
nimmt heraus - берёт
nirgendwo - нигде
Niveau - уровень; уровнем *(inst)*
Norden - север; на севере *(prep)*
normalerweise - обычно
Note - оценка; оценку *(acc)*
Noten - оценки; Noten geben - ставить (оценки)
Notiz - записка; записку *(acc)*
Notizbücher - тетради; в тетрадях *(prep)*
nur - всего, только
nur, einfach - просто
ob - ли
obedient - послушная
Öberraschungen - сюрпризы
Obst - плоды
obwohl - хоть, хотя
oder - или, либо

öffentliche - городской; на городском *(prep)*
öffnen - открыть
öffnet - открывает; открытым *(inst)*; öffnet / öffnen Sie - откройте *(imp)*
oft - часто
oh - ой, о-о
ohne - без
ohne zu beachten - не обращая внимание
Ohnmacht - обморок
ohnmächtig geworden, fiel - упала
Omelett - омлет
Onkel - дядя; дяде *(dat)*, дяди *(gen)*; дядей *(inst)*
Ort - место
Orte, Plätze - места
örtlicher - местный; местного *(gen)*
Paarung - вязка; для вязки *(gen)*
Packung - пакет; пачка; пачку *(acc)*; упаковка; на упаковке *(prep)*
Papiere - бумаги
Paragraf - статья; в статьях *(pl prep)*
Park - парк; im Park - в парке *(prep)*
parkt - паркует
passen - помещаться
passierte - случилось, произошла, произошло; What ist passiert? - Что происходит?
passt auf - охраняет; aufpassen - охранять
Pause - пауза
persönlich - лично
Pfote - лапа; лапой *(inst)*
Picknick - пикник
Pilz - гриб; Pilze - грибы
Plastik- - пластиковая; пластиковую *(fem adj acc)*; пластиковых *(plr adj gen)*
Platz - место; до места *(gen)*
plötzlich - вдруг
plötzlich - внезапно, неожиданно
Poesie - поэзия; поэзией *(inst)*; поэзии *(gen)*; поэзию *(acc)*
Poesien- - поэтические
Polizist - полицейский; полицейского *(acc)*
Polizisten - полицейские; полицейских *(gen)*
Porzellan - фарфор; aus Porzellan - из фарфора *(gen)*
Postkarten - открытки
Probe- - испытательный
Proben - образцы

Problem - проблема
Professor - профессор; профессора *(gen)*; профессору *(dat)*
prüfen - проверить
Prüfung - экзамен
Puppe - кукла; куклу *(acc)*, куклы *(gen)*
Puppen - игрушечный *(adj)*; игрушечной *(adj prep)*
putzt sich - умывается
Rache - месть; местью *(inst)*
Rad - колесо
Räder - колёса; ohne Räder - без колёс *(gen)*
Ratschlang - совет; empfiehlt - советует
Ratten - крысы; mit den Ratten - крысами
Rauch - дым; в дыму *(prep)*
Raum - зал; зала *(gen)*; в зале *(prep)*
Raupe - гусеница; гусеницу *(acc)*; гусеницы *(gen)*
reagieren - отреагировать
Rechnung - счёт; счёта *(gen)*
Rechte - права
rechts - направо, справа
Rechtswissenschaft - правоведение; правоведению *(dat)*; правоведения *(gen)*
rechtzeitig - вовремя
Regeln - правила
reicht nicht aus, wenig - мало
Reihe - очередь
Reinemachefrau - уборщица
reinigen, putzen - убрать
Reinigungskraft - уборщица; уборщице *(dat)*; уборщицей *(inst)*
reißt - рвётся
rennen - бегать, бежать
rennen hinein - забегают
rennt - бежит
rennt an etwas - подбегает
rennt bis - добегает до
rennt heraus - выбегает
rennt herum - обегает
rennt weg - убегает
reparieren - исправить; repariert - исправляет
Reservierung - заказ; по заказу *(dat)*
Restaurant - ресторан; ресторана *(gen)*
Retter - спаситель
rettete sich - спасся *(masc)*
Rezept - рецепт; в рецепте *(prep)*; рецепту *(dat)*

Richter - судья
richtig - правильно
richtige - правильное/правильный
Richtigkeit - правота; правоту *(acc)*
riesige - огромная; огромную *(acc)*, огромный
riet - посоветовала
Risiko eingehen - рисковать
romantisch - романтичный; романтичной *(gen)*
rote - красная; красной *(inst)*
rufen - вызывать; звать; ruft - зовёт
rufen wieder an - перезванивают
ruft - вызывает; звонит
ruhig - спокойный
ruhige - невозмутимый; с невозмутимым *(inst)*
ruinieren - испортить, портить
runter - вниз
runterkommen - спуститься
Sache - вещь
Sache; Stück - штука
Saft - сок; сока *(gen)*
sagen - сказать
sagen Sie - скажите *(imp)*
sagst - говоришь
sagst nichts, schweigest - молчишь
sagt - говорит
sagte - сказала
sagten - сказали
sammeln - собрать
sammelt - собирает; sammeln - собирать; собирают *(plr)*
sanft - нежно
Satz - фраза; фразу *(acc)*
Satz, Äußerung - высказывание
Sätze - предложения
Sauberkeit - чистота; sauber - чистый
schade - жаль
Schale, Tasse - чашка
Schamane - шаман
Scharfrichter - палач; палача *(gen)*
schau - смотри *(imp)*
schauderte - похолодел
scheint - светит
schenken - подарить
schenkt - дарит
Schere - ножницы

Scherze - шутки
scherzen, spaßen - шутить
schlaf gut - спокойной ночи *(gen)*
schlafen - спать
schlaffen - поспать
Schlafplatz, Bett - кровать
schläfriger - сонный
schläft - спит
schläft ein - засыпает
schlägt vor - предлагает
Schlange - очередь
schlecht - плохо
schlecht, falsch - неправильно
schlecht, ungeschickt - неумело
schlechte - ломаный; gebrochenes Deutsch sprechen - на ломаном немецком *(prep)*
schlechte Noten - низкие оценки
schließlich - в конце концов
schließt - закрывает, закрывается; schließen - закрываются
Schloß - замок
schmeichelst - льстишь
schmerzt - болит
schmutzig - грязно
schmutzige - грязная; грязной *(gen)*; грязную *(acc)*
Schnee - снег
schneidet - разрезает
schnell - быстренько, быстро
schneller; früher, eher - поскорее
schnurrt - мурлычет
schön - красив *(short form)*
schöne - красива(я); schön - красиво
Schönheit - красота; красоту *(acc)*
Schränke - шкафы; в/на шкафах *(prep)*
Schreck - ужас
schreiben - написать, пишут
schreibt - пишет
schreien - кричать
schreit - вскрикивает, кричит
schrieben - написали
Schriftsteller - писатель
schroff - резко
Schubladchen - ящичек; в ящичке *(prep)*
schüchtern - робко
Schuhen - обувь; обуви *(gen)*
Schulbank - парта; на парте *(prep)*
Schuld - вина; вину *(acc)*

Schule - школа; школе *(prep)*
Schule; - школа школу *(acc)*
Schulfreund - одноклассник
Schurke - негодяй; негодяя *(acc)*
schüttelt den Kopf - качает головой
schüttelt sich - отряхивается
schwarze - чёрные, чёрный
Schweif - хвост; хвостом *(inst)*
schweigsam - молча
schwer - трудно, тяжёлый; тяжёлым *(inst)*
Schwester - сестра; сестре *(dat)*; сестрой *(inst)*
Schwesterchen - сестричка
schwierige - трудные
schwierige, komplizierte - сложные
Schwimmbad - бассейн
Sclaues - умное
sechs - шестеро (für Leute) , шесть (für Sachen)
Seele - душа
sehe - смотрю
sehen - видеть, рассмотреть, смотрят, увидеть
sehen Sie, wissen Sie - видите
sehen uns - увидимся
Sehenswürdigkeiten - достопримечательности
sehr - очень, сильно
Seil - верёвка; верёвки *(gen)*; верёвку *(acc)*
sein - быть; 2. его *(gen)*
sein, besuchen - бывать
seines Katers - кота *(gen)*; о коте *(prep)*; котом *(inst)*
Seite - сторона; в стороне *(prep)*; сторону *(akk)*; стороны *(gen)*
Sekretärin - секретарь; als Sekretärin - секретарём *(inst)*
Sekunden - секунды; секунд *(gen)*
selbst - сам/и
selten - редко, редкая; редкую *(acc)*
seltsam - странно
seltsame - странный; странных *(gen plr)*
senden - отправлять
setzen sich - занимают места, садятся
setzt euch, setzen Sie sich - садитесь *(imp)*
setzt sich - садится
seufzt - вздыхает

sich auf den Heimweg machen - возвращаться (домой)
sich bemühen - стараться
sich bereitmachen - собираться
sich bewerben - поступать
sich erinnern - вспоминают, вспомнить
sich niederlegen - прилечь
sich Sorgen machen - волноваться
sich stellen, besetzen - занимать место / очередь
sich stoßen - ударяться
sich umsehen - по сторонам смотреть
sich weigern, verzichten - отказываться
sicher - уверены
Sie - Вы, Вас *(acc)*
sie - она; ею *(inst)*; её *(akk)*
sie *(plur)* - они
sie bitten - просят
sie chatten - общаются
sie entscheiden sich - решают
sie essen - едят
sie gelten - считаются
sie hat - у неё
sie leben - живут
Sie machen - делаете
sie machen sich Sorgen - волнуются
sie sagen - говорят
sie tauschen Blicke aus - переглядываются
sie unterhalten sich - разговаривают
Sie werden - будете
sie werden bekommen - получат
Sie werden biegen - свернёте
sie zahlen - оплачивают
siebzig - семьдесят
siegt, triumphiert - торжествует
sieh … an - посмотри *(imp)*
sieht aus - выглядит
sieht sich um - оглядывается
sind bereit - готовы
sind gefeuert - уволены; entlassen, feuern - уволить
sind überrascht - удивлены
singen - поют
Situation - ситуация; ситуацию *(acc)*
sitzen - сидеть, сидят
Sitzplatz - сиденье
sitzt - сидит
Skulptur - скульптура; скульптуру *(acc)*

so - так
so dass - чтобы
so, deshalb - поэтому
so, dieser - такой
so, genau, ausgerechnet - именно
Sofa - диван; на диване *(prep)*
sofort - сразу
sogar - даже
Sohn - сын; сыном *(inst)*
solche - такой, такие
soll / solltest - должен; müssen, sollen - должны *(plr)*
Sonne - солнце
Sonntag - воскресенье
sorgfältige - старательный; старательного *(gen)*
Spanische - испанский
Spaß machen - шутят
spät - поздно
spazieren - гулять; гуляют; погулять; пройтись
Spaziergang - прогулка; прогулки *(gen)*
Speisekarte - меню
sperren - замыкают
sperren, setzen - посадить
Spezialität - фирменное
Spiegel - зеркало; в зеркале *(prep)*
Spiel - игра; игр *(gen plr)*; игру *(acc)*
spielen - играют, поиграть
spielt - играет; spielen - играть
spielte - играла
spielte einen Streich - устроил шутку
Spielzeuge - игрушки
spießt auf - накалывает
Spital - больница; больницу *(acc)*
Spitzname - кличка; кличку *(acc)*
Sprache - язык; auf Deutsch - на немецком языке *(prep)*; языка *(gen)*
sprechen - поговорить
sprechen, unterhalten sich - беседуют
sprechender - говорящий
spricht - разговаривает
spricht weiter - продолжает говорить
springt - прыгает
springt auf - вскакивает
springt herab - спрыгивает
springt heraus - выскакивает
spüren, fühlen - почувствовать

Stadt - го́род; in der Stadt - в го́роде *(prep)*;
durch die Stadt - по го́роду *(prep)*
Stadt - го́род; го́рода *(gen)*
Stapel - сто́пка; сто́пку *(acc)*
stark - кре́пкий
starker - си́льный
startet - заво́дит
stattfinden - произойти́
Staub - пыль
Steckdose - розе́тка; розе́тку *(acc)*
Stecker - ви́лка
stehen - стоя́т
steht - стои́т
steht auf - встаёт
steht dazwischen - разделя́ет
stellt - ста́вит
stellt Aufgaben - задаёт зада́чи *(gen)*
stellt j-n vor - знако́мит; lernt j-n kennen - знако́мится
 stellvertretender Leiter - замести́тель дире́ктора
Stil - стиль
still - ти́хо
Stimme - го́лос; го́лосом *(inst)*
Stimmung - дух, настрое́ние
Stimmung aufhellen - подня́ть настрое́ние
Stirnrunzeln - нахму́ренный; нахму́ренным *(inst)*
Stock - эта́ж; этаже́ *(prep)*
stolz - го́рдо
stolz sein - горди́ться
 Straßen - у́лицы
Straßenbahn - трамва́й; в/на трамва́е *(prep)*
streckt aus - протя́гивает
Streich - шу́тка; шу́тку *(acc)*
streichelt - гла́дит
Streit - диспу́т, спор
streng - стро́го
strenger - стро́гий, стро́же
streunender - бездо́мный
Stromkabel - электрошну́р; электрошнура́ *(gen)*; электрошнуро́м *(inst)*
Studenten - студе́нты; студе́нтов *(gen)*; студе́нтам *(dat)*
Studenten- - студе́нческие
Studentin - студе́нтка *(fem)*; Studenten - студе́нты
Studien - учёба; учёбе *(dat)*

studieren - изуча́ют
studiert - учи́ться
studierte - учи́лся
Studium - учёба; учёбы *(gen)*
Stuhl - стул
Stuhl, Sessel - кре́сло; в/на кре́сле *(prep)*
Stunde - час; drei Stunden - три часа́ *(gen)*
suchen, sammeln - иска́ть
suchte - иска́л
Supermarkt - суперма́ркет; суперма́ркета *(gen)*; в суперма́ркете *(prep)*
Suppe - суп
Süßigkeiten - сла́дости
Symbol - си́мвол
Szene - сце́на
Tablet - планше́т; планше́те *(prep)*
Tag - день; zwei Tage - два дня *(pl gen)*
Tage - дней *(gen)*
Tagesanbruch - рассве́т; на рассве́те *(prep)*
Talent - тала́нт
Tante - тётя; тёте *(dat)*; тётей *(inst)*; тётю *(acc)*
tapfere - хра́брый; хра́брого *(akk)*
Tasche - су́мка; су́мку *(acc)*
Tasse - ча́шка; ча́шку *(acc)*
Tatsache ist, dass - де́ло в том, что
Taxi - такси́
Taxifahrer - такси́ст; такси́ста *(gen)*; такси́сту *(dat)*
Tee - чай; ча́ю *(gen)*
Teig - те́сто; те́стом *(inst)*
Tel Aviv - Тель-Ави́в
Telefon - телефо́н; телефо́на *(gen)*
Temperament - хара́ктер
Teppich - ковёр
Test - контро́льная; тест; Test- - те́стовое *(adj)*
teuere - дорога́я; дорогу́ю *(fem acc)*; дороги́м *(masc inst)*; дороги́х *(plr gen)*
Text- содержа́ние; содержа́ния *(gen)*
Thema - те́ма
Ticket, Fahrkarte - биле́т
tiefe - глубо́кий
Tier - зверёк
Tiere - живо́тные
Tierhandlung - зоомагази́н

Tisch - стол; столу *(dat)*; возле стола *(gen)*; на/в столе *(prep)*; am Tisch - за столом *(prep)*
Tischlein - столик; столика *(gen)*
Tochter - дочь; дочери *(dat)*
toll - восхитительно; здорово; bewundert - восхищается
Tomaten- - томатный; томатного *(gen)*
Tonne - бак; баком *(inst)*; баку *(dat)*
Torte - торт; торта *(gen)*; Törtchen - тортик
töten - убить
töteten - убили; getötete - убитую *(fem acc)*
Tourniquet - жгут
Traditionen - традиции *(pl)* ; традициями *(pl inst)*
tragen - нести
trägt - несёт ; надет
trainierter - тренированный; тренированным *(inst)*
Traum - сон
träumt - мечтает
traurig - расстроен ; грустно
traurige - грустные
Treppe - лестница; лестнице *(prep)*
trifft - встречается
Trink - питьё
trinken - попить
trinkt - пьёт
trotzdem, allerdings - всё равно
tschüß - пока
Tube - тюбик
tüchtige - способная
Tulpen - тюльпаны; тюльпанами *(inst)*; тюльпанов *(gen)*
Tunnel - туннель
Tür - дверца, дверь
Türen - двери
tut weh, ärgerlich, peinlich - обидно
U-Bahn - метро
über - над, о, об
überall - кругом
übereinstimmt - совпадает
überholt - обгоняет
überraschen - удивить; überrascht - удивлённо
überrascht - удивлён, удивлена, удивлённый
Überschwemmung - потоп
übersetzen - перевести

Übersetzung - перевод; перевода *(gen)*
überzeugend - убедительно
überzeugt - убеждает
Uhr, Stunde - часы
umarmt - обнимает
Umgebung - обстановка; обстановку *(acc)*
umhergehen - обходить
umlegen, bewegen - перекладывать; hat/haben umgelegt - перекладывайте *(imp)*; переложила / переложили
Umstände - обстоятельства
und - а, и
und noch dazu - да ещё
unerfreulich - неприятный
ungefähr - примерно
ungewöhnlich - непривычно
ungewöhnliche - необычные; необычными *(inst)*
unglaublich - невероятно
unglücklicherweise - к сожалению *(dat)*
Uniform - униформа; в униформе *(prep)*
Universität - колледж; колледже *(prep)*
unkorrigiert, ungeprüft - непроверенное
unruhig - неспокойный
uns - нам *(dat)*, нас
unser - наш; в/на нашем *(prep)*; нашему *(dat)*
unsere - наши
unter- - нижний
unterbricht - перебивает
unterdrücken - преодолевать
Unterlagen - документы
Unternehmen, Dienst - служба; служб *(plr gen)*; службу *(sng acc)*; службы *(sng gen)*
Unterricht - занятия; занятий *(gen)*; курсы ; урок; урока *(gen)*
unterrichtet - преподаёт
Unterrichtsfach - предмет
unterstützen - поддерживать
Unverschämtheit - наглость
unverständlich - непонятны
unverständlich, unbegreiflich - непонятно
unverständlicher - непонятный; на непонятном *(prep)*
unzivilisierte - дикость
unzufrieden - недовольно
Urlaub - каникулы; на каникулах *(prep)*
Vater - отец; отца *(gen)*
Vati - папа

verängstigt - испуганно
Verbindung - связь
verbrennen - сгорать
verbringen - проводить
verbringt Zeit - проводит время
verdienen - получать
verdient - заслуживает
verfasst - сочиняет
Vergänglichkeit - непрочность; непрочности *(fem gen)*
vergessen - забыть ; vergessen Sie - забудьте *(imp)*
vergib, es tut mir leid, entschuldige - извини
vergisst - забывает
Vergnügen - радость; с радостью *(inst)*, удовольствие
verhält sich - действует
verjagt - отгоняет
Verkäufer - продавец
Verkäuferin - продавщица; продавщице *(dat)*; продавщицу *(acc)*
verkauft - продаёт; verkaufen - продать
Verkehrsmittel - транспорт; на транспорте *(prep)*
verlassen - выходят
verlaufen - заблудиться
verlegen - растерянно
verletzen - обижать
verliebte sich - полюбила
verlieren - терять
verließ - уехала
verlockend - аппетитно
Verlust - потеря
vermisst - скучает
Vermittlung, Fahrdienstleiter, Dispatcher - диспетчер
Vermutung, Versuch - предположение
vernehmbar - слышен
vernehmen - расслышать
vernünftige - осмысленные; осмысленных *(gen)*
verreisen - путешествовать
verschiedene - различные, разные
verschließt - запечатывает
verschmitzt - хитрая, хитро
versehentlich - случайно
verstand - понял
verständlicher - лёгкий; einfach - легко

verstehe - понимаю
verstehen Sie - понимаете; verstehen - понять
verstehest - понимаешь
versuchen, probieren - попробовать
versucht - пытается
versuchte - попробовал
verteilt - раздаёт
Verwandte - родственники; родственникам *(dat)*
verwechseln - путать
verwechselte - перепутал
verwende - пользуюсь
Verwirrung - растерянность; verwirrt - в растерянности *(prep)*
Verzweiflung - отчаяние; в отчаянии *(prep)*
viel - множество, намного, много разных *(gen)*
viel Glück - удачи
viel, viele - много
vielleicht - может, возможно
vier - четыре
vierte - четвёртая
vierzig - сорок
Vogel - птица; птиц *(acc)*
Vögel - птицы
von - от
von dort - оттуда
von gestern - вчерашнее
von hier - отсюда
von, über - про
vor - перед; vor ihr - перед ней; 2. назад; vor fünf Jahre - пять лет назад
vor kurzem - недавно
vor langer Zeit - давно
vorbei - мимо
vorbeikommen - зайти; (mit Transport) - приехать
vorgeschriebener - необходимый
vorkommen - случаться
Vorlesung - занятие
Vorlesungen - лекции; лекций *(gen)*
vorsichtig - с опаской *(inst)*
vorsichtige - осторожный
vorsichtige, fleißige - аккуратный
vorübergehend - временно
wächst - растёт
wacht auf - просыпается
Wächter - сторож; сторожем *(inst)*

wählt - набирает
wahr - правда, верна
während er spricht, im Gehen - на ходу
Wahrheit - правда
wahrscheinlich - наверно
Wald - лес
war - был, было
war gebacken - допёкся
waren - были
warnen, Bescheid sagen - предупредить
warte - подожди *(imp)*
warten - ждать, ждут
wartet - ждёт
warum - почему
was - что
wäscht auf - моет
Wasser - вода; воду *(acc)*
Wasserhahn - кран
Wattierung - вата; ватой *(inst)*
wechseln - сменить
weckt auf - будит
Weg - дорога; дороги *(gen)*; по дороге *(prep)*; дорогу *(acc)*
weggeben - отдать
weggehen - уходить, уйти
wegwerfen - выбрасывать
Weihnachten - рождество; рождеству *(dat)*
Weihnachtsbaum - новогодняя ёлка
weil - потому что
weinen - плакать
weise - мудрое
weiß - знает
weißer/weiße - белый / белая; на белой *(fem inst)*
weisst du - видишь ли; wissen Sie - видите ли
weit - широко, далеко
weiter - дальше, подальше
welche - какая, какое, какую *(acc)*
wenn - если, когда
wer - кто; с кем *(inst)*
werde ausrichten - передам
werde begleiten - проведу
werde einpacken - заверну; packt ein - заворачивает
werde fahren - поеду
werde festbinden - привяжу; hat festgebunden - привязывал; ist festgebunden - привязан
werde kommen - приеду

werde machen - сделаю
werde nehmen - возьму
werde vorbeikommen - заеду
werden gezeigt - показаны
werden uns treffen - встретимся; sich treffen - встретиться
werden vergeben / entschuldigen - простят
werden verkauft - продаются
Werk - произведение; произведения *(pl)*; произведениями *(inst plr)*
wertvolle, liebe - дорогие
Wetter - погода
wichtig - важно
wichtige - важный; важному *(dat)*, ответственное
wichtige, Haupt- - главный; главным *(inst)*
wie - как
wie, als - чем
wie, welcher - какой
wieder - опять, снова
wieder, zurück - обратно
wiederbeleben - оживить
wiederholt - повторяет
wild - бешено; wütend - бешеный *(adj)*
will - захочет
wir - мы
wir beabsichtigen - собираемся
wir gehen - идём; sie gehen - идут
wir kennen - знаем
wir werden finden - найдём
wir werden fragen - спросим
wir werden spazieren gehen - погуляем
wir wollen - хотим
wird - будет, становится
wird abholen - заберёт
wird beißen - укусит
wird bleich - бледнеет; bleich - бледный
wird eröffnet - открывается
wird kalt - остывает
wird kommen - придёт, приедет; ist gekommen - приехал
wird lassen - разрешит
wird mögen - понравится
wird repariert - в ремонте *(prep)*
wird spielen - сыграет
wirklich - действительно
wirkliche - настоящий; настоящим *(inst)*
wirklicher - настоящий

wirst mogeln - обманешь
wirst, werde - будешь, буду
wissen - знать
Wissen - знания; знаниями *(inst plr)*
wissen Sie - знаете
wo - где
Woche - неделя
Wochenende - выходные
wofür, warum - зачем
wohin - куда
wohlbehalten - благополучно
Wohltätigkeit - благотворительность
wohnte, lebte - жил
Wohnung - квартира; в квартирах *(prep)*; квартиру *(acc)*
Wohnzimmer - гостиная; в гостиной *(prep)*
wollen - хотят; wollen (Sie) - хотите
wollte - хотела
wollten - хотели
Wort - слово; слова нет *(gen)*
wunderbar - чудесный
wundern sich - удивляться
wünsche - желаю
würde - бы
wurde - стало
würde alleine lassen, wird weggehen - уйдёт
wurde berühmt - прославился
wurden gestohlen - украли; stehlen - украсть
Wurst - колбаса; колбасы *(gen)*
wusste - знал; wissen - знают
Wut - гнев
wütend - сердито; wird wütend - сердится
wütende - злая
Zahn - зуб
Zahnarzt - стоматолог; стоматолога *(gen)*
Zaun - забор; забором *(inst)*; на заборе *(prep)*
Zaun - забор; забора *(gen)*
zehn - десять
zehnte - десятый; на десятом *(prep)*
zeigt - показывает
Zeit - время; времени *(gen)*
Zeit verbringen - проводить время

Zeit, Termin - срок
Zeitschrift - журнал
Zeitschriften - журналы
Zeitungen - газеты
Zentimeter - сантиметр; несколько сантиметров *(pl gen)*
Zentrum - центр
zerreißen - порвать, рвать
zerstören - ломают
Zeus - Зевс
zieht - натягивает
Zigarette - сигарета; сигарету *(acc)*
Zimmer - комната; в комнате *(prep)*
zögerlich - нерешительно
zu - к / ко
zu Bett gehen - отдыхать
zu Fuß - пешком
zu Hause - дома; im Käfig - в домике
zu ihm - к нему *(prep)*
zu klein - слишком маленький
zu Mittag essen - обедать; обедом *(inst)*
zu Zweit, zusammen - вдвоём
zufällige - любую *(acc)*
zufrieden - довольно / довольный
zufrieden, satt - сытый
Zug - поезд; на поезде *(prep)*
zugeben - признать
zum Glück - к счастью *(dat)*
zum Verkauf - на продажу
zun ersten Mal - впервые
zurechtkommen - справляться, успевать
zurechtkommen, Zeit haben - успевать
zurückkommen - вернуться
zurückwerfen - отбрасывать
Zustelldienst - доставка; по доставке *(prep)*
zwanzig - двадцать
zwei - двоим *(dat)*
zwei - два, две
zweifeln - сомневаться
zweihundert - двести
zweite - вторая
zwingen - заставить

Aspekte bei Verben

Der unvollendete (imperfektive) Aspekt bezeichnet im Russischen eine Handlung in ihrem Verlauf, eine wiederholte Handlung oder einen Fakt als neutrale Information ohne Hinweis auf die Vollendung. Eine Handlung kann es in der Gegenwart, Vergangenheit oder Zukunft geben.

Der vollendete (perfektive) Aspekt bezeichnet eine abgeschlossene Handlung, das Resultat, den Beginn oder einen Einzelfall. Russische Verben bilden im vollendeten Aspekt nur Präteritum und Futur.

Imperfektes Verb (unvollendete Aspekt)	**Perfektes Verb** (vollendete Aspekt)	**Bedeutung**
анализировать	проанализировать	analysieren
аплодировать	зааплодировать	applaudieren
арестовывать	арестовать	verhaften
беседовать	побеседовать	sich unterhalten
беспокоить	побеспокоить	stören
бить	побить	schlagen
благодарить	поблагодарить	danken
бледнеть	побледнеть	erbleichen
болеть	заболеть	erkranken
бомбить	разбомбить	bomben
бороться	побороться	kämpfen
бояться	забояться	sich fürchten
брать	взять	nehmen
бриться	побриться	sich rasieren
бросать	бросить	werfen, aufhören
будить	разбудить	aufwecken
бывать	побывать	(gewesen) sein
варить	сварить	kochen
верить	поверить	glauben
вешать	повесить	hängen, aufhängen
взрывать	взорвать	sprengen
видеть	увидеть	sehen
висеть	провисеть	hängen
включать	включить	einschalten
владеть	овладеть	beherrschen, besitzen
влиять	повлиять	beeinflussen
влюбляться	влюбиться	sich verlieben
возвращать(ся)	вернуть(ся)	zurückgeben (zurückkommen)
возглавлять	возглавить	leiten, führen
возмущать	возмутить	Ärger machen
возникать	возникнуть	entstehen, aufkommen
возражать	возразить	erwidern, entgegnen
волновать	взволновать	aufregen, beunruhigen
воспитывать	воспитать	erziehen
восстанавливать	восстановить	wiederherstellen

врать	соврать	lügen, flunkern
вспоминать	вспомнить	sich erinnern
вставать	встать	aufstehen
встречать	встретить	begegnen
выбирать	выбрать	auswählen
выбрасывать	выбросить	wegwerfen
выдавать	выдать	ausgeben
выживать	выжить	vertreiben, überleben
выздоравливать	выздороветь	gesund werden
вызывать	вызвать	herbeirufen, auslösen
выигрывать	выиграть	gewinnen
выключать	выключить	ausschalten
вылечивать	вылечить	heilen, auskurieren
вынимать	вынуть	herausnehmen
выполнять	выполнить	erfüllen, ausführen, erledigen
выпускать	выпустить	hinauslassen, produzieren
выражать	выразить	ausdrücken
выступать	выступить	hervorragen, auftreten
вытаскивать	вытащить	herausziehen, -schleppen
вытирать	вытереть	abwischen, abtrocknen
выяснять	выяснить	aufklären, klarstellen
гладить	погладить	bügeln, streicheln
глядеть	поглядеть	ansehen, schauen
гнуть	согнуть	biegen
говорить	сказать	sprechen, sagen
гореть	сгореть	brennen
гостить	погостить	besuchen
готовить	подготовить	vorbereiten, kochen
грозить	пригрозить	drohen
гулять	погулять	spazieren gehen
давать	дать	geben
дарить	подарить	schenken
двигать	двинуть	bewegen
действовать	подействовать	handeln, gültig sein
делать	сделать	machen
делить	разделить	teilen
держать	подержать	halten
добавлять	добавить	hinzufügen
добираться	добраться	mit Mühe erreichen
догадываться	догадаться	erraten
дожидаться	дождаться	abwarten
доказывать	доказать	beweisen, nachweisen
докладывать	доложить	einen Vortrag halten
допрашивать	допросить	verhören, vernehmen
допускать	допустить	zulassen
доставать	достать	erreichen, herausnehmen

доставлять	доставить	zustellen
достигать	достигнуть	erreichen
драться	подраться	sich schlagen
дрожать	задрожать	zittern
дружить	подружиться	sich befreunden
думать	подумать	denken, glauben, meinen
дуть	дунуть	blasen
дышать	подышать	atmen
есть	съесть	essen
жалеть	пожалеть	bemitleiden, bereuen
жаловаться	пожаловаться	sich beschweren
жарить	пожарить	braten
ждать	подождать	abwarten
желать	пожелать	wünschen
жертвовать	пожертвовать	opfern, spenden
жечь	сжечь	brennen
жить	прожить	leben, wohnen
забирать	забрать	wegnehmen, einnehmen
заботиться	позаботиться	sorgen, sich kümmern
забрасывать	забросить	verlegen, verlieren, vernachlässigen
забывать	забыть	vergessen, liegenlassen
завидовать	позавидовать	beneiden
завоёвывать	завоевать	erobern
завтракать	позавтракать	frühstücken
загорать	загореть	braun werden, sich sonnen
загрязнять	загрязнить	verunreinigen, schmutzig machen
задерживать(ся)	задержать(ся)	aufhalten, verzögern (stehenbleiben)
зажигать	зажечь	anzünden, anfeuern
заказывать	заказать	bestellen
заканчивать	закончить	beenden, abschließen
закрывать	закрыть	schließen, zumachen
заменять	заменить	ersetzen, vertreten
замерзать	замёрзнуть	frieren
замечать	заметить	entdecken, sich merken
занимать	занять	besetzen
заниматься	заняться	sich beschäftigen mit
записывать	записать	aufschreiben, notieren
заполнять	заполнить	ausfüllen
запоминать	запомнить	sich merken
заправлять	заправить	tanken
запрещать	запретить	verbieten
зарабатывать	заработать	verdienen
заставлять	заставить	zwingen
засыпать	заснуть	einschlafen
захватывать	захватить	mitnehmen, erobern
защищать	защитить	verteidigen, schützen

заявл*я*ть	зая*в*ить	erklären, melden
зв*а*ть	позв*а*ть	rufen
звен*е*ть	прозвен*е*ть	klingen, tönen
звуч*а*ть	прозвуч*а*ть	schallen, tönen, klingen
здор*о*ваться	поздор*о*ваться	grüssen, begrüßen
знак*о*миться	познак*о*миться	sich mit j-m bekannt machen
зн*а*ть	узн*а*ть	kennen, wissen
игр*а*ть	сыгр*а*ть	spielen
избир*а*ть	избр*а*ть	wählen, auswählen
извин*я*ться	извин*и*ться	sich entschuldigen
издав*а*ть	изд*а*ть	herausgeben, veröffentlichen
измен*я*ть	измен*и*ть	sich verändern
изуч*а*ть	изуч*и*ть	studieren, lernen
интерес*о*ваться	заинтерес*о*ваться	sich interessieren
иск*а*ть	найт*и*	suchen
исключ*а*ть	исключ*и*ть	ausschließen
исполн*я*ть	исп*о*лнить	ausführen
исправл*я*ть	испр*а*вить	verbessern, korrigieren
исп*ы*тывать	испыт*а*ть	erproben, fühlen
исчез*а*ть	исч*е*знуть	verschwinden, verlorengehen
каз*а*ться	показ*а*ться	scheinen, aussehen
кас*а*ться	косн*у*ться	berühren, betreffen
к*а*шлять	к*а*шлянуть	husten
кип*е*ть	закип*е*ть	kochen
команд*о*вать	скоманд*о*вать	befehligen
конч*а*ть	к*о*нчить	beenden, schließen
кр*а*сить	покр*а*сить	färben, anstreichen
кр*а*сть	укр*а*сть	stehlen
крич*а*ть	кр*и*кнуть	schreien
куп*а*ться	покуп*а*ться	baden
кур*и*ть	закур*и*ть	rauchen
кус*а*ть	укус*и*ть	beißen, stechen
к*у*шать	ск*у*шать	essen
лг*а*ть	солг*а*ть	lügen
леч*и*ть	в*ы*лечить	heilen
л*и*ть	нал*и*ть	gießen
лов*и*ть	пойм*а*ть	fangen
лож*и*ть	полож*и*ть	legen
лож*и*ться	л*е*чь	sich hinlegen
лом*а*ть	слом*а*ть	zerbrechen
люб*и*ть	полюб*и*ть	lieben
мен*я*ть	помен*я*ть	wechseln, tauschen
м*е*рить	пом*е*рить	messen, anprobieren
мечт*а*ть	помечт*а*ть	träumen
меш*а*ть	помеш*а*ть	stören, mischen
молч*а*ть	замолч*а*ть	schweigen

мочь	смочь	können
мстить	отомстить	sich rächen
мыть	помыть	waschen
набирать	набрать	sammeln
наблюдать	понаблюдать	beobachten, beaufsichtigen
надевать	надеть	anziehen, aufsetzen
назначать	назначить	ernennen, bestimmen
называть	назвать	nennen, bezeichnen
наказывать	наказать	bestrafen
накрывать	накрыть	decken
наливать	налить	einschenken, füllen
нападать	напасть	anfallen
наполнять	наполнить	füllen
напоминать	напомнить	erinnern
направлять	направить	lenken, schicken
нарушать	нарушить	übertreten
настаивать	настоять	bestehen
наступать	наступить	treten
начинать	начать	anfangen, beginnen
ночевать	переночевать	übernachten
нравиться	понравиться	gefallen
обвинять	обвинить	anklagen, beschuldigen
обедать	пообедать	zu Mittag essen
обеспечивать	обеспечить	versorgen, sichern
обещать	пообещать	versprechen
обижать	обидеть	kränken, beleidigen
обманывать	обмануть	betrügen
обнаруживать	обнаружить	entdecken, entlarven
обнимать	обнять	umarmen
обрабатывать	обработать	bearbeiten, veredeln
обращаться	обратиться	sich wenden
обслуживать	обслужить	bedienen, betreuen
обсуждать	обсудить	besprechen
обучать	обучить	lehren, ausbilden
общаться	пообщаться	sich unterhalten
объединять	объединить	vereinigen
объявлять	объявить	anzeigen, bekanntmachen
объяснять	объяснить	erklären, erläutern
одевать	одеть	kleiden, anziehen
оказывать	оказать	erweisen, leisten
оканчивать	окончить	beenden
окружать	окружить	umgeben, umringen, einkesseln
опаздывать	опоздать	verspäten
описывать	описать	beschreiben, schildern
оправдывать	оправдать	freisprechen, rechtfertigen
определять	определить	definieren, bestimmen

опублик_о_вывать	опублик_о_вать	veröffentlichen, publizieren
опуск_а_ть	опуст_и_ть	herunterlassen, senken
ор_а_ть	наор_а_ть	schreien, brüllen
организ_о_вывать	организов_а_ть	organisieren, veranstalten
освещ_а_ть	освет_и_ть	erleuchten, bestrahlen
освобожд_а_ть	освобод_и_ть	freigeben, entlasten, befreien
осм_а_тривать	осмотр_е_ть	betrachten, prüfen
осн_о_вывать	основ_а_ть	gründen, stiften, aufbauen
остав_а_ться	ост_а_ться	bleiben
оставл_я_ть	ост_а_вить	übriglassen, hinterlassen
остан_а_вливать	останов_и_ть	stoppen, anhalten
осужд_а_ть	осуд_и_ть	verurteilen, missbilligen
осуществл_я_ть	осуществ_и_ть	verwirklichen, realisieren
отвеч_а_ть	отв_е_тить	antworten
отдав_а_ть	отд_а_ть	abgeben, loslassen
отдых_а_ть	отдохн_у_ть	ausruhen, sich erholen
отк_а_зывать	отказ_а_ть	absagen, verweigern
открыв_а_ть	откр_ы_ть	öffnen
отлич_а_ть	отлич_и_ть	unterscheiden, auszeichnen
отмен_я_ть	отмен_и_ть	abschaffen, widerrufen
отмеч_а_ть	отм_е_тить	feiern, vermerken
отним_а_ть	отн_я_ть	wegnehmen, entreißen
отправл_я_ть	отпр_а_вить	abschicken, absenden
отпуск_а_ть	отпуст_и_ть	freisetzen
отрез_а_ть	отр_е_зать	abschneiden
оц_е_нивать	оцен_и_ть	bewerten, schätzen
очищ_а_ть	оч_и_стить	reinigen, säubern
ошиб_а_ться	ошиб_и_ться	sich irren, sich täuschen
п_а_дать	уп_а_сть	fallen, stürzen
парков_а_ть	припарков_а_ть	parken
п_а_хнуть	зап_а_хнуть	duften
передав_а_ть	перед_а_ть	übergeben, überreichen
перед_у_мывать	перед_у_мать	sich anders überlegen
пережив_а_ть	переж_и_ть	erleben, sich wellen
перезв_а_нивать	перезвон_и_ть	zurückrufen
перес_и_сывать	переписать	umschreiben, abschreiben
переодев_а_ться	переод_е_ться	umkleiden, sich umziehen
перес_а_зывать	пересказ_а_ть	nacherzählen
перестав_а_ть	перест_а_ть	aufhören
петь	спеть	singen
печ_а_тать	напеч_а_тать	drucken, tippen
печь	исп_е_чь	backen
п_и_сать	поп_и_сать	pinkeln
пис_а_ть	написать	schreiben
пить	в_ы_пить	trinken
пл_а_кать	запл_а_кать	weinen

план*и*ровать	запланировать	planen, entwerfen
плат*и*ть	заплат*и*ть	zahlen
побежд*а*ть	побед*и*ть	besiegen
повор*а*чивать	поверн*у*ть	umdrehen, umkehren
повтор*я*ть	повтор*и*ть	wiederholen, nachsprechen
повыш*а*ть	пов*ы*сить	erhöhen, steigern
погиб*а*ть	погиб*ну*ть	umkommen, zugrunde gehen
подав*а*ть	под*а*ть	reichen, geben, servieren
подгот*а*вливать	подгот*о*вить	vorbereiten, bereitstellen
подд*е*рживать	поддерж*а*ть	unterhalten, unterstützen
поднимать	подн*я*ть	aufheben
подп*и*сывать	подпис*а*ть	unterschreiben, unterzeichnen
подтвержд*а*ть	подтверд*и*ть	bestätigen, bekräftigen
подчёркивать	подчеркн*у*ть	unterstreichen, betonen
позвол*я*ть	позв*о*лить	erlauben, gestatten, zulassen
поздравл*я*ть	поздр*а*вить	gratulieren, beglückwünschen
пок*а*зывать	показ*а*ть	vorführen, hinweisen, zeigen
покид*а*ть	пок*и*нуть	verlassen
покуп*а*ть	куп*и*ть	kaufen
получ*а*ть	получ*и*ть	bekommen, erhalten
п*о*льзоваться	восп*о*льзоваться	benutzen
п*о*мнить	всп*о*мнить	sich erinnern
помог*а*ть	пом*о*чь	helfen
поним*а*ть	пон*я*ть	verstehen, begreifen
попад*а*ть	поп*а*сть	geraten
пораж*а*ть	пораз*и*ть	überraschen, verblüffen
п*о*ртить	исп*о*ртить	verderben, verpfuschen
посещ*а*ть	посет*и*ть	besuchen
поступ*а*ть	поступ*и*ть	handeln, umgehen
посыл*а*ть	посл*а*ть	schicken, senden
появл*я*ться	появ*и*ться	erscheinen, auftauchen
пр*а*здновать	отпр*а*здновать	feiern
предлаг*а*ть	предлож*и*ть	vorschlagen
предполаг*а*ть	предполож*и*ть	vermuten, annehmen
предпочит*а*ть	предпоч*е*сть	vorziehen
представл*я*ть	предст*а*вить	vorstellen, bekannt machen
предупрежд*а*ть	предупред*и*ть	warnen, vorbeugen
прекращ*а*ть	прекрат*и*ть	aufhören
преподав*а*ть	препод*а*ть	unterrichten, lehren
прибавл*я*ть	приб*а*вить	hinzufügen, ergänzen
приветствовать	поприветствовать	begrüßen
привык*а*ть	прив*ы*кнуть	sich gewöhnen
приглаш*а*ть	приглас*и*ть	einladen
пригот*а*вливать	пригот*о*вить	vorbereiten, kochen
прид*у*мывать	прид*у*мать	ausdenken, erfinden
признав*а*ть	призн*а*ть	anerkennen

приказывать	приказать	befehlen, anordnen
применять	применить	verwenden
принимать	принять	empfangen, akzeptieren
приобретать	приобрести	erwerben
приступать	приступить	beginnen
присылать	прислать	zuschicken, zusenden
притворяться	притвориться	simulieren
пробовать	попробовать	versuchen, probieren, kosten
проверять	проверить	prüfen, kontrollieren
продавать	продать	verkaufen
продолжать	продолжить	fortsetzen, fortfahren
проигрывать	проиграть	verspielen, verlieren
пропадать	пропасть	verlorengehen, verschwinden
пропускать	пропустить	durchlassen
просить	попросить	bitten
простывать	простыть	sich erkälten
простужаться	простудиться	sich erkälten
просыпаться	проснуться	erwachen, aufwachen
прощать	простить	verzeihen
прощаться	попрощаться	Abschied nehmen
прятать	спрятать	verstecken, verbergen
публиковать	опубликовать	veröffentlichen, publizieren
пускать	пустить	weglassen, fortlassen
пытаться	попытаться	versuchen
работать	отработать	arbeiten
радовать	обрадовать	freuen
развивать	развить	entwickeln, verstärken
раздевать	раздеть	ausziehen, entkleiden
разделять	разделить	teilen
разрабатывать	разработать	konstruieren
разрушать	разрушить	zerstören, vernichten
разрешать	разрешить	genehmigen
ранить	ранить	verwunden, verletzten
раскрывать	раскрыть	aufmachen, öffnen
расписываться	расписаться	unterzeichnen
распространять	распространить	verbreitern, ausdehnen, erweitern
рассказывать	рассказать	erzählen, berichten
рассматривать	рассмотреть	betrachten, ansehen
расспрашивать	расспросить	ausfragen, sich erkundigen
расстраиваться	расстроиться	verstimmt werden
расставаться	расстаться	scheiden, sich trennen
рассчитывать	рассчитать	berechnen, hoffen
расширять	расширить	erweitern, ausdehnen
рвать	порвать	reißen
регистрировать	зарегистрировать	anmelden, eintragen
резать	разрезать	schneiden

рекоменд_о_вать	порекоменд_о_вать	empfehlen
ремонт_и_ровать	отремонт_и_ровать	reparieren
реш_а_ть	реш_и_ть	beschließen, entscheiden
риск_о_вать	рискн_у_ть	riskieren
рис_о_вать	нарис_о_вать	zeichnen, malen
рожд_а_ть	род_и_ть	gebären
руб_и_ть	сруб_и_ть	hauen, hacken
руг_а_ть	отруг_а_ть	beschimpfen
сад_и_ться	сесть	sich setzen
саж_а_ть	посад_и_ть	pflanzen, setzen
сдав_а_ть	сдать	abgeben, aufgeben
серд_и_ться	рассерд_и_ться	sich ärgern
сид_е_ть	посид_е_ть	sitzen
скрыв_а_ть	скрыть	verheimlichen, verschweigen
скуч_а_ть	поскуч_а_ть	sich langweilen
сл_е_довать	посл_е_довать	folgen, nachfolgen
служ_и_ть	послуж_и_ть	dienen, angestellt sein
сл_у_шать	посл_у_шать	zuhören
сл_ы_шать	усл_ы_шать	hören
смеяться	засмеяться	lachen
смотр_е_ть	посмотр_е_ть	sehen, schauen
сниж_а_ть	сн_и_зить	senken
сним_а_ть	снять	abnehmen, herunternehmen
собир_а_ть	собр_а_ть	sammeln, anhäufen
соблюд_а_ть	соблюст_и_	beachten, befolgen
сов_а_ть	с_у_нуть	hineinstecken
соверш_а_ть	соверш_и_ть	ausführen, vollziehen
соверш_е_нствовать	усоверш_е_нствовать	vervollkommnen
сов_е_товать	посов_е_товать	raten, empfehlen
соглаш_а_ться	соглас_и_ться	zustimmen, einwilligen
соедин_я_ть	соедин_и_ть	verbinden, vereinen, kuppeln
создав_а_ть	созд_а_ть	stiften, gründen
сообщ_а_ть	сообщ_и_ть	mitteilen, melden, benachrichtigen
сооруж_а_ть	соруд_и_ть	errichten, bauen
составл_я_ть	сост_а_вить	zusammenstellen, bilden
сохран_я_ть	сохран_и_ть	erhalten, bewahren
сочин_я_ть	сочин_и_ть	verfassen, schreiben, dichten
спас_а_ть	спаст_и_	retten, bergen
спать	посп_а_ть	schlafen
спеш_и_ть	поспеш_и_ть	eilen, hasten
сп_о_рить	посп_о_рить	streiten, wetten
спр_а_шивать	спрос_и_ть	fragen, sich erkundigen
спуск_а_ть	спуст_и_ть	herablassen, herunterlassen
ср_а_внивать	сравн_и_ть	gleichsetzen, gegenüberstellen
сраж_а_ться	сраз_и_ться	kämpfen
сс_о_риться	поссориться	streiten

ставить	поставить	stellen
становиться	стать	werden
стараться	постараться	sich bemühen, sich anstrengen
стесняться	постесняться	verlegen sein
стоять	постоять	stehen
стирать	постирать	waschen
страдать	пострадать	leiden
стрелять	выстрелить	schießen, feuern
стричь	постричь	schneiden
строить	построить	aufbauen, errichten
стучать	постучать	klopfen, hämmern
схватывать	схватить	ergreifen, erfassen, packen
считать	посчитать	zählen, glauben
танцевать	станцевать	tanzen
тереть	потереть	reiben
терпеть	потерпеть	sich gedulden, ertragen
терять	потерять	verlieren
течь	потечь	fließen
тонуть	утонуть	ertrinken
топить	растопить	schmelzen
тормозить	затормозить	bremsen
торопиться	поторопиться	sich beeilen
тратить	потратить	verbrauchen, ausgeben, vergeuden
требовать	потребовать	verlangen, fordern, bedürfen
тренировать	натренировать	trainieren, üben
трогать	тронуть	berühren
трудиться	потрудиться	arbeiten, sich Mühe geben
тянуть	потянуть	ziehen
убеждать	убедить	überzeugen, überreden
убивать	убить	töten, erschlagen
убирать	убрать	aufräumen, in Ordnung bringen
увеличивать	увеличить	vergrößern, vermehren, steigern
увольнять	уволить	entlassen, kündigen
угадывать	угадать	erraten
уговаривать	уговорить	überreden, überzeugen
угощать	угостить	einschenken
ударять	ударить	schlagen
удивлять	удивить	zum Staunen bringen
ужинать	поужинать	zu Abend essen
узнавать	узнать	erfahren, wiedererkennen
указывать	указать	zeigen, weisen, hinweisen
украшать	украсить	schmücken, verzieren
укреплять	укрепить	festigen, stärken
улучшать	улучшить	verbessern
улыбаться	улыбнуться	lächeln
уменьшать	уменьшить	verkleinern, verringern

ум_е_ть	сум_е_ть	können
умир_а_ть	умер_е_ть	sterben
умыв_а_ться	ум_ы_ться	sich waschen
уничтож_а_ть	уничт_о_жить	vernichten
употребл_я_ть	употреб_и_ть	gebrauchen, benutzten
успев_а_ть	усп_е_ть	rechtzeitig
успок_а_ивать	успок_о_ить	beruhigen
устав_а_ть	уст_а_ть	müde werden
устан_а_вливать	установ_и_ть	aufstellen
устр_а_ивать	устр_о_ить	einrichten
уступ_а_ть	уступ_и_ть	abtreten, nachgeben
утвержд_а_ть	утверд_и_ть	behaupten, bekräftigen
ух_а_живать	поух_а_живать	pflegen, sorgen
уч_а_ствовать	поуч_а_ствовать	teilnehmen
уч_и_ть	в_ы_учить	lernen, studieren
формиров_а_ться	сформиров_а_ться	formen, bilden
фотограф_и_ровать	сфотограф_и_ровать	fotografieren
характеризов_а_ть	охарактеризов_а_ть	charakterisieren, beschreiben
хвал_и_ть	похвал_и_ть	loben, preisen
хват_а_ть	схват_и_ть	greifen, packen
хот_е_ть	захот_е_ть	wollen
целов_а_ть	поцелов_а_ть	küssen
чин_и_ть	очин_и_ть	reparieren
ч_и_стить	поч_и_стить	putzen, reinigen, säubern
чих_а_ть	чихн_у_ть	niesen
чит_а_ть	прочит_а_ть	lesen
ч_у_вствовать	поч_у_вствовать	fühlen
шить	сшить	nähen
ш_у_тить	пошут_и_ть	scherzen, spassen
экон_о_мить	сэкон_о_мить	sparen
явл_я_ться	яв_и_ться	erscheinen, kommen

Рекомендованные книги
Buchtipps

Das Erste Russische Lesebuch für Anfänger
Band 1
Zweisprachig mit Russisch-deutscher Übersetzung
Stufen A1 A2

Das Buch enthält einen Kurs für Anfänger und fortgeschrittene Anfänger, wobei die Texte auf Deutsch und auf Russisch nebeneinanderstehen. Die Motivation des Schülers wird durch lustige Alltagsgeschichten über das Kennenlernen neuer Freunde, Studieren, die Arbeitssuche, das Arbeiten etc. aufrechterhalten. Die dabei verwendete Methode basiert auf der natürlichen menschlichen Gabe, sich Wörter zu merken, die immer wieder und systematisch im Text auftauchen. Sätze werden stets aus den im vorherigen Kapitel erklärten Wörtern gebildet. Das zweite und die folgenden Kapitel des Anfängerkurses haben nur jeweils 29 neue Wörter. Audiodateien und Leseprobe sind auf www.lppbooks.com/Russian/FirstRussianReader_audio/ inklusive erhältlich.

Das Erste Russische Lesebuch für Anfänger Band 2
Zweisprachig mit Russisch-deutscher Übersetzung
Stufe A2

Dieses Buch ist Band 2 des Ersten Russischen Lesebuches für Anfänger. Das Buch enthält einen Kurs für Anfänger und fortgeschrittene Anfänger, wobei die Texte auf Russisch und auf Deutsch nebeneinanderstehen. Die dabei verwendete Methode basiert auf der natürlichen menschlichen Gabe, sich Wörter zu merken, die immer wieder und systematisch im Text auftauchen. Sätze werden stets aus den im vorherigen Kapitel erklärten Wörtern gebildet. Die Audiodateien sind auf www.lppbooks.com/Russian/FirstRussianReaderVolume2_audio/ inklusive erhältlich.

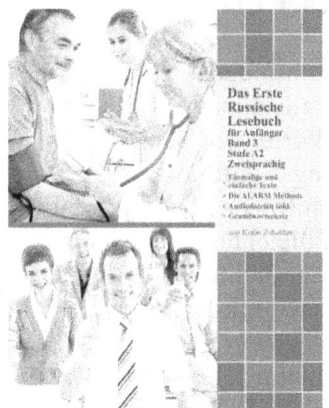

Das Erste Russische Lesebuch für Anfänger Band 3
Zweisprachig mit Russisch-deutscher Übersetzung
Stufe A2

Dieses Buch ist Band 3 des Ersten Russischen Lesebuches für Anfänger. Das Buch enthält einen Kurs für Anfänger und fortgeschrittene Anfänger, wobei die Texte auf Russisch und auf Deutsch nebeneinanderstehen. Die dabei verwendete Methode basiert auf der natürlichen menschlichen Gabe, sich Wörter zu merken, die immer wieder und systematisch im Text auftauchen. Sätze werden stets aus den im vorherigen Kapitel erklärten Wörtern gebildet. Die Audiodateien sind auf www.lppbooks.com/Russian/FirstRussianReaderVolume3_audio/ inklusive erhältlich.

Das Zweite Russische Lesebuch
Zweisprachig mit Russisch-deutscher Übersetzung
Stufen A2 B1

Ein Privatdetektiv ist hinter der Frau her, die er liebt. Ehemaliger Luftwaffenpilot, er entdeckt einige Seiten in der menschlichen Natur, mit denen er nicht zurechtkommen kann. Dieses Buch ist bestens für Sie geeignet, wenn Sie bereits Erfahrung mit der russischen Sprache haben. Das Buch ist nach der ALARM-Methode aufgebaut. Diese Methode ermöglicht Ihnen ein schnelles Erlernen russischer Wörter, Sätze und Grammatikstrukturen. Neue Worte werden im Buch von Zeit zu Zeit wiederholt, dadurch können Sie sich leichter an sie erinnern. Die Audiodateien sind auf www.lppbooks.com/Russian/SecondRussianReader_audio/ inklusive erhältlich.

Das Erste Russische Lesebuch für Medizinische Fachangestellte
Zweisprachig mit Russisch-deutscher Übersetzung
Stufe A1 und A2

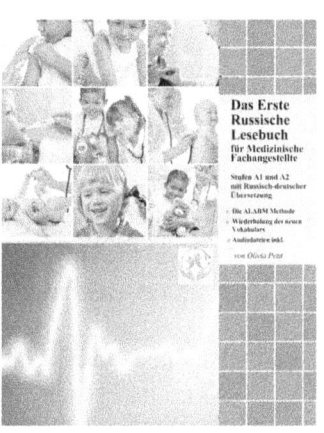

Bei diesem Lehrbuch handelt es sich um ein Lesebuch speziell für medizinische Fachangestellte, und dementsprechend behandeln die Lektionstexte und Vokabeln auch Themen wie Patientengespräche, Diagnostik, die Beschreibung von Symptomen und vieles mehr, was man im Kontakt mit Ärzten und Patienten braucht. Die Lektionen sind in mehrere Blöcke unterteilt: Vokabelliste mit Übersetzung, kurze Übungsdialoge und Texte (zweisprachig) und meistens im Anschluss einige Verständnisfragen zu den Gesprächsinhalten. Ein praktisches Lesebuch, das anhand von Texten, die typische Situationen in Krankenhaus und Arztpraxis behandeln, ein umfangreiches medizinisches Vokabular vermittelt. Die Audiodateien sind auf www.lppbooks.com/Russian/FRRMP/ inklusive erhältlich.

Das Erste Russische Lesebuch zum Kochen
Zweisprachig mit Russisch-deutscher Übersetzung
Stufen A1 A2

Lernt man eine Sprache, hilft die Bekanntheit mit einem Thema, eine Verbindung zwischen zwei Sprachen herzustellen. Das Erste Russische Lesebuch zum Kochen stellt die Wörter und Sätze sowohl in Russisch als auch in Deutsch zur Verfügung. Fünfundzwanzig Kapitel sind in Themen und Inhalte bezüglich Kochen und Nahrung gegliedert. Rezeptanleitungen, zusammen mit leichten Fragen und Antworten, zeigen den Gebrauch dieser Wörter und Sätze. Zusätzliche Hilfe beinhalten die Russisch-Deutsche und Deutsch-Russische Wörterbücher. Es könnte Ihren Appetit anregen oder Russischlernenden wie Ihnen helfen, ihre Kenntnis in einem bekannten Umfeld der Küche zu verbessern. Die Audiodateien sind auf www.lppbooks.com/Russian/FRRC/ inklusive erhältlich.

Das Erste Russische Lesebuch für Touristen
Zweisprachig mit Russisch-deutscher Übersetzung
Stufe A1

Das Lesebuch ist ein Kurs für Anfänger, wobei die Texte auf Deutsch und auf Russisch nebeneinanderstehen. Es ist der ideale Begleiter für alle, die Sprachen unterwegs lernen wollen. Das Buch enthält am häufigsten gebrauchten Wörter, einfache Sätze und Redewendungen, um sich schnell zu verständigen. Die dabei verwendete Methode basiert auf der natürlichen menschlichen Gabe, sich Wörter zu merken, die immer wieder und systematisch im Text auftauchen. Sätze werden stets aus den im vorherigen Kapitel erklärten Wörtern gebildet. Die Audiodateien sind auf www.lppbooks.com/Russian/FRRT/ inklusive erhältlich.

Das Erste Russische Lesebuch für Familien
Zweisprachig mit Russisch-deutscher Übersetzung
Stufen A1 A2

Das Buch enthält eine Darstellung der russischen Gespräche des täglichen Familienlebens, wobei die Texte auf Russisch und auf Deutsch nebeneinander stehen. Die Lektionen sind in mehrere Blöcke unterteilt: Vokabelliste für den täglichen Gebrauch, zweisprachige Texte, und Verständnisfragen zu den Gesprächsinhalten. Die dabei verwendete ALARM-Methode basiert auf der natürlichen menschlichen Gabe, sich Wörter zu merken, die immer wieder und systematisch im Text auftauchen. Sätze werden stets aus den im vorherigen Kapitel erklärten Wörtern gebildet. Die Audiodateien sind auf www.lppbooks.com/Russian/FRRF/ inklusive erhältlich.

Das Erste Russische Lesebuch für Kaufmännische Berufe und Wirtschaft
Zweisprachig mit Russisch-deutscher Übersetzung
Stufen A1 A2

Der Inhalt des Buches ist aufgeteilt in 25 Kapitel, die auf die Stufen A1 und A2 des gemeinsamen europäischen Referenzrahmen vorbereiten sollen. In jedem Kapitel wird eine Anzahl an Vokabeln vermittelt, die anschließend direkt in kurzen, einprägsamen Sätzen und Texten veranschaulicht werden. Dabei handelt es sich durchgehend um alltagstaugliches Material für Berufssituationen wie Telefonate, Besprechungen, Geschäftsreisen und Geschäftskorrespondenz. Der Clou aber ist, dass sich jeweils zwei Spalten durch die Lektionen ziehen: links die russischen Übungssätze und Texte, rechts die deutsche Übersetzung. Dazu gibt es inklusive Audiodateien auf www.lppbooks.com/Russian/FRRB/index_de.html

Das Erste Russische Lesebuch für Studenten
Zweisprachig mit Russisch-deutscher Übersetzung
Stufen A1 A2

Das Buch enthält einen Kurs für Anfänger und fortgeschrittene Anfänger, wobei die Texte auf Deutsch und auf Russisch nebeneinanderstehen. Die Dialoge sind praxisnah und alltagstauglich. Die dabei verwendete Methode basiert auf der natürlichen menschlichen Gabe, sich Wörter zu merken, die immer wieder und systematisch im Text auftauchen. In jedem Kapitel wird eine Anzahl an Vokabeln vermittelt, die anschließend direkt in kurzen, einprägsamen Texten und Dialogen veranschaulicht werden. Die Audiodateien sind auf www.lppbooks.com/Russian/FRRS/ inklusive erhältlich.

Кто потерял деньги? Wer verlor das Geld?
Das Erste Russische Lesebuch für Stufen A1 und A2
Zweisprachig mit Russisch-Deutscher Übersetzung

Der erste Teil des Buches erklärt mit Beispielen den grundlegenden Satzbau der russischen Sprache, wobei die Texte auf Russisch und auf Deutsch für einen leichteren Einsicht nebeneinander stehen. Der zweite Buchteil stellt einen Krimi dar. Die dabei verwendete ALARM-Methode basiert auf der natürlichen menschlichen Gabe, sich Wörter zu merken, die immer wieder und systematisch im Text auftauchen. Sätze werden stets aus den im vorherigen Kapitel erklärten Wörtern gebildet. Die Audiodateien und Leseprobe sind auf www.lppbooks.com/Russian/WLM/ inklusive erhältlich.

www.ingramcontent.com/pod-product-compliance
Lightning Source LLC
Chambersburg PA
CBHW080340170426
43194CB00014B/2632